¿IMPERDONABLE?

CÓMO EL PERDÓN DE DIOS TRANSFORMA NUESTRAS VIDAS

Ted Kober | Mark Rockenbach

Traducido por Marcos N. Kempff

CONCORDIA PUBLISHING HOUSE · SAINT LOUIS

Copyright © 2025 Concordia Publishing House
3558 South Jefferson Avenue, St. Louis, Missouri 63118-3968
1-800-325-3040 • cph.org

1 2 3 4 5 6 7 8 9 10 34 33 32 31 30 29 28 27 26 25

LO QUE DICEN LOS LECTORES

Me sentí desafiado y reconfortado a la vez. A través de la investigación empírica, historias personales y narraciones bíblicas, Ted y Mark responden a las preguntas más apremiantes que tenemos sobre el perdón y los desafíos que enfrentamos para perdonar. Como recurso para los reconciliadores, este libro es de muchísimo valor.

DWIGHT SCHETTLER, PRESIDENTE, EMBAJADORES DE LA RECONCILIACIÓN

¡Pecado, perdón y reconciliación! Estos son conceptos que se desarrollan en historias, muchas de las cuales son profundamente personales para los autores, y son las piezas centrales de este libro ricamente conmovedor y, en muchos sentidos, provocativo. Ted Kober y Mark Rockenbach proporcionan estudios bíblicos, narraciones, meditaciones, poesías, oraciones y ejercicios para la reflexión. ¡Consíguelo! ¡Léelo! ¡Hazlo, guiado por el Espíritu de Dios, y báñate en el amor perdonador de Dios en Jesús!

REV. DR. BRUCE M. HARTUNG, PHD; PROFESOR EMÉRITO
DE TEOLOGÍA PRÁCTICA, SEMINARIO CONCORDIA, ST. LOUIS

La conversación que estos dos hermanos ofrecen en su libro y el consuelo que traen abren las profundidades del poderoso impacto del perdón de Cristo en la interacción de los cristianos con otras personas. Los autores entretejen experiencias personales con narraciones bíblicas para contar el poder aprisionador de la falta de perdón y muestran cómo el Espíritu Santo nos guía a través de la práctica de perdonar de los creyentes contemporáneos y la de José, Jonás, David y otros. Los versos de los himnos recién escritos, un bosquejo para la meditación personal y la oración llevan al lector al poder del Espíritu para perdonar, reconciliarse y vivir juntos con aquellos que nos han hecho daño. Esta proclamación e instrucción bien elaboradas, ayudarán al lector a disfrutar de la liberación que la muerte y resurrección de Cristo proporcionan en la vida diaria.

REV. DR. ROBERT KOLB, PROFESOR EMÉRITO,
TEOLOGÍA SISTEMÁTICA, SEMINARIO CONCORDIA, ST. LOUIS

Ted Kober y Mark Rockenbach han proporcionado una gran herramienta para aquellos que alguna vez han luchado con la falta de perdón. Vemos a nuestro alrededor cómo el conflicto causa dolor en las relaciones en el matrimonio y la familia, en el lugar de trabajo, en la iglesia y en tantas otras instancias. Lleno de ejemplos de la vida real, el libro es fácil de leer y accesible para todos. Lo que es más útil es cómo los autores regresan constantemente a las promesas fieles que se encuentran en la Palabra de Dios para la guía y la esperanza que necesitamos para enfrentar el pecado. Las preguntas para el análisis son útiles y se convierten en un recurso adecuado para las discusiones entre los líderes de la iglesia o aquellos que ayudan con la reconciliación.

REV. DR. R. LEE HAGAN, PRESIDENTE, LCMS DISTRITO DE MISSOURI

El desafío para cada cristiano que vive en este mundo lleno de pecado es "perdonar lo imperdonable, así como Dios en Cristo nos perdona". Recordando a los lectores su propia naturaleza "imperdonable" ante Dios, merecedores de Su "castigo temporal y eterno", Kober y Rockenbach comparten las increíbles Buenas Nuevas de la gracia y el amor de Dios en que "siendo aún pecadores, Cristo murió por nosotros". Una y otra vez, enfocan al lector en este regalo milagroso que viene de Dios y nos capacita para pasar de un espíritu no perdonador a "perdonar como hemos sido perdonados". Cada capítulo habla de diferentes aspectos de esta falta de perdón, ilustrando con historias contemporáneas y bíblicas, desafiando al lector a través de una serie de preguntas para lidiar con el tema, y concluyendo con sugerencias para la oración a medida que el lector emprende el viaje desde la falta de perdón hacia el perdón.

REV. DR. RALPH MAYAN, PRESIDENTE EMÉRITO, IGLESIA LUTERANA DE CANADÁ

En repetidas ocasiones, Kober y Rockenbach arraigan el poder de perdonar en el perdón que los cristianos reciben en Jesucristo. El Evangelio cristiano impregna su obra no sólo como ejemplo de perdón, sino como fuerza motivadora para que los cristianos perdonen. El enfoque catequético del libro es atractivo y práctico. La pregunta elegida para cada capítulo es la pregunta correcta, la pregunta necesaria, es decir, una pregunta de interés real y práctica para los cristianos que buscan perdonar. El formato sencillo de oración para cerrar cada capítulo muestra el valor de la oración en el camino del perdón. Aunque los lectores pueden seleccionar los capítulos específicos más relevantes para sus situaciones, la lectura de los capítulos en secuencia puede tener un valioso efecto acumulativo para mejorar la comprensión y la práctica del perdón. La poesía del escritor de himnos Ken Kosche, añade una belleza artística a la obra y una atractiva introducción al enfoque de cada capítulo.

REV. DR. DEAN NADASDY, PRESIDENTE EMÉRITO,
LCMS DISTRITO SUR DE MINNESOTA

Kober y Rockenbach han escuchado atentamente durante décadas a personas que luchan con el perdón; han escuchado sus preguntas y las responden magníficamente en este libro. "¿Qué pasa si he perdonado, pero todavía me siento herido o enojado? ¿Qué pasa con el abuso? ¿Qué pasa si no puedo perdonarme a mí mismo?", y muchos otras. Los autores son narradores grandiosos y su libro está profundamente permeado de las Escrituras y del perdón de Jesucristo. No solo leerás este libro una vez, sino que quizás volverás a sus páginas una y otra vez en busca de ayuda para compartir el perdón de Cristo con los demás (especialmente en situaciones difíciles) y para creer que Su perdón es para ti.

REV. DR. RICK MARRS, PHD; PROFESOR TITULAR DE TEOLOGÍA PRÁCTICA,
SEMINARIO CONCORDIA, ST. LOUIS; PSICÓLOGO; AUTOR DE
HACIENDO MÁS CRISTOCÉNTRICA LA CONSEJERÍA CRISTIANA

CONTENIDO

NOTA DEL TRADUCTOR

He tenido el gran honor de traducir esta obra.

En todas las reuniones que tuve con los autores, ellos insistieron en que el texto fuese traducido de manera que reflejara una comunicación personal contigo, amigo lector. Por tal motivo, el uso del "tu" obedece este deseo. De esta manera, los ejercicios al final de cada capítulo te permiten comprender la importancia de un "diálogo" con los autores.

Bendiciones en el perdón, la paz y el gozo que tenemos seguros en Cristo.

Marcos N. Kempff
"¡Consumado es!" (Juan 19:30)
Viernes Santo, abril del 2025

PRÓLOGO DE LA VERSIÓN EN ESPAÑOL

Con claridad elocuente, los autores nos revelan una verdad esencial: el amor y el perdón emanan del corazón de Dios hacia nosotros, y desde nosotros deben fluir hacia nuestros semejantes. No en vano Jesús afirmó: "Pero si ustedes no perdonan a los otros sus ofensas, tampoco el Padre de ustedes les perdonará sus ofensas" (Mateo 6:15). En la misma línea, el apóstol Pablo nos exhorta: "Perdónense de la misma manera que Cristo los perdonó" (Colosenses 3:13). En esencia, quienes hemos sido perdonados estamos llamados a ser dispensadores de perdón. Nuestro propio acto de perdonar encuentra su origen e inspiración en la gracia divina que hemos recibido. Hemos renacido en Cristo precisamente para perdonar y así redistribuir el perdón de Dios en el mundo.

El perdón se erige como el don más preciado que Dios nos concede en Cristo. A través de él, somos liberados del yugo de nuestros pecados, revestidos con la santa justicia de Cristo y acogidos en su familia como hijos amados y santificados. El cristiano es, por definición, un ser que aprende a amar con el amor de Cristo, un amor que inherentemente impulsa al perdón. Donde el perdón no florece, el amor genuino se marchita y, por ende, la fe se debilita, pues negarse a perdonar al prójimo es, en última instancia, negar nuestra propia fe en Cristo.

Sin embargo, la renuencia a perdonar es un vicio profundamente arraigado en la naturaleza caída del ser humano. Los cristianos, en nuestra fragilidad carnal, no estamos exentos de esta tendencia. De ahí surgen las tensiones y los malestares que a menudo experimentamos en el seno familiar y en la comunidad de fe. Los autores de este libro nos alertan sobre los graves peligros de atrincherarnos en la amargura y el rencor hacia otros. Si en tu corazón reside algún resentimiento, estas páginas te ofrecerán una guía invaluable. Te invitan a fijar tu mirada en Jesús, aquel que soportó los más crueles tormentos a causa de tus pecados, quien fue abandonado por tus culpas para ofrecerte un perdón y una misericordia sin límites. Creer en este evangelio transformador, que Jesús nos perdona todo, infinitamente más que cualquier ofensa que podamos recibir, infunde en nosotros un espíritu de misericordia y la capacidad de extender ese mismo perdón.

Este libro se revela como una herramienta excepcionalmente útil para la reflexión y el aprendizaje en grupos. Su estructura permite seleccionar los capítulos más pertinentes a cada situación. Cada página nos alienta a la introspección y a la oración, buscando trascender nuestros conflictos personales para abrazar el amor y el perdón que Jesús nos legó. Cada capítulo aborda interrogantes cruciales que nos confrontan como hijos de Dios y nos invitan a examinar cualquier raíz de amargura o falta de reconciliación en nuestras relaciones interpersonales. Entre estas preguntas esenciales encontramos: ¿me estoy erigiendo en juez, tomando el lugar de Dios? ¿Cuál es la llave maestra para vencer la falta de perdón? ¿Qué sucede cuando el otro no muestra arrepentimiento? ¿Cómo lidiar con el dolor y la ira persistentes después de haber perdonado? ¿Es posible perdonarse a uno mismo? ¿Qué ocurre si la otra persona se niega a perdonar? ¿Existe acaso un pecado imperdonable? Los autores hábilmente entrelazan relatos bíblicos con experiencias contemporáneas y vivencias personales, señalando consistentemente el amor y el perdón de Cristo como el sendero hacia la sanación y la paz.

Es una tentación común querer desquitarse o vengarse de quien nos ha ofendido negándole nuestro perdón, como si esto fuera un castigo efectivo. Esta actitud suele manifestarse en el desdén, la indiferencia y la exclusión. Se busca demostrar, a través de la falta de perdón, el sufrimiento causado. Sin embargo, esta estrategia se revela como un bumerán que inevitablemente hiere a quien no perdona. De esta manera, “el sol se pone sobre su enojo” (Efesios 4:26) y “una raíz de amargura” (Hebreos 12:15) brota en su corazón, apartándolo de la gracia de Dios. Es imperativo descargar, con profundo pesar y arrepentimiento, nuestros sentimientos negativos y amargos hacia los demás. Quien se aferra a la falta de perdón languidece en su propia prisión, intoxicado por el veneno de su amargura.

Quizás te encuentres en la difícil encrucijada de perdonar a alguien que te ha lastimado profundamente, una lucha que postergas con la esperanza de que el ofensor tome la iniciativa y pida perdón. Tal vez la inquietud te embarga por algo que hiciste mal y perturba tu paz interior. Te invito a leer y compartir las enseñanzas de este libro; te brindará el apoyo necesario para orar sobre estas cuestiones vitales y aprender a perdonar como Cristo te ha perdonado. Que “la paz de Dios, que sobrepasa todo entendimiento, guarde tu corazones y pensamientos en Cristo Jesús”. No se trata de una paz terrenal, sino divina, que se hace nuestra a través de Cristo.

Rev. Dr. José Pfaffenzeller
Profesor emérito del Seminario Concordia de Buenos Aires

PRÓLOGO

Un corazón agobiado puede ser la razón por la que estás leyendo en este libro. Algo está tan mal en una relación que has decidido que "Por más difícil que sea, tengo que seguir adelante hacia algo mejor". Quizás tu club de lectura o grupo de estudio bíblico ha decidido leer *¿Imperdonable?* En este momento, te sientes bien con tu vida, pero sospechas que leer y discutir sobre el perdón y la falta de perdón pueden abrir una vieja herida. O tal vez un amigo que piensa que tienes un problema con el perdón y la falta de perdón te animó a leer este libro.

Hay mucho para reflexionar. Sí, y causará algo de lucha interna, un poco de forcejeo con las emociones. Pero, ¿no es así como realmente es la vida? Independientemente de los pensamientos y sentimientos que experimentarás a medida que avanzas en los siguientes capítulos, ¡primero felicítate por hacer el esfuerzo! Al mismo tiempo, mira inmediatamente hacia adelante con esperanza. Confía en que emprender este viaje desde la falta de perdón hacia el perdón puede llevarte a un estado de ánimo mucho mejor.

Empecemos por alejarnos de cualquier problema interpersonal que podamos tener. Al crecer en los suburbios del sur de la ciudad de Chicago, nunca pensé en contemplar las estrellas. Las muchas luces de la ciudad hacían imposible ver todas las estrellas, excepto las más brillantes. Hoy en día lo llamamos contaminación luminosa. Las primeras iglesias a las que serví estaban en zonas rurales de los Estados Unidos, y ¡guau! Muchas noches o madrugadas miraba hacia las innumerables estrellas y me llenaba de asombro. En las décadas transcurridas desde entonces, los científicos han aumentado el factor sorpresa. Los humanos aterrizando en la luna y, algún día, en el planeta Marte, las sondas espaciales dentro y más allá de nuestro sistema solar, el telescopio espacial Hubble y ahora el telescopio espacial James Webb, estamos viendo con nuestros propios ojos humanos la incomprensible inmensidad de la creación. Para algunas personas, esta inmensidad es deprimente: "No importo. La vida no tiene propósito", dicen. Pero hay otra forma de pensar en nuestro lugar en este vasto universo. Este es el camino del asombro. Tal vez no seamos el resultado casual de la evolución; tal vez sí hay un gran Creador del cielo y de la tierra. La Biblia lo expresa de esta manera: "¡Levanten los ojos al cielo y miren quién creó estas cosas! Él saca y cuenta Su ejército de estrellas; a todas las llama por su nombre, y ninguna de ellas falta; ¡tan grande es Su poder, tan poderoso Su dominio!... ¿Acaso no sabes, ni nunca oíste decir, que el Señor es el Dios eterno y que Él creó los confines de la tierra? El Señor no desfallece, ni se fatiga con cansancio; ¡no hay quien alcance a comprender Su entendimiento!" (Isaías 40:26, 28). Lo increíblemente asombroso de la obra del Creador puede llevarnos al asombro, y ese es el comienzo de la sabiduría (lee Salmos 111:10).

El 24 de diciembre de 1968, el Apolo 8 orbitaba la luna. Durante una órbita, el astronauta William Anders miró por la ventana y vio que la tierra se elevaba sobre el horizonte de la luna. Tomó una foto que conocemos como "Earthrise" {Salida de la Tierra}, con nuestro hermoso planeta azul, verde y blanco brillando contra un fondo oscuro y premonitorio. He aquí un hecho asombroso: en todos los milenios de la historia de la humanidad, somos las primeras generaciones en ver desde el espacio este hogar que el gran Creador hizo para nosotros. Ninguna de las personas en la Biblia, ninguna de las personas en la historia del mundo, ¡ninguna vio lo que la ciencia nos ha permitido ver hoy en día! Podríamos llamarlo una visión de la tierra desde el punto de vista de Dios.

¿Y qué ha visto el Creador a lo largo de miles y miles de años? Luchas, envidias, odios, crímenes de todo tipo, guerras, genocidios, posible aniquilación nuclear... y cualquier falta de perdón que puedas estar albergando o causando. Ahora unamos esta triste imagen de la humanidad pecaminosa con el propósito de este libro: Por derecho, el Creador podría haber dicho: "¡Basta! Ya he aguantado lo suficiente con estas personas pecadoras. ¡Voy a poner algunos asteroides en mi honda y listo, acabaré con todo!". Nuestra triste realidad humana de pecado ha merecido el castigo de Dios, no el perdón.

Pero, ¿qué hizo el Creador? Algo increíble. "Porque de tal manera amó Dios al mundo, que ha dado a Su Hijo unigénito, para que todo aquel que en Él cree no se pierda, sino que tenga vida eterna. Porque Dios no envió a Su Hijo al mundo para condenar al mundo, sino para que el mundo sea salvo por Él" (Juan 3:16-17). Nuestro asombro ante la incomprensible inmensidad de la creación se convierte en asombro de que, en amor, nuestro Creador nos perdona, ¡a ti y a mí! El asombroso amor del Dios invisible ahora tiene un rostro. No sólo tenemos un Creador, sino que también tenemos un Salvador que por Su muerte en la cruz y resurrección al tercer día nos ha reconciliado con Dios. "Porque Dios, que mandó que de las tinieblas surgiera la luz, es quien brilló en nuestros corazones para que se revelara el conocimiento de la gloria de Dios en el rostro de Jesucristo" (2 Corintios 4:6).

Y tenemos un Ayudante para este paso no tan fácil de la falta de perdón al perdón. Jesús dice: "Y yo rogaré al Padre, y Él les dará otro Consolador, para que esté con ustedes para siempre: es decir, el Espíritu de verdad, al cual el mundo no puede recibir porque no lo ve, ni lo conoce; pero ustedes lo conocen, porque permanece con ustedes, y estará en ustedes" (Juan 14:16-17).

¿Alguna vez has pensado: "Bueno, Jesús estuvo activo en el primer siglo y algún día vendrá de nuevo, ¿pero qué está haciendo ahora?"? Jesús no está ausente de la vida diaria, ni espera hasta Su reaparición en el Día Postrero. Jesús está, según el lenguaje bíblico, "sentado a la derecha de Dios" (Colosenses 3:1). Esto significa que Él está ejerciendo todo el poder de Su ser divino, guiándonos amorosamente a nosotros y a todos Sus creyentes al glorioso hogar eterno que Él ha ganado al reconciliarnos con el Padre. Aquel que sufrió en la cruz por nuestros pecados y resucitó de entre los muertos nos ama a nosotros y a todos los que creen en Él. Ahora Él escucha tus oraciones. Siente tus suspiros. Conoce tu corazón. Y para ayudarte en tu camino hacia el hogar celestial y eterno, tu Señor ascendido te está dando el Espíritu Santo, el Ayudador que Él prometió.

Desde la inmensidad de la creación, el Espíritu del Señor ascendido nos acerca al asombroso amor de Dios, amor que te motiva y te capacita en el viaje desde la falta de perdón y lo imperdonable hacia el perdón. Cuando vuelves a caer en la falta de perdón, como todos lo hacemos, Jesús lo sabe. Él continuará usando Su Palabra para llevarte de nuevo al perdón, para ti mismo y para los demás. Es un proceso, un viaje, y no siempre es fácil, pero ¡qué fin tan anhelado! "De la tristeza, del trabajo, del dolor y del pecado seremos libres y perfectos, el amor y la amistad reinarán por toda la eternidad" (*LSB* 649:5).

Todavía no hemos llegado a ese punto, pero estamos en camino. Es por eso que Ted Kober y Mark Rockenbach escribieron este libro centrado en Cristo. Están bien calificados para guiarte en el viaje no tan fácil desde la falta de perdón hacia el perdón. Escriben con claridad y van al grano. El contenido se presenta en párrafos cortos, con un espacio que invita a pensar en lo que acabas de leer y a tomar notas en la misma página. El estímulo regular de los autores para escribir sobre la falta de perdón y del perdón mismo te ayudará a enfocar tus luchas. Las estrofas poéticas de los himnos de Kenneth Kosche y las sugerencias de oraciones de los autores te ayudarán a llevar tus reflexiones al Dios de toda ayuda y esperanza. Las frecuentes citas bíblicas te ofrecen consuelo y esperanza inmediatos directamente de la Palabra de Dios. No es necesario que te propongas leer el libro de principio a fin. Después de la introducción, puedes ir a los capítulos cuyos títulos parezcan especialmente relevantes para tu situación.

Que este libro te ayude a asombrarte cada vez más del amor que el Creador tiene por ti y por todos en Jesucristo.

"Y a Aquel que es poderoso para hacer que todas las cosas excedan a lo que pedimos o entendemos, según el poder que actúa en nosotros, a Él sea dada la gloria en la iglesia en Cristo Jesús por todas las generaciones, por los siglos de los siglos. Amén" (Efesios 3:20-21).

Rev. Dr. Dale A. Meyer, Presidente Emérito
Seminario Concordia, St. Louis

RECONOCIMIENTOS

Alabamos a nuestro Dios perdonador por habernos limpiado de nuestros pecados a través de la sangre de nuestro Salvador, Jesucristo (lee 1 Juan 1:7), y dedicamos este libro para la gloria de Dios.

Apreciamos el gran apoyo de nuestras familias al escribir este libro. Yo (Mark) reconozco el amor y el apoyo de mi esposa, Darlene, y de nuestros hijos, Joshua, Rachel y Andrew. Yo (Ted) agradezco la paciencia y el aliento que me dieron mi esposa, Sonja, y nuestro hijo, David.

También reconocemos la contribución especial del Dr. Kenneth T. Kosche a este libro. Le encargamos que escribiera estrofas de himnos para introducir cada capítulo de este libro. Las escribió para ser cantadas con melodías de himnos ya existentes, como se indica en la sección al final del libro: "Melodías de himnos sugeridas". Para facilitar la referencia, también identifica cada melodía del *Lutheran Service Book* {y del *Himnario Luterano*} (por ejemplo, KINGSFOLD [LSB 444]).

Ken escribió estos himnos para ayudar a cualquiera que quisiera predicar o enseñar usando este libro para reforzar la instrucción en un entorno devocional. No solo se pueden cantar, sino que estas letras también sirven como oraciones para comenzar o terminar una sesión. La letra en forma poética comunica el mensaje en un medio que habla al corazón. La música toca el alma y ayuda en el aprendizaje y la memoria.

Damos gracias a Dios por compartir sus dones con nosotros y nuestros lectores. Esperamos que tu corazón y tu alma sean tocados por las letras de Ken en tu viaje para superar la falta de perdón.

También damos gracias a Jesús por nuestro amigo Marcos Kempff, quien nos animó a traducir nuestro libro al español y luego completó la traducción. Su pasión y dedicación hicieron posible esta traducción.

Alabamos a Dios por Roberto Weber, quien tradujo los himnos al español para que puedan cantarse tal como fue el propósito para la versión del libro en inglés. Su aprecio por los himnos y su valor para comunicar el poder del perdón de Dios ha enriquecido la versión en español para nuestros lectores.

INTRODUCCIÓN

¿Quién es la persona imperdonable en tu vida? ¿Es alguien que te lastimó o alguien a quien amas? ¿Te consideras a ti mismo como imperdonable?

¿Cuál es el pecado imperdonable? ¿Cuál fue la ofensa que ha sido más dolorosa para ti?

¿Qué ofensa parece estar más allá de toda esperanza de perdón?

DE TED

Una adolescente había sido abusada sexualmente por su padre. Cuando se lo contó a su madre, su madre se negó a creerle o apoyarla. La traición y el dolor de sus padres la llevaron a rebelarse al final de su adolescencia, y se ganó la reputación de ser una hija rebelde entre sus familiares y amigos. Cuando fue adulta, su amargura se convirtió en resentimiento y en una marcada falta de respeto hacia sus padres. Por supuesto, eso sirvió para reforzar su reputación como la oveja negra de la familia.

Mientras yo trabajaba durante varios días con ambas partes en la mediación, parecía que no había esperanza de perdón o reconciliación. Daños irreparables a lo largo de muchos años habían destruido sus relaciones familiares.

Como reconciliador durante ya tres décadas, he descubierto que la falta de perdón es el desafío más difícil de superar para los cristianos que viven en conflicto con otras personas. Puede ser difícil para algunos admitir su propia contribución a un conflicto o reconocer su pecado en una disputa. Pero cuando se trata de perdonar a alguien, incluso a sí mismos, ¡a muchos les resulta imposible!

¿Cuáles son algunas de las declaraciones que he escuchado?

> **¡No puedo perdonarlo/la!**
>
> **¡Nunca olvidaré lo que me hizo!**
>
> **¡No puedo perdonarme a mí misma/o!**
>
> **Cuando oro el Padre Nuestro, no digo "perdónanos nuestras ofensas, así como nosotros perdonamos a los que nos ofenden".**
>
> **¡Él/Ella no merece perdón y mucho menos el mío!**
>
> **¡No puede haber paz sin justicia!**
>
> **¡No la/lo perdonaré hasta que esté satisfecho con su arrepentimiento!**

¡Él/Ella tiene que demostrar que merece perdón antes de que yo lo/la perdone!

¡Maldito/a sea por lo que ha hecho!

¿Por qué no puedo simplemente perdonar y olvidar?

Quizás has dicho cosas similares.

La falta de perdón te condena a una prisión que te lleva a toda clase de sufrimientos: tanto emocional, mental, espiritual, como físico. A lo largo de mi ministerio, he reflexionado sobre lo que ayudó a las personas a escapar de esa prisión de la falta de perdón. He sido testigo de milagros de perdón que desafían el entendimiento humano. He conocido a personas que sufrieron las consecuencias de la falta de perdón, pero fueron liberadas de sus tormentos. Personalmente, también he aprendido a vencer la falta de perdón en mi propia vida.

Uno de los milagros que presencié fue el de la mujer que fue abusada sexualmente por su padre. Aunque parecía imposible, Dios le permitió al final de nuestras sesiones de terapia perdonar como el Señor la había perdonado. Fue fácil entender su falta de perdón. Pero fue asombroso ver su perdón y reconciliación con sus padres. Sigo asombrándome cuando veo estos milagros del perdón.

He llegado a apreciar el rol que la Biblia y la fe en Cristo juegan en sanar a las personas y moverlas a recibir el perdón y a perdonar. Por lo tanto, he deseado durante años escribir un libro para lectores como tú, aun sabiendo que no conoceré personalmente a la mayoría de ustedes en este lado del cielo, para que por la gracia de Dios encuentren esperanza y consuelo en su sufrimiento.

Invité a Mark a ser coautor de este libro. Mark es un amigo y colega que comparte observaciones similares de su propia experiencia y pasado sobre la esperanza de vencer la falta de perdón.

DE MARK

He servido como pastor, consejero* de salud mental y profesor de seminario. He tenido la oportunidad de aconsejar, enseñar e investigar sobre el perdón. Mientras obtenía mi doctorado en psicología, estudié la experiencia vivida de cristianos (no incluyendo pastores) que perdonaban una ofensa

* {En el contexto norteamericano, un "consejero" no es simplemente una persona que brinda consejos, sino que es un profesional con licencia legal para ayudar psicológicamente a pacientes que necesiten abordar problemas emocionales, conductuales y de salud mental. Tales profesionales pueden trabajar en hospitales, instituciones de salud mental, escuelas, entre otros lugares. La consejería profesional es una rama de la psicología.}

interpersonal. Limité mi población de muestra a los luteranos, porque la metodología de investigación requería un tamaño de muestra pequeño y era conveniente acceder a personas de mi propia denominación. Lo que aprendí de este proyecto de investigación y de mi experiencia profesional ayudando a las personas a perdonar, moldeó y dio forma a mi contribución a este libro. A lo largo del libro, compartiré las experiencias de las personas de mi investigación, aunque he cambiado los nombres y otra información de identificación para proteger la confidencialidad. Mi enfoque fenomenológico de la investigación influye en cómo entiendo la experiencia de perdonar. Sin embargo, la Palabra de Dios y mi fe en Cristo son la base de lo que creo y de cómo vivo el perdón. Mi formación psicológica me equipa, pero mi formación teológica me motiva y me impulsa.

Las personas a menudo buscan asesoramiento de salud mental para obtener ayuda para perdonar una relación rota. Durante años, la comunidad de la salud mental no estuvo preparada para proporcionar este tipo de asistencia. Pero varios investigadores comenzaron a estudiar el perdón y a proporcionar recursos que ayudarían a los profesionales de la salud mental a aconsejar a las personas a través de un proceso de perdonar. Los diversos procesos de perdón tienden a tener una cosa en común: ofrecen mecanismos de afrontamiento (maneras en enfrentar o tratar algo) que ayudan a los pacientes a crear estrategias que les ayudarán a sobrellevar la situación.

Estos mecanismos de afrontamiento no son nuevos en el mundo psicológico. Sin embargo, cambiarles el nombre por el de perdonar es un nuevo enfoque. El cambio de nombre de los mecanismos de afrontamiento como perdón satisface el deseo del cliente de perdonar, pero no representa fielmente lo que Dios quiere decir con perdón.

El psicólogo Michael McCullough y sus colegas se centraron en un proceso de cambios prosociales motivacionales que alientan a las personas a ser menos evasivas y vengativas con su agresor.[1] Robert Enright proporcionó un modelo complejo que guía a las personas a través de un proceso que les ayudará a poner fin a la evasión y la venganza, lo cual conduce al perdón.[2] Ambos enfoques ayudan a las personas a hacer frente a las ofensas que se cometen contra

---

1 Ver Michael E. McCullough, Kenneth Ira Pargament y Carl E. Thoresen, eds., *Forgiveness: Theory, Research, and Practice* {Perdonar: Teoría, investigación y práctica}(New York: Guilford Press, 2000).

2 Ver Robert D. Enright, *Forgiveness Is a Choice: Step-by-Step Process for Resolving Anger and Restoring Hope* {El perdón es una decisión: Un proceso paso a paso para resolver la ira y restaurar la esperanza} (Washington, DC: American Association of Psychology, 2001).

ellas. Sin embargo, el aprender a manejar personalmente una ofensa ignora la vida, la muerte y la resurrección de Jesucristo. La capacidad de perdonar, según la mayoría de los modelos psicológicos, proviene del interior de la persona. La carga de perdonar recae en la persona. Este es un enfoque interesante que puede tener algunos beneficios limitados. Pero pierde la riqueza del Evangelio. El perdón no viene de adentro de nosotros. El perdón no es algo que podamos lograr manejando apropiada y adecuadamente una situación. El perdón es algo que tiene lugar fuera de nosotros y que se nos da como un regalo de Dios.

Dios dice: "Yo, y nadie más, soy el que borra tus rebeliones, porque así soy yo, y no volveré a acordarme de tus pecados" (Isaías 43:25).

Dios declara: "Nadie volverá a enseñar a su prójimo ni a su hermano, ni le dirá: Conoce al Señor, porque todos ellos, desde el más pequeño hasta el más grande, me conocerán. Y yo perdonaré su maldad, y no volveré a acordarme de su pecado" (Jeremías 31:34).

"Acerca de él dicen los profetas que todos los que crean en Su nombre recibirán el perdón de sus pecados" (Hechos 10:43).

Dios cumplió este don del perdón a través de Su Hijo, Jesucristo. Juan el Bautista proclamó: "¡Éste es el Cordero de Dios, que quita el pecado del mundo!" (Juan 1:29). Jesús perdona los pecados.

El apóstol Pablo dice:

> **De modo que si alguno está en Cristo, ya es una nueva creación; atrás ha quedado lo viejo: ¡ahora ya todo es nuevo! Y todo esto proviene de Dios, quien nos reconcilió consigo mismo a través de Cristo y nos dio el ministerio de la reconciliación. Esto quiere decir que, en Cristo, Dios estaba reconciliando al mundo consigo mismo, sin tomarles en cuenta sus pecados, y que a nosotros nos encargó el mensaje de la reconciliación. (2 Corintios 5:17-19)**

Dios obró a través de Su Hijo, Jesucristo, para perdonar los pecados del mundo.

¿Cómo habría sido si Dios hubiera asistido a una sesión de consejería de salud mental para aprender a lidiar con el quebrantamiento pecaminoso de Su creación? Un consejero de salud mental podría sugerir que Dios practique ejercicios de respiración profunda para calmarse. El consejero podría sugerir que Dios se distancie del factor estresante: Su creación. El consejero podría sugerir que Dios baje Sus expectativas o que busque apoyo emocional de los miembros de Su trinidad.

Dios no simplemente enfrenta el hecho de que nuestros pecados existen, dando la cara al pecado. ¡Él los perdona! Eso requirió el derramamiento de la sangre de Su Hijo. Jesús no estaba confrontando los pecados del mundo mientras estaba colgado en la cruz. Jesús sufrió el castigo por nuestros pecados y murió por nosotros. Este es un enfoque radicalmente diferente a un simple método psicológico, por más que tenga que ofrecer. Dios no hizo la paz con nuestro pecado: Él lo perdonó a través del sufrimiento, la muerte y la resurrección de Su Hijo, Jesucristo. ¡Esta es una buena noticia para ti! Para perdonar como Dios perdona no es necesario simplemente superar el pecado. Más bien, cree y confía en que has sido perdonado a través del sufrimiento, la muerte y la resurrección de Jesucristo. El perdón es algo que Cristo ha hecho, y todos nos beneficiamos de Su obra redentora.

Sin embargo, puede ser fácil quedarnos atrapados en definiciones y técnicas extrañas para perdonar. Cuando tratamos el perdón simplemente como una forma de lidiar con una transgresión, a menudo caemos en un ciclo interminable de falta de perdón. Una estrategia de afrontamiento común que produce resultados negativos es la rumiación, también conocida como un ciclo cognitivo. La rumiación ocurre cuando una persona tiene pensamientos o sentimientos negativos excesivos sobre una situación en particular. Las personas volverán a hacer memoria de la ofensa una y otra vez en su mente o en conversación con otros. El ciclo se basa en suposiciones que no son ciertas, pero afectan la forma en que pensamos o nos sentimos acerca de la ofensa.

Por ejemplo, una persona asumirá que el perdón no es posible. Cada vez que haga memoria de la situación y reflexione sobre ella en su mente, graba en su vida la mentira de que la transgresión es imperdonable. Con el tiempo, a medida que continúa rumiando la situación, se siente cómodo con la mentira. Lo ha revivido en su mente o con otras personas tantas veces que ya no le cuesta reflexionar sobre la situación. Además, es posible que tenga personas a su alrededor que lo animan a seguir reviviendo la ofensa de esta manera.

Este método de afrontamiento, a veces fomentado por los profesionales de la salud mental, solo te mantiene en el ciclo interminable de la rumiación. Es posible que puedas reducir tu ira y tu deseo de justicia. O tal vez puedas evitar a las personas involucradas en la ofensa. Pero todavía estás al tanto. Y etiquetar este método de afrontamiento como "*perdonar*" no es apropiado. Este no es el verdadero perdón. Cuanto más reflexiones sobre la transgresión de esta manera, tanto más te encontrarás en un profundo y oscuro agujero causado por la falta de perdón.

¿Cómo se puede romper el ciclo vicioso del autoconvencimiento y falta de perdón? El ciclo es interrumpido solo por el perdón de Dios.

DE AMBOS AUTORES

En diferentes momentos de nuestra vida como cristianos, cada uno de nosotros se enfrenta a oportunidades para recibir el perdón y perdonar (dar el perdón). Y Dios manda que perdonemos como Él nos ha perdonado. Entonces, ¿por qué un hecho tan común parece tan inalcanzable?

En realidad, perdonar como Dios nos perdona es imposible con nuestras propias fuerzas. Se necesita poder divino para perdonar como Él lo hace. Entonces, ¿cómo podemos nosotros, pecadores empedernidos y débiles, hacer la obra divina que Dios espera de nosotros?

San Pablo nos da una pista cuando escribe: "¡Todo lo puedo en Cristo que me fortalece!" (Filipenses 4:13).

Pero, ¿cómo se entiende eso en el mundo de hoy? ¿Cómo puede funcionar eso para mí? ¿Para ti? ¿Para otros? ¿Para nuestras complicadas vidas?

Este libro está escrito para todos aquellos que luchan con la falta de perdón, dándoles la esperanza que viene del Evangelio de Cristo contenido en la Palabra de Dios, para capacitar y fortalecerlos para esta obra divina. Compartimos historias verdaderas para ilustrar la diferencia que las promesas de Dios en la Biblia han hecho para otros y así animarte recordándote que ¡el perdón de Dios sí funciona![3]

En nuestros sesenta años de experiencia combinados, hemos ayudado a personas a lidiar con la falta de perdón abordando preguntas clave. Hemos dedicado un capítulo a cada una de las dieciocho preguntas enumeradas en el índice. Puedes optar por leer primero los capítulos que más se relacionen con tu situación. Pero luego, te animamos a leer el resto, ya que cada capítulo ofrece información adicional sobre las preguntas que aún no te has hecho.

El camino para recibir el perdón y poder perdonar como has sido perdonado no es fácil. Sin embargo, Dios nunca tuvo la intención de que estuviéramos en ese viaje por nuestra propia cuenta. No promete que la vida será fácil o justa o sin sufrimiento. Pero sí promete estar con nosotros en cada paso del camino:

Mientras vivas, nadie podrá hacerte frente, porque yo estaré

3 Excepto cuando compartimos historias de nuestra propia familia, los nombres y otros detalles han sido cambiados para ejercer la confidencialidad, a menos que se indique lo contrario.

contigo como antes estuve con Moisés. No te dejaré, ni te desampararé. (Josué 1:5)

Y yo estaré con ustedes todos los días, hasta el fin del mundo. Amén. (Mateo 28:20)

Dios provee a nuestros hermanos creyentes para animarnos al compartir nuestras cargas y alegrías. Él nos ha dado unos a otros para escucharnos, orar y compartir juntos la Palabra de Dios. Te recomendamos que, al embarcarte en este viaje, lo hagas con tu pastor, consejero, amigo cercano u otro ser querido para hablar sobre lo que estás aprendiendo y recibir apoyo. Escoge a alguien que sea espiritualmente maduro y mantenga tus conversaciones en confidencialidad. Busca a una persona que ore por ti, te anime y te desafíe amorosamente. Selecciona intencionalmente a alguien que te proclame el perdón de Dios a lo largo de tu viaje por la vida.

Cada capítulo incluye preguntas de aplicación. Dedica tiempo para responderlas en relación con tu lucha actual. Escribe tus respuestas, porque eso te ayudará a tomar el tiempo para pensar más a fondo en el perdón. Las respuestas escritas te brindarán la oportunidad de revisar tus pensamientos más adelante. También te dará algo para conversar con la persona que está en ese viaje contigo.

Oramos por ti, querido lector (y con todos los lectores), con las palabras del apóstol San Pablo: "¡Qué el Dios de la esperanza los llene de todo gozo y paz en la fe, para que rebosen de esperanza por el poder del Espíritu Santo!" (Romanos 15:13).

Al servicio de Cristo,
Ted Kober y Mark Rockenbach

CAPÍTULO 1

¿QUÉ ES LA FALTA DE PERDÓN?

Veneno es no perdonar;
Rompe‿y separa‿al desgarrar;
Crea‿enemigos y, peor,
Subyuga mente‿y corazón.

Cristo, de‿infierno vencedor,
Rompe‿el muro separador
Que levantamos para‿estar
Dentro y‿afuera a‿otros dejar.

En Tu nombre, destrúyelo,
No dejes nada,‿arrásalo;
Pues nos compraste a libertad,
Resucitando aquí‿en verdad.

TED

"¡Espero que arda en el infierno!"

Así es como me sentí cuando mi madrastra echó al pastor de la habitación del hospital de mi padre.

La relación entre mi madrastra y yo había sido difícil durante años. Al principio, estaba agradecido de que mi padre se volviera a casar después de que mi madre falleciera. Él sufrió durante años mientras su primera esposa moría lentamente.

Mi relación con ella se agrió cuando comenzó a causar separación entre mi padre y muchos amigos y familiares, incluidos nosotros los hijos. Sus ataques verbales contra todos nosotros eran malintencionados. Después de dos celebraciones familiares públicas en las que ella agredió físicamente a miembros de la familia, mis hermanos y yo invitamos a nuestro padre y a nuestra madrastra a unirse a nosotros en terapia. Su comportamiento era inaceptable e impredecible. Temíamos que más personas fueran agredidas, incluidos nuestros hijos pequeños. Cuando nuestros padres se negaron a unirse a nosotros, nuestro consejero nos animó a que estableciéramos límites. Ya no se le permitía entrar en nuestros hogares por la seguridad de nuestros hijos hasta que pudiéramos reunirnos con un consejero. Cuando se lo dijimos a nuestro padre, él dijo que si su esposa no era bienvenida en nuestras casas, él tampoco era bienvenido.

Durante dos años no hablamos con ella. Visitamos a nuestro padre en su oficina, pero la relación era tensa. Después de eso, rara vez vio a sus nietos.

Hasta que un día me llamó mi madrastra. "Tu papá te necesita. Tiene cáncer". La noticia era terrible: los médicos le dieron noventa días de vida.

Mi padre no había ido a la iglesia durante los trece años transcurridos desde que comenzó su segundo matrimonio. Me preocupaba su bienestar eterno. Él no conocía a nuestro pastor, aunque oficialmente todavía era miembro de la congregación. Nuestro pastor, que era un hombre amable y gentil, lo visitó en el hospital para orar con él cuando mi madrastra salió a descansar.

Cuando ella regresó y vio al pastor allí, le gritó que se fuera y nunca más volviera. Ella le dijo varias palabrotas y lo siguió por el pasillo, gritando. Amenazó al personal del hospital para que nunca más permitiera que "este bastardo" volviera a la habitación de su esposo. Mi pastor nunca había experimentado tal hostilidad mientras ministraba a alguien, y estaba bastante conmocionado.

Me consumía mi ira. Mi padre se estaba muriendo y yo estaba preocupado por su eternidad. Mi madrastra había ahuyentado el cuidado espiritual justo cuando más lo necesitaba.

La falta de perdón puede ir desde simplemente ignorar a alguien hasta desarrollarse en ira, amargura, rabia, odio e incluso asesinato.

La falta de perdón ocurre de dos maneras. Algunas personas se *niegan* a perdonar. A otros les *cuesta* perdonar. En ambos casos, el efecto sobre la persona que no perdona es similar. Y cuando alguien se niega a perdonar, la persona que anhela ser perdonada puede sufrir con culpa o vergüenza.

Quien no perdona, muere lentamente en una cárcel de angustia. La falta de perdón es un veneno que destroza la mente, el espíritu y el cuerpo de quien no perdona. Si no se controla, puede matar a una persona emocional, espiritual e incluso físicamente.

En pocas palabras, la falta de perdón es lo que sucede cuando no queremos ni podemos perdonar.

Los médicos, tanto de psiquiatría como de medicina general, han observado el costo que la falta de perdón cobra en quien no perdona. Los profesionales de la salud mental han aconsejado durante mucho tiempo a sus pacientes que perdonen por su propio bienestar personal.

En consecuencia, se han escrito decenas de libros sobre el perdón. En este libro, exploraremos lo que significa perdonar como Dios nos ha perdonado y por qué esa es la clave para vencer la falta de perdón.

Para entender lo que implica la falta de perdón, comencemos por considerar lo opuesto: el perdón.

UN MILAGRO DE DIOS

Unas semanas después del incidente en el hospital, me reuní con mi madrastra y mi padre. Me pidió que sirviera como su representante personal para su patrimonio. Era dueño mayoritario de más de treinta empresas activas. Tenía miles de empleados, y tenía varios amigos claves y empresarios experimentados a los que podría haberle pedido que sirvieran. Como era joven, con poco más treinta años de edad, me sentí humildemente privilegiado de servir a su patrimonio de esta manera.

Pero había una condición: yo serviría como representante personal con mi madrastra.

Había empezado a darme cuenta de lo mucho que ella amaba a mi padre. Ella sacrificó su propio bienestar para ser su cuidadora las veinticuatro horas del día. Pero todavía la despreciaba y le temía. Aun así, accedí a servir a mi padre de esta manera.

Luego me preguntó si la cuidaría cuando él muriera. En mi dolor y amor por él, prometí hacerlo. Al día siguiente, salieron de la ciudad para buscar tratamiento para su cáncer en otro estado. Murió varias semanas después. Nunca más lo volví a ver.

Esos primeros meses cuando mi madrastra llegó a casa fueron desafiantes. Había creado muchos enemigos durante su matrimonio con mi padre. Odiaba a todos, menos a unos pocos de sus amigos, familiares y socios de negocios, y temía a muchos. Ella no confiaba en mí y yo no confiaba en ella. Pero estábamos unidos por esta extraña circunstancia para trabajar juntos en la herencia de papá.

Un día me dijo que había comprado un arma y que iba a matar a algunos de los socios comerciales de papá. Busqué asesoría legal para ver si podía internarla en una institución de salud mental, pero me enteré que esto era muy poco probable. No quería tener nada que ver con sus planes de asesinato, así que planeé renunciar como representante personal. Su asesor financiero la convenció de que renunciara como representante personal y me dejara la administración del patrimonio a mí.

Y así comenzó nuestra nueva relación. Ella fue la principal beneficiaria para la que trabajé como administrador. También tenía que pagar a los sesenta acreedores que habían presentado reclamaciones contra la herencia. Al principio, algunos socios minoritarios intentaron enfrentarnos a mi madrastra y a mí contándonos mentiras entre sí para poder tomar el control de una empresa. Ella y yo nos reunimos para confrontar las mentiras. Nos enteramos de que nos habían tendido una trampa y acordamos no dejar que nadie se interpusiera entre nosotros. Ese fue nuestro acuerdo financiero como beneficiario y representante personal.

Me comprometí a pagar a todos los acreedores de mi padre para honrar su reputación con ellos. También quería tratar a sus socios y empleados dedicados de manera justa. Y si iba a haber algún beneficio de la herencia, tenía que dedicar atención a tiempo completo a supervisar el negocio para todos los acreedores y beneficiarios. Renuncié a mi carrera para trabajar a tiempo completo con el patrimonio de mi padre.

Me había comprometido con mi padre a cuidar de mi madrastra. Pero personalmente, tuve que decidir de qué manera pensar de ella. Mi falta de perdón y amargura hacia ella entraban en conflicto con mi fe en Cristo. Elegí perdonarla por las muchas heridas que me causó a mí y a mis seres queridos. Entonces, decidí amarla como Dios me ama incondicionalmente.

¿Se había arrepentido de alguna de las cosas hirientes que hizo? No. ¿Cambió alguna de sus actitudes o comportamientos hacia otras personas que me importaban? Raramente. ¿Había algo que ella pudiera hacer para ganarse o merecer mi perdón? Nada.

Entonces, ¿por qué tomé la decisión de perdonarla y amarla?

Mi fe me llevó a la cruz de Jesús. A los ojos de Dios, soy una criatura pecadora desde la concepción que continúa pecando contra Él todos los días. No hay nada que pueda hacer para ganarme algún mérito de Dios. Por naturaleza, soy un mendigo inútil que solo puede pedir misericordia. Dios me ama tanto que envió a Jesús para que tomara mis pecados, sufriera mi castigo y muriera por mí. A cambio, Dios me dio la justicia de Jesús. Dios me hizo Su hijo, heredero de Sus promesas celestiales. Mi perdón en Cristo es un milagro.

Si Dios puede amarme tanto, ¿cómo no voy a hacer lo mismo por las personas que me rodean? Sí, incluso a la mujer que quería que ardiera en el infierno. Después de todo, Jesús también murió por sus pecados, sea que ella lo crea o no.

La decisión de perdonar y amar fue un milagro en mi vida. Sin embargo, vivir esa decisión fue otro milagro que fue puesto como prueba durante muchos años. Aunque no me atacó después de la muerte de papá (excepto por mi fe), mi madrastra a menudo decía cosas horribles sobre las personas que me importaban. Refutar sus afirmaciones solo resultó en más problemas. Necesitaba la Palabra de Dios con regularidad para perdonar repetidamente. Oré por Su ayuda en esos días que eran los más difíciles. Mi amorosa esposa, mis pastores cariñosos y mis amigos cristianos maduros me ayudaron en este difícil viaje.

Con la ayuda de Dios, llegué a amar y cuidar verdaderamente a mi madrastra, y ella me amaba. La defendí vigorosamente cuando otros intentaron robarle. La protegí de la gente que quería aprovecharse de ella. En años posteriores, ella confió en mí para que tomara sus decisiones sobre su salud. Ella me nombró para administrar su patrimonio. Aprendió a confiar en mí, más que en cualquier otra persona.

¿Cambió sus actitudes o comportamientos hacia los demás? No. Pero mucho después de mi decisión de perdonar, me enteré de cómo muchos habían abusado cruelmente de ella desde la infancia hasta en su edad adulta. Me contó de un incidente en el que un ex marido estuvo a punto de matarla. En su dolor, aprendió a lastimar a los demás antes de que la lastimaran a ella. No confiaba en nadie, excepto en su abuela, en mi padre y, finalmente, en mí.

¿Su dolor justificaba todo el daño que causaba a los demás? Claro que no.

Pero aprender sobre su pasado me ayudó a entenderla mejor. ¿Se ganó mi perdón y mi amor? No. Pero en los últimos años, me trató como a su propio hijo. ¿Aprobé las formas en que lastimaba a la gente? Por supuesto que no.

Empecé a verla bajo una nueva luz. Aprendí a tener compasión por ella. Después de perdonarla, pude ver algo de lo que la llevó a sus temores, ira, amargura y desconfianza. Vi a una persona que había sido profundamente herida una y otra vez. Yo nunca había experimentado semejante tipo de repetido abuso, y es difícil juzgar a alguien cuando no has experimentado lo que ella había sufrido. También aprendí que podía ser divertida y cariñosa de maneras sorprendentes.

Cuando su madre murió, un anciano de la iglesia le dijo a esta niña de siete años que Dios necesitaba a su madre más que ella. Ese día, decidió odiar a Dios y rechazar cualquier cosa relacionada con Él. (Aprender esto me ayudó a entender su reacción ante el pastor en el hospital). Rara vez me permitía hablar de Jesús sin que se enojara. Pero sí me permitió mostrarle el amor, la compasión y el perdón de mi Salvador. Ella recibió décadas de mi testimonio vivo, incluso cuando refutó mi testimonio verbal. Sin embargo, confieso que rara vez fue fácil, y mi perdón por ella fue puesto a prueba regularmente.

A los ojos de Dios, no merezco más Su amor y perdón de lo que ella lo merecía. Me avergüenzo de querer que ardiera en el infierno. Oré para que Dios me perdonara por mi actitud odiosa hacia ella. Durante muchos años, oré para que Dios cambiara su corazón hacia Él para que pudiera pasar la eternidad con Él en el cielo. Debido a que viví en otro estado, no estuve con ella los últimos días de su vida, y no sé si abrazó el regalo de Dios.

Cristianos y no cristianos reconocen que el perdón en tales situaciones no es normal. Es un milagro.

En este libro, definimos el perdón en un sentido más estrecho que el enfoque típico. Eso es porque creemos que la clave para perdonar a los demás radica en saber cuán perdonados somos en Cristo. Como resultado, esperamos que algunos estén en desacuerdo con nuestra definición y nuestro enfoque.

Como autores, confesamos una fe en el Dios trino tal como se revela en la Biblia. Creemos que esta Palabra de Dios hace diferencias que cambian la vida, no solo para la eternidad, sino también para esta vida. Personalmente hemos sido testigos de milagros de perdón que desafían el razonamiento humano. Aplicamos este enfoque porque creemos firmemente que abordar la falta de perdón de la manera más sanadora posible ocurre cuando nos enfocamos en el perdón que tenemos en Jesús. Exploraremos lo que dice la Biblia sobre el perdón y la falta de perdón, y luego compartiremos historias reales de cómo la aplicación del perdón bíblico ha sanado a las personas desde la antigüedad hasta el día de hoy.

NUESTRO PERDÓN FLUYE DEL PERDÓN DE DIOS

Nuestra definición de perdón se basa en un entendimiento bíblico. Específicamente, definimos el perdón en función de la forma en que Dios perdona, ya que los cristianos están llamados a perdonar como el Señor los ha perdonado.

> **En vez de eso, sean bondadosos y misericordiosos, y perdónense unos a otros, así como también Dios los perdonó a ustedes en Cristo. (Efesios 4:32)**
>
> **Sean mutuamente tolerantes. Si alguno tiene una queja contra otro, perdónense de la misma manera que Cristo los perdonó. (Colosenses 3:13)**

Somos llamados a perdonar, no como lo hace el mundo incrédulo, sino más bien como Dios nos ha perdonado.

Considera lo que las Escrituras dicen acerca del perdón de Dios. El perdón significa que toda nuestra deuda con Dios por nuestros pecados ha sido pagada en su totalidad (lee Juan 19:30). El perdón nos libera del juicio de condenación de Dios (lee Romanos 8:1). El perdón significa que nuestras iniquidades han sido alejadas de nosotros tan lejos como está el oriente del occidente (lee Salmos 103:12). El perdón significa que por medio de Cristo hemos sido hechos justos ante Dios (lee 2 Corintios 5:21).

EL PERDÓN NO ES LO QUE MERECEMOS

Desde el punto de vista de Dios, todos somos culpables. Nacemos pecadores, incapaces de agradar a Dios de ninguna manera por nosotros mismos. "¡Mírame! ¡Yo fui formado en la maldad! ¡Mi madre me concibió en pecado!" (Salmos 51:5).

No solo somos pecadores desde la concepción, sino que somos pecadores que pecan activa y constantemente. *¡Así es! ¡Así somos todos nosotros!* "Como está escrito: ¡No hay ni uno solo que sea justo! No hay quien entienda; no hay quien busque a Dios. Todos se desviaron, a una se han corrompido. No hay quien haga lo bueno, ¡no hay ni siquiera uno!... por cuanto todos pecaron y están destituidos de la gloria de Dios…” (Romanos 3:10-12, 23).

Tal vez alguien piensa que ha sido bueno en casi todos los sentidos, o al menos que no ha hecho nada realmente malo. Sin embargo, Dios juzga por un estándar diferente: “Porque cualquiera que cumpla toda la ley, pero que falle en un solo mandato, ya es culpable de haber fallado en todos” (Santiago 2:10).

¡Guau! Incluso, por ejemplo, si creo que he resbalado solo un poquito, Dios me declara culpable de quebrantar toda la ley. Por supuesto, somos buenos para justificarnos a nosotros mismos y minimizar nuestro pecado. Sin embargo, Dios aparta Su rostro de aquellos que quebrantan Sus mandamientos. Declara que, antes de que fuéramos reconciliados por medio de Cristo, se nos consideraba enemigos de Dios.

> **Son las iniquidades de ustedes las que han creado una división entre ustedes y su Dios. Son sus pecados los que le han llevado a volverles la espalda para no escucharlos. (Isaías 59:2)**

> **Porque, si cuando éramos enemigos de Dios fuimos reconciliados con él mediante la muerte de Su Hijo, mucho más ahora, que estamos reconciliados, seremos salvados por Su vida. (Romanos 5:10)**

Aunque tengamos una opinión más alta de nosotros mismos, somos impuros e inútiles según las normas de Dios. No tenemos nada con qué pagarle a Dios por nuestras transgresiones. Incluso nuestras mejores intenciones quedan cortas. Sólo podemos acercarnos a Él como mendigos, buscando misericordia.

> **Todos nosotros estamos llenos de impureza; todos nuestros actos de justicia son como un trapo lleno de inmundicia. (Isaías 64:6)**

> **Porque nada hemos traído a este mundo, y sin duda nada podremos sacar. (1 Timoteo 6:7)**

Aunque los cristianos somos hechos justos en Jesús, y aun sabiendo que es así, todavía luchamos con nuestra naturaleza pecaminosa. Aunque somos Su pueblo perdonado y nos esforzamos por vivir de acuerdo con Sus preceptos, necesitamos continuamente la misericordia y la gracia de Dios.

> **¿Acaso la impureza puede purificarse? ¡Eso es algo que nadie puede lograr!… ¿Qué vale el hombre, nacido de mujer, para creerse limpio y alegar ser inocente? (Job 14:4; 15:14)**

San Pablo se angustiaba por su incapacidad de guardar los mandamientos de Dios, incluso como apóstol:

> **Yo sé que en mí, esto es, en mi naturaleza humana, no habita el bien; porque el desear el bien está en mí, pero no el hacerlo. Porque no hago el bien que quiero, sino el mal que no quiero... ¡Miserable de mí! ¿Quién me librará de este cuerpo de muerte? (Romanos 7:18-19, 24)**

> **Porque el deseo de la carne se opone al Espíritu, y el del Espíritu se opone a la carne; y éstos se oponen entre sí para que ustedes no hagan lo que quisieran hacer. (Gálatas 5:17)**

Nuestro Creador santo, todopoderoso, omnisciente y presente en todas partes nos llama a vivir vidas justas. Pero como aquellos concebidos y nacidos en pecado, debemos reconocer que eso es imposible. Sin importar cuánto lo intentemos, fallamos. El justo juicio de Dios nos declara culpables, indignos de Su amor, misericordia y gracia. Sí, según la perspectiva de Dios, ¡somos imperdonables!

¿El resultado? Merecemos la separación eterna de nuestro Creador: "Porque la paga del pecado es muerte" (Romanos 6:23a). No merecemos el perdón de nuestro Dios santo. Merecemos un castigo eterno en el infierno. Sí, todos nosotros.

Eso es lo que hace que el perdón de Dios sea tan insondable, tan increíble, tan exagerado. A pesar de lo que somos por naturaleza, a pesar de nuestra incapacidad de guardar Sus mandamientos incluso como creyentes, Dios nos ama.

Dios nos ama tanto que puso todos tus pecados, los pasados, presentes y futuros, en Su Hijo y lo condenó a morir en tu lugar. A cambio, Él te dio la justicia de Jesús. Mereces ir al infierno, pero Jesús sufrió el infierno por ti. Mereces estar separado de Dios eternamente, pero Dios te eligió para ser Su hijo, para vivir con Él en el cielo para siempre. Mereces la paga del pecado, pero Dios pagó el precio completo por tu redención. Eres precioso para Él.

El perdón es misericordia y gracia. La misericordia no es recibir lo que mereces. Es una liberación de las consecuencias de la muerte eterna. El perdón es la misericordia de la justificación inmerecida. La gracia es recibir lo que no mereces. Es un regalo sin ataduras. La gracia es el amor inmerecido de Dios revelado en el perdón.

EL PERDÓN, UN REGALO GRATUITO

El perdón es un regalo de Dios para ti. No te mereces el regalo. No se puede comprar en ningún sitio. Y no hay nada que puedas hacer para ganar siquiera una parte de ello. Es un regalo completamente gratuito, como afirma la Escritura:

> **Pero la dádiva de Dios es vida eterna en Cristo Jesús, nuestro Señor.** (Romanos 6:23b)
>
> **Ciertamente la gracia de Dios los ha salvado por medio de la fe. Ésta no nació de ustedes, sino que es un don de Dios; ni es resultado de las obras, para que nadie se vanaglorie.** (Efesios 2:8-9)

Es como el regalo que le hice a mi madrastra. No se lo merecía. No había nada que ella pudiera hacer para ganarse mi perdón. No importa lo bien que me haya tratado en años posteriores, su bondad hacia mí nunca pudo ganarse ninguna parte de mi perdón y amor. Fue un regalo gratuito, inmerecido y milagroso.

Pero mi regalo a ella no fue iniciado por mí. Simplemente le estaba dando el regalo que yo ya había recibido a través de Jesucristo.

EL PERDÓN NOS HACE NUEVOS

A través de este regalo gratuito, estamos en paz con Dios. Somos liberados de las consecuencias de nuestro pecado, tanto de nuestro pecado heredado (lee Salmos 51:5) como de nuestras propias acciones pecaminosas. Somos sanados del quebrantamiento de nuestra condición. Ya no estamos en peligro de perecer para siempre en el infierno, sino que se nos ha dado la vida eterna. El don de Dios nos hace nuevas criaturas.

> **Pero él será herido por nuestros pecados; ¡molido por nuestras rebeliones! Sobre él vendrá el castigo de nuestra paz, y por Su llaga seremos sanados.** (Isaías 53:5)
>
> **Porque de tal manera amó Dios al mundo, que ha dado a Su Hijo unigénito, para que todo aquel que en Él cree no se pierda, sino que tenga vida eterna.** (Juan 3:16)
>
> **Mientras callé, mis huesos envejecieron, pues todo el día me quejaba. De día y de noche me hiciste padecer; mi lozanía se volvió aridez de verano. Te confesé mi pecado; no oculté mi maldad. Me dije: Confesaré al Señor mi rebeldía y tú perdonaste la maldad de mi pecado.** (Salmos 32:3-5)

> Así que, de aquí en adelante, nosotros ya no conocemos a nadie desde el punto de vista humano; y aun si a Cristo lo conocimos desde el punto de vista humano, ya no lo conocemos así. De modo que si alguno está en Cristo, ya es una nueva creación; atrás ha quedado lo viejo: ¡Ahora ya todo es nuevo! (2 Corintios 5:16-17)

EL PERDÓN NOS TRANSFORMA DE ENEMIGOS A HEREDEROS

Debido a Su perdón, Dios ya no nos considera enemigos, separados de Él y merecedores de juicio. En cambio, nos redimió de la esclavitud del pecado, nos hizo herederos de Sus promesas celestiales, nos adoptó como Sus preciosos hijos y nos cubrió con Su amor inquebrantable.

> Pero cuando se cumplió el tiempo señalado, Dios envió a Su Hijo, que nació de una mujer y sujeto a la ley, para que redimiera a los que estaban sujetos a la ley, a fin de que recibiéramos la adopción de hijos. Y por cuanto ustedes son hijos, Dios envió a sus corazones el Espíritu de Su Hijo, el cual clama: ¡Abba, Padre! Así que ya no eres esclavo, sino hijo; y si eres hijo, también eres heredero de Dios por medio de Cristo. (Gálatas 4:4-7)

> Pero ahora, en Cristo Jesús, ustedes, que en otro tiempo estaban lejos, han sido acercados por la sangre de Cristo. (Efesios 2:13)

> Miren cuánto nos ama el Padre, que nos ha concedido ser llamados hijos de Dios. Y lo somos. El mundo no nos conoce, porque no lo conoció a Él. (1 Juan 3:1)

> Pero a todos los que la recibieron, a los que creen en Su nombre, les dio la potestad de ser hechos hijos de Dios; los cuales no son engendrados de sangre, ni de voluntad de carne, ni de voluntad de varón, sino de Dios. (Juan 1:12-13)

> Ante mis ojos Tú eres grandemente estimado y digno de honra. Yo te amo, y por ti y por Tu vida daré hombres y naciones. (Isaías 43:4)

LA SANGRE DE JESÚS NOS REDIME

Por naturaleza somos esclavos del pecado y estamos bajo el juicio de Dios. Pero a través de la sangre de Cristo hemos sido lavados, purificados y comprados de nuestro estado de condenación. La redención ocurre cuando alguien libera a un esclavo comprándolo y liberándolo. Porque somos redimidos por Él, pertenecemos a Jesús.

> **Pero si vivimos en la luz, así como él está en la luz, tenemos comunión unos con otros, y la sangre de Jesús, Su Hijo, nos limpia de todo pecado. (1 Juan 1:7)**
>
> **Ustedes saben que fueron rescatados de una vida sin sentido, la cual heredaron de sus padres; y que ese rescate no se pagó con cosas corruptibles, como el oro y la plata, sino con la sangre preciosa de Cristo, sin mancha y sin contaminación, como la de un Cordero. (1 Pedro 1:18-19)**

Cristo nos redimió de las consecuencias de nuestro pecado. Él pagó el precio más alto para que fuéramos perdonados. Pertenecemos a Aquel que nos compró con Su sangre.

PERDONAR A LOS DEMÁS SIGNIFICA...

Perdonar como el Señor nos ha perdonado significa compartir el don que Él nos ha dado: la misericordia y la gracia inmerecidas. Ya no juzgamos al ofensor como nuestro enemigo, sino como a otro pecador por quien Cristo murió y resucitó. Jesús murió por todas las personas, no solo por los creyentes, sino también por aquellos que aún no creen en Jesús (lee Juan 3:16). En lugar de juzgar y condenar a los demás, renunciamos libremente al derecho de estar enojados, amargados, llenos de ira, llenos de odio y de ser asesinos. Ofrecemos el mismo amor que Dios nos ha dado. Perdonamos.

Este tipo de perdón no es de este mundo. Perdonar como Dios perdona es un acto divino. No es nuestra naturaleza humana. En cambio, es compartir un milagro que solo Dios y aquellos que reciben el don de Dios pueden ofrecer.

El perdón no es un simple mecanismo de supervivencia. La comunidad de salud mental define los mecanismos de afrontamiento como estrategias saludables o no saludables para abordar situaciones estresantes. Una persona puede optar por beber una cantidad excesiva de alcohol para hacerle frente a un matrimonio conflictivo. Este sería un ejemplo de un mecanismo de afrontamiento poco saludable. Una persona puede aprender técnicas de relajación de un consejero de salud mental para ayudarla a lidiar con las presiones extremas del trabajo. Este sería un ejemplo de un mecanismo de afrontamiento saludable.

El perdón proporciona un alivio similar a los mecanismos de afrontamiento saludables. Pero el perdón es más que una estrategia para reducir la tensión en una situación estresante. Un mecanismo de afrontamiento intenta encontrar fuerza y esperanza dentro de la persona. El perdón mira hacia afuera de la persona, ve solo a Cristo, para encontrar fuerza y esperanza.

El perdón no es excusar el pecado. ¡Nunca! El hecho mismo de que el perdón sea necesario significa que alguien ha pecado. También significa que alguien tenía que ser castigado por ello. El castigo de Dios por el pecado es la muerte, y Jesús pagó ese precio por todos. La justicia requería sangre; la sangre de Cristo expió nuestros pecados: "Según la ley, casi todo es purificado con sangre; pues sin derramamiento de sangre no hay perdón" (Hebreos 9:22).

El perdón significa dejar a un lado el derecho de recordar el pecado de otra persona y usarla en su contra. Dios promete: "...Y yo perdonaré su maldad, y no volveré a acordarme de su pecado" (Jeremías 31:34).

Ten en cuenta que perdonar no es lo mismo que olvidar. Cuando Dios dice: "No me acordaré más de su pecado", no es porque esté envejeciendo y volviéndose olvidadizo. Más bien, opta por no recordar. Dios no se detiene en nuestro pecado, provocándose más ira y enojo. No se queda atrapado en el ciclo de repetir nuestras ofensas una y otra vez. Verás, el perdón es una decisión, un acto de la voluntad. No es pasivo, esperando a que pase el tiempo para que olvidemos. No recordar más es un compromiso de no obsesionarse con la ofensa.

El perdón no depende de las acciones del pecador. No hay nada que puedas hacer para ganarte el perdón de Dios. Imagínate si Dios te dijera: "Te perdonaré, pero solo cuando pases por todos estos obstáculos y demuestres que eres digno". ¡Imposible! Nunca podemos hacer suficiente bien para pagar por nuestro pecado. En consecuencia, cuando perdonamos a los demás como Dios perdona, perdonamos sin condiciones, sin requisitos, sin exigencias. Recuerda, es un regalo inmerecido, impagable, incalculable y gratuito (lee el capítulo 8 de este libro, "¿Qué pasa si no se arrepienten?", para entender cómo los que no creen en el don de Dios no se benefician del perdón).

Dios tampoco nos castiga negándonos el perdón. Él no dice: "Bueno, sucio y podrido sinvergüenza, voy a negarte el perdón durante mil años solo para castigarte". Su perdón es instantáneo, constante, eterno, una expresión de Su amor inquebrantable.

> **El Señor es misericordioso y clemente; es lento para la ira, y grande en misericordia. No nos reprende todo el tiempo, ni tampoco para siempre nos guarda rencor. No nos ha tratado como**

> **merece nuestra maldad, ni nos ha castigado como merecen nuestros pecados. Tan alta como los cielos sobre la tierra, es Su misericordia con los que le honran. Tan lejos como está el oriente del occidente, alejó de nosotros nuestras rebeliones... Pero el Señor es eternamente misericordioso; él les hace justicia a quienes le honran, y también a sus hijos y descendientes. (Salmos 103:8-12, 17)**

SANACIÓN Y PERDÓN

El perdón bendice de muchas maneras tanto al que perdona como al ofensor, incluyendo aquí la sanación. Escuche las palabras de David y observe los beneficios que se derivan del perdón:

> **¡Bendice, alma mía, al Señor, y no olvides ninguna de sus bendiciones! El Señor perdona todas tus maldades, y sana todas tus dolencias. El Señor te rescata de la muerte, y te colma de favores y de Su misericordia. El Señor te sacia con los mejores alimentos para que renueves tus fuerzas, como el águila. (Salmos 103:2-5)**

Del perdón fluye la sanación de las enfermedades, la redención de la fosa de desesperación y temor, la coronación con el amor y la misericordia inquebrantables, la satisfacción con el bien y la renovación de la juventud. Perdonar a alguien lo libera a uno de la prisión de la ira, la amargura, el enojo e incluso el deseo de vengarse al querer asesinar. Como han observado los psiquiatras y los médicos, trae sanación a la mente y al cuerpo.

Pero saber cómo el perdón beneficia al perdonador no es lo que nos permite perdonar. El perdón de Dios nos da el poder de perdonar como Él ha perdonado. Los beneficios de nuestro perdón fluyen del perdón de Dios. Fíjate en lo que nos obliga a vivir como pueblo de Dios, lo cual incluye perdonar a los demás:

> **El amor de Cristo nos lleva a actuar así, al pensar que si uno murió por todos, entonces todos murieron; y él murió por todos, para que los que viven ya no vivan para sí, sino para aquel que murió y resucitó por ellos. (2 Corintios 5:14-15)**

El poder de la cruz de Cristo nos da poder para vivir la vida santificada, es decir, para morir al pecado y vivir para la justicia.

> **Él mismo llevó en Su cuerpo nuestros pecados al madero, para**

que nosotros, muertos ya al pecado, vivamos para la justicia. Por sus heridas fueron ustedes sanados. (1 Pedro 2:24)

Recordar nuestro perdón en Cristo, ganado por nosotros por Su muerte y resurrección, nos permite morir al pecado y vivir para la justicia. Al enfocarnos en Jesús, tenemos la esperanza de perdonar como Dios perdona. A medida que luchamos por dejar a un lado nuestros caminos pecaminosos, somos dirigidos al pie de la cruz para recibir la fortaleza de Jesús. Con San Pablo, confesamos: "¡Todo lo puedo en Cristo que me fortalece!" (Filipenses 4:13).

¿QUÉ ES LA FALTA DE PERDÓN?

El perdón es compartir el don de Dios. La falta de perdón es retener el don de Dios.

Cuando alguien se niega a perdonar, la persona que no perdona sufre todo tipo de consecuencias. La ira insaciable conduce a la amargura y la ira a largo plazo. Puede surgir el deseo de herir, incluso de asesinar, al que ha ofendido. Tal vez el no perdonador no mataría físicamente a Su ofensor, pero en su mente lo asesina una y otra vez en el ciclo vicioso de la memoria que desea venganza. (Recuerde que Jesús comparó la ira con el asesinato en Mateo 5:21-22; lee también 1 Juan 3:16).

Una demanda de justicia en los términos de los ofendidos se convierte en una expectativa que no puede ser satisfecha. Algunos pueden buscar retribución personal, lo cual conlleva consecuencias para el que no perdona. Cualesquiera que sean las consecuencias que pueda experimentar el ofensor, no es suficiente para satisfacer la ira del ofendido. A menudo escuchamos que la familia de una víctima puede "tener paz" cuando el criminal agresor ha sido condenado y sentenciado, y la justicia servida puede dar alguna satisfacción. Pero por sí sola, la justicia servida no da paz. Solo el perdón de Dios, tanto para el perpetrador como para el ofendido, puede traer una paz que sobrepasa todo entendimiento.

La retención del perdón resulta en sufrimiento para el ofendido.

Es casi imposible superar el dolor por la pérdida de un ser querido cuando te obsesionas con la amargura y la ira contra quien te ha ofendido. Si estás personalmente herido o discapacitado, tu propia sanación se ve afectada mientras te enredas en tu ira.

La ira consume todo el ser y da a luz a todo tipo de maldad. "Enójense, pero no pequen; reconcíliense antes de que el sol se ponga, y no den lugar al diablo" (Efesios 4:26-27).

La ira que alimenta la falta de perdón le da la oportunidad al diablo de afianzarse en tu vida. La ira no apagada se convierte en amargura, en una ira a largo plazo que envenena todo el cuerpo. Eventualmente, la amargura puede separarte de Dios.

La falta de perdón puede crear una percepción de aprovechamiento sobre el ofensor. Tú puedes hacer demandas al ofensor, interna o abiertamente, porque quieres retribución por la ofensa. El aprovechamiento puede evidenciarse cuando se habla del ofensor, destruyendo continuamente su reputación, con la esperanza de obtener el respaldo y la aceptación de los demás.

Cuando nos obsesionamos con una ofensa, la revivimos una y otra vez en nuestra mente. Es como un disco de vinilo rayado en el que mantenemos la aguja en un solo lugar para poder escucharlo sonar una y otra vez. Al hacerlo, nos mantiene estancados en la ira y el dolor. Revivimos el sufrimiento una y otra vez, empeorando el dolor. A medida que el evento se repite en nuestra mente, algunos de los detalles se reescriben. A menudo, nuestro recuerdo de ciertos aspectos se vuelve peor para justificar e inflamar nuestra amargura. Se convierte en una espiral descendente que causa aún más dolor y sufrimiento. El ciclo vicioso nos conduce a una especie de infierno implacable.

Estar llenos de enojo también daña nuestras otras relaciones, no solo con el ofensor. Aunque no sean intencionales, los efectos de la ira y la malicia afectan las relaciones con aquellos que apreciamos. Las personas amargadas y enojadas agrian las buenas relaciones. Y cuando esos seres queridos no se unen a nuestra amargura, los dejamos de lado. Razonamos pensando que no nos quieren ni nos apoyan. Deducimos que no entienden ni aprecian nuestro sufrimiento y dolor. Conscientemente o no, los juzgamos indignos de nuestro afecto. En cualquier caso, perdemos el apoyo y el cariño de nuestros seres queridos.

Las personas que no perdonan sufren la terrible soledad causada por sus propios patrones destructivos.

La falta de perdón es un veneno que ingerimos, con la esperanza de que la otra persona muera.

Afortunadamente, Dios tiene misericordia de nosotros los pecadores que luchamos por perdonar. Incluso la falta de perdón es perdonable a través de Jesús. Encontramos esperanza, sanación y salud mental y espiritual cuando nos enfocamos en la cruz de Cristo.

¿PUEDEN LOS NO CREYENTES PERDONAR?

Cualquiera puede perdonar desde una perspectiva mundana. Es decir, todas las personas pueden tratar de dejar de lado la amargura y la ira, decidir no obsesionarse con el dolor, evitar sacar a relucir la ofensa y no hablar con los demás sobre la ofensa. Pueden emplear mecanismos de afrontamiento para aliviar su sufrimiento. Debido a que es tan difícil hacer esto, pueden terminar negando su dolor, interiorizándolo. Los profesionales de la salud mental pueden ser útiles para guiarlos a través de un proceso de perdón por su propia salud personal, pero los ofendidos pueden terminar atrapados en un ciclo del que no pueden escapar.

Otros pueden tratar de medicarse con drogas o alcohol u otros comportamientos autodestructivos como sustitutos del perdón.

Pero los no creyentes no pueden perdonar como el Señor perdona, porque ellos mismos no creen que son perdonados por Dios. No se puede dar lo que no se tiene. Solo una persona que ha recibido el don del perdón de Jesús puede dar ese perdón a los demás.

Entonces, este es el punto principal de este libro.

Para vencer la falta de perdón, primero debes recibir y recordar el regalo de Dios del perdón para ti y para la otra persona. Entonces, y solo entonces, puedes compartir el regalo que has recibido. Puedes perdonar como el Señor te perdonó.

¿CÓMO SE APLICA ESTO A MÍ?

1. ¿Quién es la persona más imperdonable de tu vida?

2. ¿Cuál fue la ofensa que te parece imperdonable?

3. ¿Cómo has estado respondiendo a un suceso imperdonable?

4. Si no perdonas a alguien, ¿es más bien un rechazo a perdonar o una lucha por perdonar? ¿A qué crees que se debe?

5. Si necesitas el perdón de alguien, lee algunos de los pasajes bíblicos a los que se hace referencia en este capítulo, como Salmos 103:1-13; 2 Corintios 5:21 y 1 Pedro 2:24. ¿Qué consuelo encuentras en esas palabras?

6. ¿Cómo es que definir el perdón como "compartir el don de Dios" puede ayudarte en tu camino hacia perdonar o en tu deseo de ser perdonado?

7. Escribe una oración pidiendo la ayuda y la esperanza de Dios en tu viaje para vencer la falta de perdón. Luego pídele a alguien que ore esta oración en voz alta contigo, insertando tu nombre en la oración.

PLANTILLA DE ORACIÓN

(Lee el capítulo 3, "¿Cómo debo orar?")

INTRODUCCIÓN

REFERENCIA A LA OBRA DE DIOS

PETICIÓN

RESULTADO

CONCLUSIÓN

CAPÍTULO 2

¿QUIÉN ERES?

Santo o pecador ¿quién soy
Para que en mi condición
Jesús quiera aquí morir
Y así mi alma redimir?

Esta, pues, mi identidad
No difiere en realidad
Del que llamo "mi ofensor",
Pues por él pagó el Señor.

Su Evangelio puedan ver
Las personas en mi ser
Al perdonar por Su cruz,
En el nombre de Jesús.

TED

En el año 2019, mi colega Dwight Schettler y yo viajamos al país de Ruanda, veinticinco años después del infame genocidio. Se nos pidió que capacitáramos a los pastores, sus esposas y otros obreros de la iglesia, para ministrar a las personas que aún estaban traumatizadas por el genocidio.

Aunque me había reunido con personas que habían sufrido eventos traumáticos personales, incluyendo asesinatos y abusos sexuales, nunca me había encontrado con un trauma de esta escala: una sociedad entera en la que todos los que estaban vivos en el año 1994 fueron víctimas, perpetradores o ambas cosas. En solo cien días, al menos 800.000 personas fueron brutalmente masacradas.[4] Otras fueron violadas o mutiladas. La carnicería no fue llevada a cabo por un país enemigo, sino por vecinos, amigos e incluso familiares. Inconcebiblemente, en el momento del genocidio, alrededor del 90 por ciento de la población del país profesaba ser cristiana.[5]

Dos grupos étnicos que compartían un idioma y costumbres comunes se enfrentaron entre sí. Los hutus atacaban a los tutsis, hombres, mujeres y niños. También mataron a los hutus moderados que se negaron a participar en el baño de sangre. Los líderes del genocidio atacaron intencionalmente a los niños como parte de su plan para exterminar a todos los tutsis. (Etiquetaron a los tutsis como "cucarachas").

La masacre y el derramamiento de sangre desafían toda descripción. Aunque Dwight y yo tratamos de aprender todo lo que pudimos sobre lo que sucedió, fue imposible para nosotros comprender realmente la profundidad del trauma que estas personas experimentaron. Puedo decirte que fue personalmente doloroso y repugnante solo enterarme de ello. Derramé muchas lágrimas en esa tarea. No nos tomó mucho tiempo darnos cuenta de que aquellos que querían ministrar a los demás estaban traumatizados.

Desde el año 1994, muchos habían venido a ofrecerles ayuda con el perdón y la reconciliación. Estudiamos, en la medida de lo posible, los esfuerzos que precedieron a nuestro trabajo. Sorprendentemente, había innumerables historias de personas que habían perdido a sus seres queridos o estaban profundamente heridas, pero que habían perdonado a las mismas personas que los

---

4 Lee *Enciclopedia Británica*, s.v. "Genocidio de Ruanda de 1994", 8 de agosto de 2023, https://www.britannica.com/event/Rwanda-genocide-of-1994. Algunas fuentes sitúan el número de muertos en más de un millón.

5 Lee Timothy Longman, *Christianity and Genocide in Rwanda*, African Studies {Cristianismo y genocidio en Ruanda, estudios africanos} (Cambridge: Cambridge University Press, 2009), 4, https://doi.org/10.1017/CBO9780511642043.

habían atacado. Increíblemente, muchos de los perpetradores que habían huido por temor a represalias o que estaban siendo liberados de prisión estaban regresando a sus aldeas y viviendo al lado de sus víctimas.

Se había hecho mucho para enseñar y consolar a estas personas en su trauma. Como formadores de reconciliadores, ¿qué más podíamos ofrecer?

Antes de llegar, estudiamos lo que se había hecho e hicimos muchas preguntas. Identificamos dos enfoques específicos que percibimos que no se habían aplicado ampliamente antes. Uno de ellos era proclamar el perdón de Dios a todo el mundo basándose en la enseñanza de la Biblia. El otro era recordarle a la gente su identidad en Cristo.

Durante años se habían presentado seminarios que dirigían a las personas a perdonar a los demás como habían sido perdonados en Cristo. Muchos hicieron fielmente lo que se les instruyó. Sin embargo, aquellos que perdieron a sus seres queridos (incluidas familias enteras) o sufrieron violaciones o mutilaciones incapacitantes se sentían culpables, todavía luchando con la ira, el miedo y el deseo de retribución. Los que participaron en los crímenes, a veces bajo la amenaza de ser asesinados si se negaban a matar, experimentaron la depresión y el autoaislamiento debido a la culpa. Citando las Escrituras, proclamamos intencionalmente el perdón a los líderes de la iglesia una y otra vez. Solo la Palabra del perdón de Dios puede traer sanación, consuelo y esperanza a las personas que luchan con su sentimiento de culpa. Esto resultó ser sanador para muchos.

El otro enfoque era recordarles quiénes eran. En otras palabras, hablamos extensamente acerca de su identidad en Cristo.

La identidad se ha convertido en una cuestión fundamental en Ruanda. Para evitar otra guerra entre grupos étnicos, el gobierno prohibió a cualquiera hablar de su identidad como tutsi o hutu. En otras palabras, debían olvidar su propia herencia. Se les dijo que sólo hablaran de su identidad como ruandeses.

La forma en que nos identificamos da forma a nuestra perspectiva. Perder la propia identidad equivale a perder el propio ser o valor de uno mismo. Las identidades que más apreciamos afectan la forma en que vemos a los demás y respondemos a los conflictos.

Cuando les recordamos a nuestros amigos ruandeses que su identidad se encuentra en Cristo, creamos nuevas perspectivas para ellos en términos de trauma, perdón y reconciliación. Esto redujo el enfoque de verse unos a otros en función de la historia familiar, porque se dieron cuenta de que en Cristo todos son parte de Su Cuerpo. Ellos pertenecen a la misma familia como hermanos y hermanas en Cristo. Cuando morimos y entramos al cielo, la única identidad que importa es nuestra condición de hijos perdonados de Dios. Nuestra herencia mundana, nuestros logros, nuestros fracasos, nuestras vocaciones, nada de eso importa en la perspectiva eterna. Como personas que pasarán la eternidad juntas, lo que importa es que todos estamos relacionados por la sangre de Cristo. Somos Su pueblo, unidos por Su sangre.

Apreciaron mucho el enfoque en su identidad en Cristo. Al fijar sus ojos en Jesús, que les da valor e identidad, su dolor disminuyó y se vieron unos a otros como miembros del mismo Cuerpo. Sí, todos son ruandeses. Todos procedían de familias hutus o tutsis. Más importante aún, son hijos de Dios a través de Jesucristo.

IDENTIDAD Y VALOR COMO PERSONAS

¿Cómo te identificas?

Por lo general, nos identificamos de varias maneras:

- **Profesión**
- **Posición en la familia (esposa, esposo, padre, hijo, hermano, abuelo, etc.)**
- **Logros (deportivos, educativos, premios laborales, salario, número de nietos, etc.)**

Algunos se identifican a sí mismos de acuerdo con sus desafíos o fracasos:

- **Desempleado**
- **Divorciado**
- **Persona enojada**
- **Discapacitado**
- **Alcohólico**
- **Deprimido**

Otros se identifican por su estatus socioeconómico, herencia étnica o lengua materna, estado civil, orientación sexual, afiliación política y demás.

HAZ UNA PAUSA POR UN MOMENTO. HAZ UNA LISTA DE ALGUNAS DE LAS FORMAS EN QUE TE IDENTIFICAS:

La forma en que nos identificamos a nosotros mismos, o la forma en que los demás nos identifican, influye en nuestro sentido de autoestima o valor personal. Y la autoestima afecta la forma en que respondemos a los conflictos en nuestras relaciones con los demás.

Como se mencionó anteriormente con nuestros amigos ruandeses, muchos olvidaron su identidad en Cristo. Y, sin embargo, nosotros, los autores, sugeriríamos que esta es nuestra identidad más importante. En términos de salvación, cuando mueres y te enfrentas a tu Creador, lo que has hecho o logrado o dejado de hacer en la vida no hace ninguna diferencia. Lo que Dios ha hecho por ti en Cristo hace toda la diferencia.

Pero la identidad en Cristo hace más diferencia que solo cuando entras al cielo. También hace toda la diferencia en la vida de este lado del cielo.

LA CREACIÓN PERFECTA DE DIOS Y NUESTRA IDENTIDAD ROTA

Dios creó todas las cosas, incluyéndote a ti. No eres un error ni eres algo al azar, inesperado. Eres parte de la creación de Dios. Fuiste creado intencionalmente por Dios y eres precioso para Él.

> **Tú, Señor, diste forma a mis entrañas; ¡tú me formaste en el vientre de mi madre! Te alabo porque tus obras son formidables, porque todo lo que haces es maravilloso. ¡De esto estoy plenamente convencido!** (Salmos 139:13-14)

Sin embargo, la creación perfecta de Dios cayó víctima del pecado cuando Adán y Eva desobedecieron a Dios y comieron del fruto prohibido (lee Génesis 3). Dios te creó, y estás hecho maravillosamente. Pero tu identidad como Su creación está rota a causa del pecado. El salmista confiesa: "¡Mírame! ¡Yo fui formado en la maldad! ¡Mi madre me concibió en pecado!" (Salmos 51:5).

Nuestra identidad desde que nacemos es pecadora. San Pablo declara: "Por tanto, como el pecado entró en el mundo por un solo hombre, y por medio del pecado entró la muerte, así la muerte pasó a todos los hombres, por cuanto todos pecaron" (Romanos 5:12).

Nuestra identidad en acción es pecadora. Isaías proclama: "Todos perderemos el rumbo, como ovejas, y cada uno tomará su propio camino; pero el Señor descargará sobre él todo el peso de nuestros pecados" (Isaías 53:6).

Jesús define lo que se necesita para ser justo ante Dios. "Por lo tanto, sean ustedes perfectos, como su Padre que está en los cielos es perfecto" (Mateo 5:48). Es un estándar imposible de alcanzar para cualquier pecador por sus propios méritos.

Santiago aclara aún más el estado imperdonable cuando dice que: "Porque cualquiera que cumpla toda la ley, pero que falle en un solo mandato, ya es culpable de haber fallado en todos" (Santiago 2:10). ¡Qué condición tan desesperante!

Dios nos declara a todos pecadores. Somos incapaces de guardar Sus mandamientos o vivir perfectamente de acuerdo con la voluntad de Dios. Incluso como cristianos, terminamos pecando contra Dios y contra nuestro prójimo. ¡Hablando de imperdonable!

Sin embargo, Dios ama a Sus criaturas, aunque seamos pecadores. Dios ama lo imperdonable. Dios te ama. Como todos los enemigos de Dios, no mereces Su amor porque, según Su ley, eres imperdonable.

¿Has chismeado y hablado mal de tu prójimo? ¡Eso es imperdonable a la luz de los mandamientos de Dios! ¿Has dicho palabras de odio o simplemente has tenido malos pensamientos sobre tu prójimo? ¡Imperdonable! ¿Has codiciado lo que otros tienen o has deseado que tú pudieras tener más? ¡Imperdonable! ¿Has obtenido algo deseable por medios contrarios al designio de Dios? ¡Imperdonable! ¿Tu ira te ha llevado a asesinar a tu prójimo en tu corazón? ¡Imperdonable! ¿Has pecado contra Dios y contra los demás de alguna manera, incluso en tus pensamientos privados? Lo siento... pero de acuerdo con la ley de Dios, ¡eres imperdonable!

Tus transgresiones te convierten en un enemigo de Dios, imperdonable en base a tu identidad pecaminosa desde tu nacimiento y a tus pensamientos, palabras y acciones pecaminosas.

Cuando mi relación con Dios es enemiga, estoy condenado al castigo eterno. Por mi cuenta, no puedo hacer nada para escapar del infierno.

UNA CREACIÓN ROTA HECHA NUEVA

Sin embargo, Isaías proclama una esperanza para nosotros los imperdonables: "...pero el Señor descargará sobre él todo el peso de nuestros pecados" (Isaías 53:6).

Dios prometió un Salvador que nos haría nuevos de nuevo. Isaías describe al Salvador: "Se verá angustiado y afligido, pero jamás emitirá una queja; será llevado al matadero, como un cordero; y como oveja delante de sus trasquiladores se callará y no abrirá su boca... llevará sobre sí mismo el pecado de muchos, y orará en favor de los pecadores" (Isaías 53:7, 12).

Dios prometió que Su Hijo llevaría todo el castigo por nuestros pecados para que fuéramos perdonados. Dios nos vería como santos, santificados y limpios. Y eso es lo que hizo Jesús.

> **Porque ni siquiera el Hijo del Hombre vino para ser servido, sino para servir y para dar Su vida en rescate por muchos. (Marcos 10:45)**
>
> **Cristo nos redimió de la maldición de la ley, y por nosotros se hizo maldición (porque está escrito: Maldito todo el que es colgado en un madero). (Gálatas 3:13)**

Jesucristo murió para que cada persona creada pueda ser perdonada por Su muerte y resurrección, ¡y eso te incluye a ti! Jesús dice: "Porque de tal manera amó Dios al mundo, que ha dado a Su Hijo unigénito, para que todo aquel que en Él cree no se pierda, sino que tenga vida eterna. Porque Dios no envió a Su Hijo al mundo para condenar al mundo, sino para que el mundo sea salvo por Él" (Juan 3:16-17).

Dios ya no nos identifica como Sus enemigos, seres pecadores imperdonables y quebrantados. Aunque no hay nada que podamos hacer por nuestra cuenta para ganar el favor de Dios, en Cristo somos hechos nuevos de nuevo.

> **Pero Dios muestra Su amor por nosotros en que, cuando aún éramos pecadores, Cristo murió por nosotros. (Romanos 5:8)**
>
> **Así que, de aquí en adelante, nosotros ya no conocemos a nadie desde el punto de vista humano; y aun si a Cristo lo conocimos desde el punto de vista humano, ya no lo conocemos así. De modo que si alguno está en Cristo, ya es una nueva creación; atrás ha**

quedado lo viejo: ¡Ahora ya todo es nuevo! (2 Corintios 5:16-17)

Nuestra esperanza se encuentra en Jesucristo, quien tomó sobre sí el pecado del mundo. Y así lo hizo por todas las personas creadas. ¡Qué magnífica noticia!

La sangre de Jesús nos da una nueva identidad.

Hemos sido transformados de enemigos imperdonables de Dios a hijos amados y perdonados de Dios. Ya no estamos en peligro de la ira y la condenación de Dios, hemos sido hechos herederos de Sus promesas celestiales. Somos los preciosos hijos de Dios: "Miren cuánto nos ama el Padre, que nos ha concedido ser llamados hijos de Dios. Y lo somos. El mundo no nos conoce, porque no lo conoció a él" (1 Juan 3:1).

A veces podríamos preguntarnos por qué Dios no juzga a los imperdonables. ¿Por qué no los destruye? Pero Dios ha decidido actuar de acuerdo a Su promesa. Dios no es arbitrario ni fortuito en Su relación con Su creación. No es un Dios de incertidumbre. Si lo fuera, nos mantendría al borde de nuestros asientos, sin saber, siempre en un estado de incertidumbre.

Este es el caso cuando pensamos que el perdón se basa en nosotros. Seguramente debe haber algo que podemos hacer o debemos hacer para ser perdonados. Pero, ¿cómo sabrás cuándo has hecho lo suficiente? ¿Cómo sabrás si has orado lo suficiente, si has dado lo suficiente, si has realizado suficientes buenas obras, si has obtenido suficiente satisfacción por tu pecado? Nada de eso serviría de nada.

Gracias a Dios, nada de eso es necesario de acuerdo con Sus promesas. La buena noticia es que Dios prometió perdonarte a través de Su Hijo, ¡y lo hizo! No hay incertidumbre. Solo hay certeza en la promesa. Dios perdona lo imperdonable. Y eso nos da una nueva identidad.

¿QUIÉN SE BENEFICIA DE LA NUEVA IDENTIDAD?

No todos se benefician del perdón de Cristo.

> **El que en él cree, no es condenado; pero el que no cree, ya ha sido condenado, porque no ha creído en el nombre del unigénito Hijo de Dios. (Juan 3:18)**
>
> **Porque con el corazón se cree para alcanzar la justicia, pero con la boca se confiesa para alcanzar la salvación...porque todo el que invoque el nombre del Señor será salvo. (Romanos 10:10, 13)**

Aunque el perdón está disponible para todos en el mundo (Juan 3:16), no todos se benefician. Aquellos que rechazan el don de Dios en incredulidad rechazan el perdón que podría ser suyo. En otras palabras, el juicio por su propia condición pecaminosa y actos pecaminosos permanece en su lugar.

Dios no obliga al pecador a creer. Él nos da Su Palabra (la Biblia) y los Sacramentos (el Bautismo y la Cena del Señor) para crear, nutrir y fortalecer nuestra fe en Jesús.

La Biblia nos dice lo que se necesita para beneficiarse del don de Dios: "El que crea y sea bautizado, se salvará; pero el que no crea, será condenado" (Marcos 16:16).

Aquellos que no creen en la promesa y el perdón de Dios no reconocen que Él los creó y los perdona. Solo aquellos que creen y confían en el perdón a través de Cristo reciben los beneficios del don.

LA IDENTIDAD REFLEJA NUESTRA ADORACIÓN

Nuestra identidad central revela lo que adoramos. Lo que adoramos o a quien adoramos determina cómo hablamos, actuamos, pensamos y sentimos. Lo que más tememos, amamos y en lo que confiamos queda expuesto en la forma en que respondemos a los demás, especialmente en los conflictos.

Por ejemplo, si temo lo que los demás piensan de mí (llamado "miedo a los hombres" en Proverbios 29:25), puede que responda con una actitud defensiva, con autojustificación o con cortar relaciones con quienes me critican. Podría recurrir a la retribución.

Si aprecio mis posesiones terrenales o mi bienestar financiero, puede que juzgue a aquellos que amenazan mis bienes de alguna manera. Puede que opte por devolver mal por mal y tomar algo valioso de ellos. O, puedo hacer algo desesperado para proteger mis posesiones, incluso si tengo que usar medios pecaminosos.

Si confío en mis propios deseos, puede que haga lo que sea necesario para conseguir lo que quiero. Esto puede incluir juzgar a cualquier persona que se interponga en mi camino o no esté de acuerdo conmigo. Podría significar hacer algo deshonesto. Hasta puedo pensar que el fin justifica los medios.

La naturaleza humana nos impulsa a afirmarnos como dioses. Puede que no lo digamos con tantas palabras, pero nuestros pensamientos y acciones exponen la intención de nuestro corazón. Las frases de nuestra cultura revelan nuestra inclinación:

- **Soy el dios de mi propio destino.**
- **Lo hice a mi manera.**
- **Soy el rey de mi castillo.**
- **Soy un hombre hecho y derecho.**
- **Nadie me dirá lo que tengo que hacer.**

Si me veo a mí mismo como una persona "hecha y derecha", el dios de mi propio destino, el rey de mi dominio, me he hecho dios a mí mismo. Reemplacé al verdadero Creador con una representación falsa. ¿El resultado? Mis pensamientos, palabras y acciones me servirán a mí y a mis deseos.

Por otro lado, si me enfoco en mi identidad como hijo de Dios, mi temor, amor y confianza en Jesús se revelarán en la forma en que trato a los demás. Tal como lo hizo Jesús, trataré a los demás con amor, bondad y perdón, incluso si me han hecho daño.

Mi temor a Dios se muestra cuando no temo a las personas ni a las cosas más que a Él.

Mi amor por Dios se hace evidente cuando dejo a un lado mi agenda personal y mis formas mundanas para vivir de acuerdo con Sus caminos.

Mi confianza en Dios se revela cuando confío en Su Palabra y respondo a los demás, incluso a mis enemigos, con amor y perdón.

¿CÓMO AFECTA MI IDENTIDAD A MI RELACIÓN CON MI PRÓJIMO?

Dios nos creó para estar en relación con Él y con los demás. Nuestra relación con Dios fue iniciada por Él. Él nos creó y nos amó, incluso cuando pecamos contra Él. Él nos da los dones de la vida y la salvación. Recibimos de Dios lo que no merecemos. Es un regalo. Respondemos a Su don adorándole, reconociendo que Él es nuestro Dios y Señor. Lo adoramos cuando vivimos de acuerdo a Sus preceptos.

La relación que tenemos con nuestro prójimo es activa. O mejoramos esa relación o la perjudicamos por la forma en que nos tratamos unos a otros. Y nuestras acciones hacia nuestro prójimo revelan quién es verdaderamente nuestro Dios y Señor. Si amamos a nuestro prójimo como a nosotros mismos, adoramos al único Dios verdadero. Si despreciamos a nuestro prójimo, nos hacemos dioses. Nos declaramos jueces que determinan si alguien debe recibir el perdón.

Nuestra relación con Dios da forma a nuestra relación con nuestro prójimo. Si nos alejamos de Dios y rechazamos Su don del perdón, no perdonaremos a nuestro prójimo. Confiamos en nuestros propios caminos por encima de los de Dios. Seremos personas amargadas, enojadas, resentidas y críticas. Una relación que rechaza o ignora a Dios es una relación que también rechazará a nuestro prójimo.

¿PUEDE LA FORMA EN QUE OTROS NOS VEN CAMBIAR NUESTRA IDENTIDAD?

¡No! Podemos sentirnos tentados a pensar así, pero eso solo nos alejaría de la verdad de Dios.

Nuestra identidad como hijos de Dios contradice lo que otros puedan decir de nosotros. Algunos pueden vernos simplemente como seres evolucionados, pero seguimos siendo la creación de Dios. Seguimos siendo hijos perdonados de Dios, independientemente de lo que piensen los demás.

El perdón de Dios nos libera de lo que otros puedan decir de nosotros. Pueden llamarnos fracasados. Pueden calumniar nuestra reputación. Incluso pueden chismear sobre nuestros peores momentos, concluyendo que somos malos o que no valemos nada. Algunos pueden vernos como víctimas indefensas. A través de las redes sociales, la gente puede decir todo tipo de cosas desagradables sobre nosotros, etiquetándonos, incluso como fracasados. Pueden convencer a otros para que estén de acuerdo con su juicio sobre qué o quiénes somos.

Independientemente de lo que piensen los demás, seguimos siendo hijos preciosos de Dios. Su forma de vernos no cambia.

> **Así dice ahora el Señor, quien te creó y te formó: No temas, Jacob, porque yo te redimí; yo te di tu nombre, Israel, y tú me perteneces... Ante mis ojos tú eres grandemente estimado y digno de honra. Yo te amo, y por ti y por tu vida daré hombres y naciones.** (Isaías 43:1, 4)

> **Pero ustedes son linaje escogido, real sacerdocio, nación santa, pueblo adquirido por Dios, para que anuncien los hechos maravillosos de aquel que los llamó de las tinieblas a Su luz admirable. Antes, ustedes no eran un pueblo; ¡pero ahora son el pueblo de Dios! Antes no habían sido compadecidos, pero ahora ya han sido compadecidos.** (1 Pedro 2:9-10)

Cuando nuestra identidad es moldeada y formada por otros, podemos ser persuadidos a pensar que somos fracasados y enemigos de Dios. Pero cuando recordamos que Dios determina nuestra identidad más importante, nuestra confianza y esperanza están en nuestro Padre. Los que creen y se aferran a sus promesas se mantienen firmes frente a la persecución.

Independientemente de lo que suceda, el hijo de Dios se aferra a Sus promesas. Cuando otros pecan contra nosotros, y cuando nosotros pecamos contra ellos, nos aferramos a nuestra identidad en Cristo.

Dios cumple Su promesa. Su promesa no está condicionada a nuestras habilidades, nuestras palabras o nuestras buenas obras. La promesa de Dios se basa en Su Palabra. Su promesa está fuera de nosotros.

Dios no promete que no sufriremos en este mundo. De hecho, Él nos dice que sufriremos injusticia debido a nuestra identidad en Cristo.

> **Acuérdense de la palabra que les he dicho: El siervo no es mayor que su señor. Si a mí me han perseguido, también a ustedes los perseguirán; si han obedecido mi palabra, también obedecerán la de ustedes. Pero todo esto les harán por causa de mi nombre, porque no conocen al que me ha enviado.** (Juan 15:20-21)

Aunque sufriremos en este mundo, los hijos de Dios nunca están solos. Aquel que sufrió, murió y resucitó promete estar con nosotros.

> **Y yo estaré con ustedes todos los días, hasta el fin del mundo. (Mateo 28:20)**

> **Vivan sin ambicionar el dinero. Más bien, confórmense con lo que ahora tienen, porque Dios ha dicho: No te desampararé, ni te abandonaré. Así que podemos decir con toda confianza: El Señor es quien me ayuda; no temeré lo que pueda hacerme el hombre... Jesucristo es el mismo ayer, hoy, y por los siglos. (Hebreos 13:5-6, 8)**

Porque somos hijos de Dios, podemos llevar todas nuestras penas y luchas a Él: "Vengan a mí todos ustedes, los agotados de tanto trabajar, que yo los haré descansar" (Mateo 11:28).

Nuestra identidad en Cristo está por encima de todas las demás identidades de este mundo. ¿Quién eres? ¡Eres hijo amado y perdonado de Dios!

¿CÓMO SE APLICA ESTO A MÍ?

1. ¿De qué manera el recordar tu identidad en Cristo puede afectar la forma en que te valoras a ti mismo?

2. ¿De qué manera el recordar de quién eres como hijo de Dios afecta la forma en que ves y valoras a los demás?

3. Lee 2 Corintios 5:14-15. ¿De qué manera el enfocarte en tu identidad como hijo de Dios, te ayuda a vivir para Cristo y no para ti mismo?

4. ¿De qué maneras te resulta más difícil vivir como hijo de Dios? ¿A qué crees que se debe?

5. Escribe una oración agradeciendo a Dios por tu identidad en Jesús. Incluye una petición para fortalecer tu fe para vivir, no para ti mismo, sino para Aquel que murió y resucitó por ti.

PLANTILLA DE ORACIÓN

(Lee el capítulo 3, “¿Cómo debo orar?”)

INTRODUCCIÓN

REFERENCIA A LA OBRA DE DIOS

PETICIÓN

RESULTADO

CONCLUSIÓN

CAPÍTULO 3

¿CÓMO DEBO ORAR?

En mi‿inseguridad y duda,
Escúcha‿ahora, mi Señor,
Mi‿íntimo ruego y‿amargura
Que buscan Tu gracia y‿amor;
A Ti me‿acerco,‿escuchamé,
Mi‿amor y fe renuévame.

Señor, hoy cambia mi lenguaje
En lo‿íntimo del corazón,
Pues a menudo suena‿extraña
Esta palabra de "perdón";
Permíteme‿hablar con amor,
Sabiduría y buen valor.

Sara era una persona conversadora y disfrutaba hablando con toda clase de personas. Era un estímulo para los demás, una mano amiga cuando alguien necesitaba ayuda y un hombro sobre el cual llorar. Pero cuando se dio cuenta de que su esposo estaba teniendo una aventura amorosa, el mundo pareció detenerse sin previo aviso.

Llamó a su madre para exponer lo sucedido. Hablaba con la gente de su trabajo sobre lo avergonzada que estaba. Le dijo a su club de artesanía lo estúpida que se sentía. Habló con sus hermanos sobre su profundo dolor. Le describió a su peluquera lo doloroso que era esto.

Sara hablaba con todos sobre el pecado de su marido. Casi con todos. Ella no pudo hablar con Dios al respecto. Y es que tendemos a olvidarnos de Dios.

"Se olvidaron del Señor, su Dios, que los había librado de todos los enemigos que los rodeaban..." (Jueces 8:34).

Dios libró a los israelitas de la mano del Faraón. Dividió el Mar Rojo para que pasen seguros. Les proveyó de alimento. Les dio líderes. Les prometió una tierra donde mana leche y miel. Sin embargo, no se acordaban de Él y no hablaban con Él.

Un día, durante el almuerzo, Sara le estaba contando a su amiga de toda la vida sobre el asunto. Su amiga escuchó pacientemente. Sara esperaba que su amiga le diera consejos o simpatizara con ella. En cambio, su amiga la sorprendió.

"¿Cómo puedo orar por ti?"

Sara quedó perpleja. Normalmente, Sara no tenía problema para encontrar palabras que decir. Pero su amiga había introducido algo nuevo en la narración de la aventura amorosa de su esposo: la oración.

"¿Cómo puedo orar por ti?" no era parte del guion que todos los demás habían seguido cuando ella contó su historia. Sara no estaba preparada para responder a esta pregunta.

"Es que... bueno. No lo sé", dijo Sara. Su amiga se sentó allí pacientemente con mucha empatía y sinceridad. "Nadie me ha ofrecido nunca orar conmigo. No estoy segura de lo que debo pedir".

Introducir la oración es una forma de interrumpir el ciclo de la falta de perdón. A menudo, cuando las personas cuentan su historia de una transgresión, se vuelven muy buenas para contar lo que sucedió y responder cualquier pregunta. Lo han ensayado tantas veces que podrían recitarlo en sueños.

MARK

Muchos de los participantes de mi investigación hablaron sobre la importancia de la oración. Después de darse cuenta de su incapacidad para perdonar por sí mismos, oraron a Dios.

Joyce dijo: "Pasé mucho tiempo orando, creo que llegando a darme cuenta de que no podía perdonarlos por mi propia cuenta".

En la oración nos ponemos en posición de recibir el don de Dios. Al igual que Pedro, clamamos: "¡Señor, sálvame!" (Mateo 14:30). Y lo hace. Dios no duda en concedernos el perdón. Nuestro desafío es que nos distraemos tanto con la tormenta que nos rodea que simplemente no pedimos nada. Pero cuando oramos, Dios escucha y perdona.

¿QUÉ ES LA ORACIÓN?

La oración es hablar con Dios. El salmista nos recuerda la promesa de Dios: "Él me invocará, y yo le responderé; estaré con él en medio de la angustia. Yo lo pondré a salvo y lo glorificaré. Le concederé muchos años de vida, y le daré a conocer mi salvación" (Salmos 91:15-16).

El día antes de morir, el reformador Martín Lutero escribió: "Somos mendigos. Esta es la verdad".[6] Como mendigos, no hay nada dentro de nosotros que pueda perdonar. Después de que los participantes de la investigación intentaron todo tipo de enfoques internos para abordar la transgresión, finalmente todos terminaron como mendigos, orando para que Dios los ayudara.

Joyce continuó describiendo la oración de esta manera: "Era como si el Espíritu Santo estuviera allí debajo de mis alas y yo realmente pude hacerlo, pero no podía hacerlo yo misma". Joyce se presentó a Dios como una mendiga, con las manos abiertas clamando al Señor por ayuda. Y Dios respondió a sus oraciones. Nosotros somos impotentes sin Dios, pero con Él podemos perdonar lo imperdonable.

Jesús les dijo: Tengan fe en Dios. Porque de cierto les digo que cualquiera que diga a este monte: ¡Quítate de ahí y échate en el mar!, su orden se cumplirá, siempre y cuando no dude en su corazón, sino que crea que se cumplirá. Por tanto, les digo: Todo lo que pidan en oración, crean que lo recibirán, y se les concederá. Y cuando oren, si tienen algo contra alguien, perdónenlo,

6 Obras de Lutero, vol. 54, p. 476.

para que también su Padre que está en los cielos les perdone a ustedes sus ofensas. (Marcos 11:22-25)

El poder de la oración no depende de nuestra capacidad de perdonar. El poder de la oración depende de la capacidad de Dios para perdonar. Cuando oramos a Dios, venimos con las manos abiertas listas para recibir el regalo del perdón que Jesucristo pagó en la cruz. En efecto, Dios ha movido un monte de transgresiones y lo ha arrojado al mar; entonces dejan de ser una carga. Cuando nos acercamos a nuestro Padre celestial en oración, venimos con la confianza de la fe y creemos que lo que Dios ha prometido y cumplido en Jesucristo es nuestro. No nos acercamos a Dios en oración con incertidumbre o vacilación. Hacerlo revela una fe débil. Los hijos de Dios se acercan al trono de la gracia y piden con valentía lo que Él prometió y cumplió.

Jesús nos concede Su perdón y dice: "La paz les dejo, mi paz les doy; yo no la doy como el mundo la da. No dejen que su corazón se turbe y tenga miedo" (Juan 14:27).

El mundo dice que tienes que luchar, tomar el control, exigir tu camino, vengarte. Sin embargo, cuando los israelitas quedaron atrapados entre el Mar Rojo y el ejército del Faraón, el pueblo clamó al Señor. "Pero Moisés le dijo al pueblo: No tengan miedo. Manténganse firmes, y vean la salvación que el Señor llevará hoy a cabo en favor de ustedes. Los egipcios que hoy han visto, nunca más volverán a verlos. Quédense tranquilos, que el Señor peleará por ustedes" (Éxodo 14:13-14).

La oración es clamar a Dios con la plena confianza de la fe, recibiendo el don del perdón prometido en Jesucristo. Esa montaña de pecado es perdonada. "Tan alta como los cielos sobre la tierra, es Su misericordia con los que le honran. Tan lejos como está el oriente del occidente, alejó de nosotros nuestras rebeliones" (Salmos 103:11-12).

Lágrimas comenzaron a correr por el rostro de Sara. Su amiga no le dio garantías en forma de consejos ni refranes. Su amiga la llevó a los pies de Jesús. Sara miró a su amiga y le dijo: "Ora para que podamos superar esto".

Preguntar "¿Cómo puedo orar por ti?" desvió el enfoque que Sara tenía, de su transgresión hacia Cristo, y comenzó a cambiar la forma en que respondía al asunto.

¿Cuál es el rol de la oración? La oración interrumpe las conversaciones del círculo vicioso que tenemos con nosotros mismos y con los demás. La oración nos humilla al permitir que nos demos cuenta de que somos mendigos, que no tenemos nada que ofrecer excepto nuestros corazones que no perdonan. Sin embargo, sabemos que si pedimos perdón y un corazón que perdona, Dios nos los concederá. "Pidan, y se les dará, busquen, y encontrarán, llamen, y se les abrirá" (Mateo 7:7).

¿CÓMO DEBEMOS ORAR?

La oración de la amiga de Sara fue sencilla:

Amado Dios:

Así como mostraste Tu misericordia y gracia al rey David y a Betsabé, te pedimos que ayudes a Sara y a su esposo durante este tiempo tan difícil, para que Tu perdón reconcilie su matrimonio y puedan vivir juntos en la paz y el gozo de Tu obra salvadora. Si es Tu voluntad, fortalece su matrimonio a través de personas piadosas que los apoyen y animen. En el nombre de Jesús. Amén.

A lo largo de este libro tendrás la oportunidad de escribir oraciones para situaciones particulares en las que falta el perdón. Puede ser difícil saber cómo orar. Incluso los discípulos de Jesús le pidieron: "Señor, enséñanos a orar, así como Juan enseñó a sus discípulos" (Lucas 11:1).

Para ayudarte a fortalecer tu vida de oración, te ofrecemos una plantilla que puedes usar al elaborar tus oraciones:

Introducción—"Amado Dios", "Amado Jesús" o "Padre Celestial".

Referencia a la obra de Dios—"Así como..." o "Cuando tú...".

Petición—"Te pido que me ayudes a...", "Dame fuerza para..." o "Permíteme...".

Resultado—"Para que..." o "A fin de que...".

Conclusión—"En el nombre de Jesús. Amén".

INTRODUCCIÓN

Comenzamos cada oración invocando a Dios, quien escucha nuestras oraciones. Nuestro Dios escucha nuestras oraciones como un padre escucha el clamor de sus preciosos hijos: "¡Abba! ¡Padre!" (Romanos 8:15). Por ejemplo: Padre Celestial, Señor Dios, Dios Todopoderoso, Padre Eterno, Salvador Bendito y Señor Misericordioso.

REFERENCIA A LA OBRA DE DIOS

Nuestra petición de ayuda siempre debe estar arraigada en lo que Dios ha hecho o ha prometido hacer por nosotros. Referirnos a Sus promesas demuestra nuestra confianza en Su Palabra (lee Proverbios 3:5). Considera comenzar con "tal como". Por ejemplo: "Así como respondiste al clamor de Tu pueblo en Israel, te pido que escuches mis súplicas". También podrías simplemente reafirmar Sus promesas: "Tú prometes darnos el poder de vivir como Tus hijos" o "Por mi cuenta, no puedo hacer lo que debo hacer. Pero junto con tu siervo Pablo, sé que todo lo puedo en Jesucristo, que me fortalece".

PETICIÓN

Menciona lo que estás pidiendo. La Escritura no inspira: "No se preocupen por nada. Que sus peticiones sean conocidas delante de Dios en toda oración y ruego, con acción de gracias..." (Filipenses 4:6). Normalmente, hay una relación estrecha entre la obra de Dios a la que has hecho referencia y la petición que haces.

Comienza tu petición usando la frase "Te pido..." o "Por favor, concédeme la capacidad de...".

RESULTADO

Describe el resultado que deseas. Sabemos que cuando pedimos ser perdonados, Dios nos concederá esta petición. Pero puede haber otras peticiones que no están prometidas, pero que podrían ser respondidas por Dios. Podemos pedirle a Dios que sane a alguien que está enfermo, que ayude a un amigo a arrepentirse del pecado o que nos dé sabiduría para tomar una decisión difícil. Presenta en oración estas peticiones con resultados deseados usando las palabras "según Tu voluntad". Nos acercamos a Dios como mendigos, pidiéndole que nos escuche y nos responda, pero sabiendo que Él puede darnos una respuesta diferente de lo que le pedimos (lee Lucas 22:42).

CONCLUSIÓN

Nos dirigimos a Dios cuando comenzamos nuestra oración e invocamos Su nombre cuando terminamos nuestra oración. Dios nos anima: "Invócame en el día de la angustia; yo te libraré, y tú me honrarás" (Salmos 50:15), y Jesús dice: "Si algo piden en mi nombre, yo lo haré" (Juan 14:14).

Como un par de sujetalibros, encerramos nuestras oraciones en el nombre de Dios: "Te lo pido en el nombre de Jesús".

¿QUÉ PASA SI MI ORACIÓN NO ES PERFECTA?

Dios promete no solo escuchar las oraciones de Sus hijos, sino también ayudarlos a presentar sus peticiones a Él.

Si eres creyente, el Espíritu Santo habita dentro de ti y te ayuda en tu sufrimiento. San Pablo nos asegura:

> **De igual manera, el Espíritu nos ayuda en nuestra debilidad, pues no sabemos qué nos conviene pedir, pero el Espíritu mismo intercede por nosotros con gemidos indecibles. Pero el que examina los corazones sabe cuál es la intención del Espíritu, porque intercede por los santos conforme a la voluntad de Dios. (Romanos 8:26-27)**

Cuando las palabras fallan, ora desde tu corazón. "¡Señor, ayúdame!" Aquel que murió y resucitó por ti te escucha. El Espíritu Santo gime por nosotros. El Padre escucha los gritos de Sus hijos.

No te abstengas de orar por temor a que tu oración sea imperfecta. Tu oración no necesita ser perfecta para ser escuchada por Dios.

Te animamos a que te presentes ante el Señor Dios y ores.

¿CÓMO SE APLICA ESTO A MÍ?

Al final de cada capítulo, escribirás una oración. Usa estas oraciones como parte de tu vida devocional regular. Desafíate a escribir nuevas oraciones usando la plantilla provista en este capítulo. Al principio, usar una plantilla puede parecerte incómodo. Pero cuanto más practiques la oración de esta manera, más fácil será. La práctica comienza ahora.

1. **Usando la plantilla, escribe una oración pidiéndole a Dios que te dé un corazón perdonador.**
   - Introducción—"Bondadoso Dios", "Amado Jesús" o "Padre Celestial".
   - Referencia a la obra de Dios—"Así como..." o "Cuando Tú...".
   - Petición—"Te pido que me ayudes a...", "Dame fuerza para..." o "Permíteme...".
   - Resultado—"Para que..." o "A fin de que...".
   - Conclusión—"En el nombre de Jesús. Amén".
2. **Usando la plantilla, escribe una oración pidiéndole a Dios que le dé a la otra persona un corazón perdonador.**
3. **Usando la plantilla, escribe una oración agradeciéndole a Dios por el regalo de la salvación dada por Jesucristo.**

PLANTILLA DE ORACIÓN

INTRODUCCIÓN

REFERENCIA A LA OBRA DE DIOS

PETICIÓN

RESULTADO

CONCLUSIÓN

CAPÍTULO 4

¿ME PONGO YO EN EL LUGAR DE DIOS?

¿Debiera yo con vil descaro
Ponerme‿en el lugar de Dios
Juzgando‿en ira‿y sin reparo
Sin mostrar gracia que‿Él me dio?
Él me mostró Su compasión,
Misericordia‿y redención.

Señor, remueve mi‿arrogancia
Y de soberbia líbrame;
Quita de mi toda jactancia,
A perdonar hoy guíame;
Para‿escapar de muerte aquí
Y‿al fin vivir contigo allí.

Cuando era adolescente en Australia, Gladys[7] decidió servir a su Señor en el campo misionero. Se formó como enfermera y aceptó un puesto en el país de la India. Trabajó en un hospital cristiano atendiendo a leprosos; no cualquier tipo de leprosos, sino los que eran dalits, los intocables, los marginados. Los dalits son el nivel más bajo de la sociedad hindú y se les considera alejados de la casta. Los hindúes creen que los dalits pecaron tantas veces en vidas anteriores que renacieron como personas que valen menos que los animales. Los leprosos entre los dalits eran los maginados entre los marginados.

Graham Staines se desempeñó como administrador del hospital. También era de Australia y creció en Queensland, a solo treinta kilómetros de Gladys. Pero nunca se conocieron hasta que trabajaron juntos en la India. Graham y Gladys se casaron y tuvieron tres hijos: Esther, Philip y Timothy.

Graham amaba al pueblo indio y quería que toda la India se convirtiera al cristianismo. En ese momento, solo alrededor del 4 por ciento de la población de la India era cristiana. Los Staines trabajaron juntos en el hospital y compartieron a Jesús con sus pacientes. Sus hijos cantaban canciones sobre Jesús mientras vendaban las heridas de los leprosos.

Graham habló sobre su fe en Cristo en una conferencia en la selva. Philip y Timothy (de 7 y 10 años de edad, respectivamente) acompañaron a su padre. Al final del día, dormían en su coche.

Poco después de la medianoche, varios activistas hindúes rodearon el vehículo de los Staines. Odiaban el mensaje de Graham acerca de Jesús. El líder de los activistas pinchó las cuatro ruedas del vehículo para evitar que se escaparan. Luego rompieron las ventanas, apuñalando a Graham y sus hijos con tridentes. Usando los tridentes, evitaron que escaparan, mientras prendían fuego al vehículo, quemándolos hasta la muerte.

¿Cómo te hubieras sentido con esos asesinos si hubieras sido Gladys? ¡Hablando de imperdonable! ¿Hubieras querido condenarlos al infierno? ¿Impondrías tu juicio poniéndote en el lugar de Dios?

---

7 Yo (Ted) llegué a conocer la historia de Gladys Staines (nombre real) a través de un libro y luego la conocí personalmente. Lee Vishal Mangalwadi, Vijay Martis, M. B. Desai, Babu K. Verhese y Radha Samuel, *Burnt Alive: The Staines and the God They Loved; Missionaries Murdered in Manoharpur* {Quemados vivos: Los Staines y el Dios que amaban; misioneros asesinados en Manoharpur} (Mumbai, India: GLS Publishing, 1999). Entrevista a Gladys Staines por Ted Kober en Townsville, Queensland, Australia, el 30 de agosto del 2010.

JOSÉ TRAICIONADO

Considera la vida de José (lee Génesis 37-50), un hombre de la Biblia que tuvo la oportunidad de ejercer un juicio justo sin perdonar. Aunque la historia es conocida, recordemos los horrendos hechos de los hermanos de José para enfatizar la inmensidad de su crimen y el milagro de la respuesta de José.

Jacob amaba a su hijo José, que era el primogénito de su esposa favorita, Raquel, el penúltimo de los doce hijos de Jacob.

Jacob le dio a José, de diecisiete años, una túnica preciosa de muchos colores porque amaba a José más que a sus otros hijos. Esto hizo que los hermanos de José lo despreciaran.

Su odio contra José creció cuando él les contó sus sueños: "Resulta que estábamos en medio del campo haciendo manojos de trigo, y mi manojo se levantaba y se quedaba derecho, mientras que los manojos de ustedes estaban alrededor del mío y se inclinaban ante él" (Génesis 37:7).

"Sus hermanos le respondieron: ¿Acaso vas a ser tú nuestro rey, o nos vas a gobernar?" (v. 8). Y por causa de sus sueños y sus palabras lo odiaron aún más.

Pero José volvió a tener otro sueño, y se lo contó a sus hermanos. Les dijo: "Resulta que tuve otro sueño. Esta vez, el sol y la luna y once estrellas se inclinaban ante mí" (v. 9). Jacob reprendió a su hijo por insinuar que el padre, la madre y todos sus hermanos se inclinarían ante él. Los celos de sus hermanos se intensificaron, pero Jacob "meditaba acerca de esto" (v. 11). Más tarde, Jacob no ayudó a la situación cuando envió a José a buscar a sus hermanos para luego darle un informe sobre ellos.

Tal como las Escrituras nos advierten hoy, la ira no saciada le dio oportunidad al diablo. Los hermanos conspiraron para asesinar al hijo favorito de su padre. Sin embargo, el hermano mayor, Rubén, interrumpió sus planes y les dijo que colocaran a José en un pozo seco profundo. Rubén planeaba rescatar al joven más tarde. Cuando José fue a buscar a sus hermanos, lo despojaron de su preciada túnica y lo arrojaron a la fosa.

Pero antes de que Rubén pudiera salvarlo, el hermano Judá ideó un nuevo plan malvado, que el resto de los hermanos aceptó. Cuando una caravana de comerciantes ismaelitas pasó por la zona, los hermanos sacaron a José del pozo y lo vendieron como esclavo por veinte siclos de plata. Luego tomaron su túnica de muchos colores y la mojaron con sangre de cabra. Le presentaron la túnica a su padre para encubrir su acto malvado. Así Jacob llegó a la conclusión de que su amado hijo había sido devorado por animales salvajes.

No solo pecaron grandemente contra su hermano, sino que su engaño causó años de dolor para su padre. Ciertamente, lo que hicieron fue imperdonable, ¿verdad?

MÁS INJUSTICIA Y SUFRIMIENTO

Las cosas empeoraron aún más para José.

Los ismaelitas vendieron a José al egipcio Potifar, el capitán de la guardia del Faraón. José demostró ser digno de confianza y se ganó el favor de su amo. Potifar nombró a José supervisor de su casa y de todo lo que poseía.

José era un joven apuesto, y la esposa de Potifar le hizo una propuesta indecente. Él rechazó sus continuas insinuaciones hasta que un día ella lo agarró de su ropa y le exigió que se acostara con ella. José huyó de la casa, dejándola con su ropa en la mano. Ella, para encubrir su malicia, llamó a gritos a los hombres de la casa, acusando a José de haber intentado agredirla sexualmente. Ella repitió la acusación a su esposo. Tan pronto como Potifar escuchó el informe de su esposa, mandó encarcelar a José.

Debido a que José reverenciaba a Dios y Sus preceptos y rechazó las insinuaciones de la esposa de Potifar, fue víctima de falsas acusaciones y terminó en prisión.

No solo fue llevado como esclavo a una tierra extranjera donde su lengua materna y sus costumbres eran desconocidas, sino que también fue separado de su padre, quien lo adoraba, y de las comodidades familiares del hogar. Ahora se encontraba encarcelado por cargos falsos, todo porque sus hermanos celosos conspiraron para deshacerse de él. Aunque la Biblia no indica específicamente que José estuviera resentido con sus hermanos, es difícil imaginar que no los culpara y los odiara por lo que hicieron.

Después de un tiempo, dos compañeros de prisión tuvieron sueños que los preocupaban. José había sido designado para atenderlos, y vio que estaban atormentados porque no había nadie que interpretara sus sueños. José los animó, diciendo: "¿Acaso no corresponde a Dios interpretar los sueños? Cuéntenmelo ahora" (Génesis 40:8). El primero, el antiguo jefe de los coperos del Faraón, le contó su sueño a José.

Su interpretación dio esperanzas al copero. José dijo que el copero sería liberado de la cárcel en tres días y restaurado como copero del Faraón. José le pidió al copero que, una vez que fuera restaurado a su puesto, se acordara de él cuando esté ante el Faraón.

Pero, para el segundo, el antiguo jefe de los panaderos del Faraón, José trajo malas noticias. El panadero sería sacado de prisión en tres días y sería ahorcado.

Ambas interpretaciones resultaron ser ciertas. Pero el jefe de los coperos se olvidó de contarle al Faraón acerca de José. Una vez más, el sufrimiento de José continuó injustamente.

Imagínate cómo se sintió José. Debido a su naturaleza humana, entenderíamos que José quedara atrapado en el ciclo interminable al examinar su falta de perdón contra sus hermanos. Aunque la Biblia no lo dice, es posible, incluso probable, que hubo momentos en que su amargura creció contra sus hermanos. Sentarse en una prisión espantosa brindaría muchas oportunidades para reflexionar sobre lo que finalmente lo llevó allí.

LA INTERVENCIÓN DE DIOS

Dos años más tarde, el Faraón tuvo sueños que escapaban de la interpretación de cualquiera de sus consejeros. Finalmente, el jefe de los coperos se acordó de lo que José había hecho por él, y se lo contó al Faraón. El Faraón llamó a José. Cuando hubo sido limpiado y preparado adecuadamente, José fue llevado ante el Faraón, quien le contó sus sueños.

Sorprendentemente, José atribuyó a Dios los sueños del Faraón, advirtiéndole de un desastre inminente. Debido a que Faraón era considerado un dios, el testimonio de José pudo haber resultado en su muerte. Pero Dios protegió a José e hizo que Faraón creyera en la interpretación de José. Serían siete años de abundancia seguidos de siete años de hambruna. El Faraón podía usar los siete años de abundancia para prepararse para los siete años de escasez. José aconsejó al Faraón que nombrara superintendentes en todo Egipto y que eligiera a un hombre sabio y perspicaz para dirigir el almacenamiento de alimentos durante los años de abundancia.

El Faraón les dijo a sus siervos:

> **¿Podremos encontrar a otro hombre como éste, en quien esté el espíritu de Dios? A José le dijo: Puesto que Dios te ha hecho saber todo esto, no hay nadie tan inteligente y sabio como tú. Así que tú estarás al frente de mi casa, y todo mi pueblo se someterá a lo que digas; solamente en el trono seré mayor que tú. (Génesis 41:38-40)**

El Faraón le dio a José la autoridad y la posición para ejecutar un plan de preparación para la hambruna. En ese momento José tenía treinta años de edad.

El Faraón le dio un nombre egipcio y una esposa. Antes de que comenzara la hambruna, tuvieron dos hijos. Al primogénito le puso por nombre Manasés: "Dios me ha hecho olvidar todos mis sufrimientos, y toda la casa de mi padre" (v. 51). Al segundo hijo le puso por nombre Efraín.

José logró almacenar suficiente grano para Egipto. De hecho, había reunido lo suficiente incluso para vender a personas de otras partes del mundo.

Y eso fue lo que atrajo a sus distanciados hermanos hacia él.

¿JUSTICIA O RECONCILIACIÓN?

La hambruna también golpeó a Canaán. Entonces Jacob envió a diez de sus hijos a Egipto para comprar grano. Retuvo a Benjamín, el hermano de José, porque temía que el único hijo que le quedaba de su difunta esposa Raquel pudiera sufrir algún daño. Los diez hermanos se acercaron al gobernador de Egipto para comprar grano. No reconocieron a su hermano José, pero él reconoció a sus hermanos.

Piensa por un momento. ¿Quién de nosotros hoy habría juzgado duramente a José por hacer que sus hermanos pagaran por sus crímenes? Tenía tanto el justo derecho como la autoridad para ejecutar el juicio inequívoco sobre ellos. Sin embargo, se contuvo de hacerlo. Al mismo tiempo, se tomó el tiempo para poner a prueba a sus hermanos y considerar sus opciones.

Hablando a través de un intérprete, José acusó a sus hermanos de ser espías, lo cual ellos negaron. Los hermanos le contaron a José acerca de su familia, diciendo que eran doce hermanos de un mismo padre. Respondieron a las preguntas de José sobre su padre y su hermano en casa. Pero José insistió en que eran espías. Los hermanos comenzaron a reflexionar sobre lo que le habían hecho a José. Rubén los avergonzó por sus acciones pasadas, declarando que ahora venía un ajuste de cuentas por sus pecados contra su hermano José. Expresaron arrepentimiento entre sí, sin darse cuenta de que José entendía lo que estaban diciendo. José se alejó llorando al ver la contrición de sus hermanos.

Pero continuó acusándolos de espionaje. Para probar su honestidad, detuvo a Simeón y envió a los demás de regreso a Canaán, instruyéndoles que trajeran de vuelta a su hermano menor. Les vendió grano, pero ordenó a sus siervos que escondieran el dinero pagado en los sacos de grano. Más tarde, cuando descubrieron el dinero, temieron lo que les pasaría.

Una vez que se acabó la comida que compraron, los hermanos planearon regresar a Egipto. Jacob se resistió a enviar a Benjamín de regreso con ellos, culpando a sus hijos por revelar que tenían un hermano menor en casa. Judá juró proteger a Benjamín y traerlo de vuelta con vida. Con pocas opciones, Jacob cedió y permitió que Benjamín se fuera con sus hermanos. Les indicó que llevaran regalos y duplicaran el dinero necesario para que pudieran pagar lo que habían comprado inicialmente. José dio la bienvenida a sus hermanos con una cena, pero los hermanos tenían miedo. Antes de entrar a la casa, los hermanos explicaron que encontraron sus pagos iniciales con su grano. José los consoló, diciéndoles que no tuvieran miedo y diciéndoles que Dios había puesto tesoros en sus costales. Luego les entregó a Simeón. Al entrar todos en la casa de José, éste vio a su hermano menor, Benjamín. Las emociones se apoderaron de José y se fue a llorar. Después de lavarse la cara, volvió a estar con ellos.

Después de que comieron, José le ordenó a su mayordomo que llenara sus sacos con grano y volviera a poner su dinero en sus sacos, así como también una copa de plata. A la mañana siguiente, los hijos de Jacob partieron con sus compras. Poco después, José envió a su mayordomo a perseguirlos y acusarlos de robar. Los hermanos negaron haber hecho algo malo y juraron que, si se encontraba la copa en el saco de algún hermano, ese hermano moriría y el resto permanecería como esclavos. Para su horror, la copa fue encontrada en el saco de Benjamín, y su dinero estaba en todos sus sacos. Así que todos fueron llevados de vuelta a José.

José les dijo que solo se quedaría con Benjamín, y que el resto podía regresar con su padre. Judá le dijo a José que, si regresaban sin Benjamín, su padre moriría, porque ya había perdido a un hijo. Judá le rogó a José que lo retuviera a él y permitiera que Benjamín regresara con su padre. Había sido la sugerencia de Judá que vendieran a José a la caravana. Ahora era Judá quien se entregaría a sí mismo por Benjamín.

Ante esto, José ya no pudo ocultar su identidad a sus hermanos. Despidió a todos los siervos y a solas con sus hermanos, con lágrimas, se reveló como José. Al principio, los hermanos no podían creerlo. Luego, cuando se dieron cuenta de la realidad, se aterrorizaron. Y con razón.

Pero José les aseguró con una milagrosa confesión de fe:

> **Pero no se pongan tristes, ni lamenten el haberme vendido, porque Dios me envío aquí, delante de ustedes, para preservarles la vida. Ya ha habido dos años de hambre en todo el país, y aún faltan cinco más, en los que no habrá quien are la tierra ni quien coseche nada. Pero Dios me envió delante de ustedes, para preservar su descendencia en la tierra y para darles vida**

> **mediante una gran liberación. Así que no son ustedes quienes me mandaron acá, sino Dios, que me ha puesto como padre del Faraón y señor de toda su casa, y como gobernador de toda la tierra de Egipto.** (Génesis 45:5-8)

¡Increíble! José tuvo más de veinte años para pensar en la maldad que sus hermanos cometieron en su contra. Imagínate cómo la amargura pudo haber echado raíces en el corazón de José, especialmente cuando sufrió como esclavo y prisionero. Aunque la Biblia guarda silencio acerca de su corazón durante esos años, es probable que hubo momentos en que su ira lo consumía. Como ser humano, debe haber quedado atrapado en el ciclo de repetir todo en su mente, todos los pecados de sus hermanos, una y otra vez.

La perspectiva de José lo protegió de una ira incontenible. Fue librado del ciclo vicioso de repetir en su mente la maldad de sus hermanos. En cambio, Dios le dio una nueva forma de reflexionar sobre lo sucedido. Recordaba las cosas de manera diferente.

En ese momento, José tenía tanto un juicio justo como también la autoridad para ejercer todo el peso de la justicia sobre sus hermanos, y ellos lo sabían. Pero en lugar de condenarlos, José los perdonó y prometió cuidar de ellos y de sus familias. Les ordenó que trajeran a Jacob y a todas sus familias y pertenencias de regreso a Egipto. Cuando el Faraón se enteró de lo que estaba sucediendo, añadió a los dones enviados a Canaán y prometió a la familia de José las mejores tierras de Egipto.

¡Qué gloriosa reunión para la familia de Jacob! No solo fueron bendecidos con estar juntos de nuevo, sino que fueron provistos ricamente.

EL MILAGRO DEL PERDÓN

Algún tiempo después, Jacob murió. Y los hermanos de José temieron lo peor una vez más. Después de todo, sabían cuánto había deseado José reunirse con su padre. Tal vez José había sido amable con ellos simplemente para ver a su padre de nuevo. Los hermanos tenían buenas razones para temer a José.

Pero las Escrituras registran un milagro de perdón conocido no solo por los cristianos, sino también por muchos en el mundo. Cuando el perdón desafía el razonamiento humano, la gente se da cuenta. El perdón no es natural para las personas pecadoras. Es un acto sagrado que incluso el mundo reconoce que requiere acción divina. El perdón, tal como Dios lo da, sólo puede describirse como un milagro.

Los hermanos esperaban que José los odiara y les pagara por el mal que habían hecho. Incluso conspiraron para decir que Jacob quería que José los perdonara. Entonces se postraron ante él, haciéndose sus siervos.

Uno pensaría que por estar arrepentidos habrían sido más sinceros acerca de lo que Jacob dijo. Pero cuando alguno de nosotros se desespera por misericordia, haremos casi cualquier cosa para salvarnos.

Pero José una vez más perdonó con una increíble confesión de fe:

> **No tengan miedo. ¿Acaso estoy en lugar de Dios? Ustedes pensaron hacerme mal, pero Dios cambió todo para bien, para hacer lo que hoy vemos, que es darle vida a mucha gente. Así que no tengan miedo. Yo les daré de comer a ustedes y a sus hijos. Y los consoló, pues les habló con mucho cariño.** (Génesis 50:19-21)

"¿Estoy yo en el lugar de Dios?". José reconoció que solo Dios podía juzgar correctamente a sus hermanos y negarles el perdón. José había experimentado las ricas bendiciones de Dios a pesar de su sufrimiento y por la fe supo que Dios usó su sufrimiento para un bien extraordinario. La asombrosa fe de José le dio el poder para perdonar como Dios perdona. Su temor de Dios se reveló en su declaración. Su confianza en Dios le permitió realizar un acto divino. Su amor a Dios lo obligó a dar a sus hermanos el don inmerecido de la misericordia y la gracia. José le dio crédito a Dios por el perdón que les dio a sus hermanos.

¿Existen tales personas hoy en día? Quizás una pregunta más apropiada sea: ¿obra todavía el Dios de José actos divinos a través de los creyentes hoy en día?

EL PERDÓN COMO CONFESIÓN DE FE

¿Se acuerdan de Gladys Staines, cuyo esposo y dos hijos pequeños fueron cruelmente asesinados?

Gente de toda la India lamentó que un crimen así pudiera ser cometido, ya que los hindúes suelen ser personas de paz. Pero en una sociedad hindú, donde el sistema de castas encierra a personas en vidas con cierto estatus, la gente lucha constantemente por la justicia y la mejora de su posición. Los hombres que mataron a Graham y a sus hijos fueron capturados, juzgados y sentenciados. El líder fue condenado a muerte y los demás a cadena perpetua. Un reportero que entrevistó a Gladys quería saber si ella sentía que se había hecho justicia.

TED

Tuve el privilegio de conocer a Gladys en persona años después, cuando ella regresó a Australia para que su hija pudiera asistir a la facultad de medicina. Hay dos milagros en esta historia: primero, lo que Gladys declaró con su fe; y segundo, que un informe de noticias hindú registró con precisión lo que ella dijo.

En cuanto a la sentencia que recibieron los hombres, Gladys dijo que no tenía comentarios, porque Dios establece la autoridad, incluyendo al gobierno, que ejecuta justicia para la sociedad. Gladys reflejó lo que el apóstol Pablo escribió en Romanos 13, acerca de otro gobierno no cristiano.

Entonces Gladys declaró que había perdonado a los asesinos y que no guardaba rencor. Explicó que el perdón trae sanación y que la India necesitaba sanación del odio y la violencia. Continuó diciendo que no debía confundirse el perdón con las consecuencias.

El reportero se quedó atónito. Preguntó si Gladys había olvidado cómo asesinaron a su esposo y a sus dos hijos pequeños. Gladys no lo había olvidado, pero lo recordaba de otra manera. Me dijo que cada vez que veía a jóvenes de veinte años, pensaba en sus hijos que hoy tendrían esas edades. Claramente, extrañaba a su esposo e hijos. Pero al reflexionar sobre la muerte de su familia, recordó que perdonó a quienes los mataron.

Ella le dijo al reportero que los perdonó porque su Padre celestial la perdonó a través de Cristo. Agregó que lo que la India necesitaba para sanar era el perdón y no la retribución. Su confesión de fe se extendió rápidamente por toda la India y el mundo. Los reporteros venían de todas partes, de Londres, París, Toronto, Nueva York, Washington DC, entre otras, para entrevistar a esta mujer y verificar esta increíble historia. El perdón, tal como Dios perdona, es verdaderamente divino. Cuando sucede, es un evento de interés periodístico.

Gladys rechazó la mayoría de las entrevistas. Ella exuda una personalidad tranquila y sin pretensiones. Descubrí que no había un hueso amargo en su cuerpo.

Me contó más de lo que se informó en las noticias sobre el caso.

Graham oraba para que toda la India se convirtiera al cristianismo. Tras su muerte y el brutal asesinato de sus hijos, el perdón de Gladys impactó vidas en todo el país. Se informó que cientos de miles de indios se convirtieron al cristianismo debido a su testimonio. La oración de Graham fue contestada a través de su propia muerte, los asesinatos de sus hijos y el perdón resultante expresado por su esposa.

Unas dos semanas antes de los asesinatos, las devociones personales de Gladys la desafiaron a dar lo que poseía al Señor. Ella dijo: "Señor, te doy todo lo que poseo". Luego se echó a reír, porque como misionera pobre, poseía pocos bienes terrenales. Entonces dijo: "Pero Señor, nunca podría darte a mi familia". Diciendo eso, lloró. Comprendió que estaba convirtiendo a su familia en un ídolo. Convencida en su corazón, entonces dijo: "Señor, si quieres llevarte a mi familia, te la doy libremente".

Me quedé impresionado por la confesión de fe de Gladys. Su identidad se encontraba claramente en Cristo. Ella se aferraba a Dios por encima de todo. Ella amaba a su Señor más que a cualquier otra cosa. Confiaba en Cristo por encima de todo.

Mientras hablaba con ella, le conté sobre mi trabajo en reconciliación. Le comenté que el trabajo más difícil que hacía era ayudar a los cristianos que luchaban por perdonar. También le dije que usé su historia para inspirar a otros.

Fue entonces cuando se derrumbó y lloró. Y luego me dijo: "¿Por qué la gente encuentra esta historia tan sensacional? ¿Acaso no es el perdón algo propio de los cristianos?"

¡Oh, amigos míos! Una afirmación tan simple, pero tan difícil de vivir. Ella actuó de manera similar a José cuando él declaró: "¿Estoy yo en el lugar de Dios?". Ciertamente, Dios le ha dado a Gladys una medida especial de fe. Pero el Espíritu Santo vive en todos los que creen y son bautizados, y nos concede la vida y la fe en Jesús.

La mayoría de nosotros no hemos sufrido el dolor de que nuestra familia sea asesinada o de ser vendidos por nuestros hermanos como esclavos. Lamentablemente, he conocido a personas que han experimentado ese tipo de trauma. A pesar de todo, todos hemos experimentado sufrimiento a causa del mal cometido en contra de nosotros. Sabemos lo que significa ser traicionados por alguien a quien amamos y en quien confiamos, que nuestra reputación sea difamada y que nos lastimen personalmente o que alguien que nos importa sea intimidado o herido físicamente. Muchos han experimentado abusos en diferentes formas, ya sea física, sexual, emocional, mental o espiritualmente.

Como resultado, es muy humano que nuestro dolor dé origen a la ira, el rencor, la malicia, el odio y la falta de perdón. Nuestra amargura nos mantiene en un ciclo de repetición mental de los actos hirientes una y otra vez, alimentando nuestros rencores e inflamando nuestra ira. Nuestro deseo de justicia en nuestros términos alimenta nuestro enojo.

Pero tenemos un Salvador que experimentó todo el dolor y las heridas que nuestro mundo pecaminoso puede dar. Experimentó la enfermedad, la muerte y la iniquidad entre su familia y amigos. Él fue tentado como nosotros y, sin embargo, no pecó. Fue traicionado por sus amigos más cercanos en su momento de mayor necesidad. Fue juzgado injustamente y condenado en un juicio ilegal. Sufrió una muerte dolorosa, vergonzosa y solitaria. Experimentó el abandono por Dios, Su Padre. Murió. Por mí. Por ti. Por todo el mundo.

Él murió y resucitó por nosotros para que tuviéramos un don inmerecido: el perdón de Dios. Pagó el castigo completo de nuestros pecados para que fuéramos declarados justos ante Dios. Murió para que fuéramos llamados hijos de Dios. Resucitó para que supiéramos que nosotros también resucitaremos y viviremos con Él en la eternidad.

Basándome en las promesas de las Escrituras, puedo asegurarte que eres perdonado, incluso en tu lucha por perdonar o en tu deseo de ser perdonado.

> **Al que no cometió ningún pecado, por nosotros Dios lo hizo pecado, para que en Él nosotros fuéramos hechos justicia de Dios. (2 Corintios 5:21)**

Recibe el precioso e inmerecido regalo celestial de Dios. Enfócate en lo que Él ha hecho y está haciendo por ti hoy. Luego pídele que te ayude a dar el regalo que has recibido a quien lo necesita. Ora para que no te pongas en el lugar de Dios. Perdona como el Señor te ha perdonado.

¿CÓMO SE APLICA ESTO A MÍ?

1. ¿Qué es lo que más te sorprende de las historias de José y Gladys?

2. En el relato acerca de José, ¿con quién te sientes más identificado? ¿Por qué?

3. Algunas ofensas tardan muchos años en resolverse. ¿Qué consuelo te brinda la historia de toda la vida de José y sus hermanos?

4. ¿Qué crees que Dios quiere que aprendas en tu sufrimiento?

5. ¿Cómo crees que tu respuesta a tu situación afecta a los demás?

6. ¿Qué observaste en cuanto a lo que motivó a José y a Gladys a perdonar lo imperdonable en sus vidas?

7. Escribe una oración pidiéndole a Dios que te ayude en tus luchas. Incluye una acción de gracias por el don del perdón que es tuyo en Cristo Jesús. Considera orar por aquellos que te han lastimado, o por aquellos que lastimaron a alguien que amas, o por aquellos que no te han perdonado. Al orar, deposita tu confianza en Dios para tener la fortaleza necesaria para vivir como Su hijo.

PLANTILLA DE ORACIÓN

(Lee el capítulo 3, "¿Cómo debo orar?")

INTRODUCCIÓN

REFERENCIA A LA OBRA DE DIOS

PETICIÓN

RESULTADO

CONCLUSIÓN

CAPÍTULO 5

¿QUIÉN ES EL NINIVITA EN TU VIDA?

Si persistimos en demandas,
Tomando de otros el control,
La relación, pues, se quebranta,
Y cae herido el corazón;
Donde una vez había amor
El odio siembra vil rencor.

Amor, confianza, destruimos,
Y nos causamos cruel dolor;
Señor, acude en nuestro auxilio,
Repara el daño abrumador;
Restaura amor por Tu Hijo aquí,
Que haya confianza junto a Ti.

MARK

Uno de los participantes que entrevisté fue Logan. Él y su esposa estaban recién casados y vivían en una casa que estaban remodelando. Logan había pasado muchas horas reconstruyendo el baño. En medio de una noche invernal, Logan se despertó en medio de una tormenta de nieve y corrió al baño. Había un agujero en el techo que aún no había reparado y estaba entrando mucha nieve. Rápidamente despertó a su esposa para que lo ayudara a tapar el agujero. Le gritaba que le diera esto o que sostuviera aquello.

Como a ella no le gustó que le gritara, decidió salir a dar un paseo para despejar su mente. Pero Logan tomó las llaves de su auto y se negó a devolvérselas. "No, no puedes salir a conducir. Afuera hay una tormenta de nieve. Espera hasta que termine la terrible tormenta. No quiero que mueras".

Su esposa estaba decidida a salirse con la suya. Cruzó la calle hasta la estación de policía y denunció que su marido no la dejaba salir de la casa. La policía arrestó al esposo por encierro forzado.

En medio de la tormenta, Logan y su esposa se distrajeron. Pecaron el uno contra el otro y se negaron a perdonarse mutuamente, porque cada uno se sentía justo en su reacción a la situación. Su falta de perdón los hizo ahogarse en su autojustificación, lo que resultó en ira, odio, amargura y pensamientos de venganza. Esto continuó durante más de un año. Si se le preguntara a cualquiera de los dos cómo era la vida matrimonial, volvían a contar la misma historia de aquella noche tormentosa. Cada uno argumentaría que su reacción era justificada y que su cónyuge estaba equivocado.

Logan dijo: "Lo más significativo fue que me sentí con todo el derecho. Tenía una actitud tan pedante que me sentía demasiado bueno como para admitir lo que había hecho mal. Era demasiado bueno como para disculparme con ella por haberla lastimado. Me creía demasiado bueno como para reconocer que nos habíamos convertido en personas que gritan por todo". Logan había juzgado a su esposa como ninivita, alguien que no merecía misericordia ni perdón.

¿QUÉ ES UN NINIVITA?

Un ninivita es un ciudadano de Nínive, una antigua ciudad asiria de la Alta Mesopotamia (actualmente en el norte de Irak) que sirvió como capital de Asiria en la época de Jonás. Pero en el contexto de Jonás, un ninivita era un malvado enemigo de Israel, que merecía la ira y el castigo de Dios.

Los hebreos detestaban aquella ciudad malvada. Los residentes de Nínive adoraban ídolos y tenían una reputación de crueldad. Nínive era conocida por su trato salvaje hacia sus enemigos, y esto incluía a Israel. A veces despellejaban vivos a los enemigos y colgaban sus pieles en las murallas de sus ciudades como advertencia para los adversarios.

Por lo tanto, no es de extrañar que Jonás no quisiera tener nada que ver con llamar a los ninivitas al arrepentimiento. Con justa indignación, los juzgó como malhechores que merecían la condenación de Dios.

¿QUÉ DERECHO TIENE DIOS A PERDONAR COMO LE PLAZCA?

¿O qué derecho tiene Jonás a retener el perdón de Dios según le plazca?

Dios fue mucho más bondadoso y misericordioso que Su profeta.

Dios llamó a Jonás a predicar el arrepentimiento al pueblo de Nínive, pero Jonás decidió huir de Dios. Abordó un barco hacia Tarsis para escapar de la presencia del Señor.

Quizás pienses: ¡Qué tonto! Pero, ¿no hacemos nosotros lo mismo cuando Dios nos llama a ir y reconciliarnos con alguien a quien etiquetamos como ninivita? Puede que no huyamos físicamente, pero tratamos de escapar de la dirección de Dios cuando no se ajusta a nuestros planes. La negación parece una buena idea en ese momento.

Dios causó una tormenta tan terrible en el mar que los marineros del barco donde iba Jonás estaban aterrorizados. Desesperados, clamaron a sus dioses y arrojaron la carga al mar. Mientras tanto, Jonás dormía en la parte interior de la nave. El capitán lo despertó: "¿Qué te pasa, dormilón? ¡Levántate, y clama a tu Dios! Tal vez tenga compasión de nosotros, y no pereceremos" (Jonás 1:6).

Entonces los marineros echaron suertes para saber a quién culpar por el peligro, y las suertes cayeron sobre Jonás. Exigieron saber quién era y de dónde venía. Jonás respondió: "Soy hebreo, y temo al Señor, Dios de los cielos, que hizo el mar y la tierra" (v. 9). También les dijo que estaba huyendo de Dios. Este reporte generó un gran temor entre los hombres.

Preguntaron qué podían hacer para apaciguar a Dios. Jonás les dijo que lo arrojaran al mar. Los marineros se resistieron al principio, tratando de remar más fuerte. Pero la tormenta se intensificó. Orando a Dios por lo que estaban a punto de hacer, arrojaron a Jonás por la borda.

Inmediatamente, el mar se calmó. Los hombres temieron y adoraron al Señor. Por fe, recibieron la bendición de Dios.

Mientras se ahogaba, Jonás se arrepintió y oró por liberación. A veces, fallamos en ir a Dios de inmediato, pensando que podemos hacer las cosas bien nosotros mismos. Sólo cuando nos damos cuenta de lo indefensos que estamos, nos volvemos a Él.

Dios lo salvó enviando un pez para que se lo tragara. Jonás permaneció en el vientre del pez tres días y tres noches. ¡No es lo que llamaríamos un refugio seguro ni acogedor!

Jonás oró a Dios desde el vientre del pez, alabándolo por su rescate. Hizo recuento de su clamor por misericordia y dio gracias a Dios por la redención. La fe de Jonás es evidente, ya que muchas palabras de su oración fueron tomadas del libro de los Salmos.

Después de tres días, el Señor le habló al pez, y este escupió a Jonás en tierra seca.

Finalmente, Jonás obedeció el llamado de Dios. Arrepentido, fue a Nínive a predicar el arrepentimiento a sus enemigos. Jonás pasó tres días cruzando la gran ciudad, advirtiendo a los ninivitas de un desastre inminente.

El pueblo creyó en Dios y se arrepintió. El rey se vistió con ropas ásperas y se sentó sobre cenizas en señal de arrepentimiento. Emitió un edicto para que toda la ciudad ayune, decretando que todos se cubrieran con cilicio e invocaran a Dios con mucho clamor y dolor: "Al contrario, hombres y animales por igual deberán cubrirse de cilicio y clamar a Dios con todas sus fuerzas. Apártese cada uno de su mal camino y de la violencia que hay en sus manos. ¿Quién sabe? Tal vez Dios se arrepienta y el ardor de Su ira se calme, ¡y entonces no pereceremos!" (Jonás 3:8-9).

Dios escuchó el clamor de misericordia del pueblo, los perdonó y se arrepintió de destruirlos. Los peores temores de Jonás se hicieron realidad, y se sintió sumamente infeliz.

Después de que los ninivitas se arrepintieron y Dios los perdonó, Jonás se quejó: "Y bien, Señor, ¿no es esto lo que yo decía cuando aún estaba en mi tierra? ¡Por eso me apresuré a huir a Tarsis! ¡Ya sabía yo que tú eres un Dios clemente y piadoso, lento para la ira y grande en misericordia, y que te arrepientes del mal!" (4:2).

Jonás entendió el carácter de Dios. Sabía que, si la gente se arrepentía, Dios los perdonaría. Jonás no quería que el Señor tuviera misericordia de Nínive. Por eso había huido del llamado de Dios.

Jonás estaba tan molesto que oró: "Yo te ruego, Señor, que me quites la vida. ¡Prefiero la muerte a la vida!" (v. 3).

Este es el mismo hombre que oró para que Dios lo salvara de ahogarse después de intentar huir de Dios. Uno podría suponer que, dado que Jonás confiaba en Dios, quien era misericordioso y bondadoso con él, querría que otros se beneficiaran de ese mismo Dios amoroso. No fue así. Aunque Jonás quería que Dios fuera misericordioso y bondadoso con él, no quería que Dios fuera misericordioso ni bondadoso con el enemigo de Israel. Jonás creía que era más digno que los ninivitas.

Dios confrontó la actitud pecaminosa de Jonás: "¿Te parece bien enojarte tanto?" (v. 4).

Al oír esto, Jonás salió de Nínive e hizo una cabina donde pudo sentarse y observar lo que sería de la ciudad. Todavía esperaba su destrucción.

TED

Ahora, si yo fuera Dios, le habría concedido a Jonás lo que pidió. ¡Lo heriría y lo vería morir! Un ingrato así no merece el amor inquebrantable de Dios.

¡Pero espera! ¿No me ve Dios a mí como esa misma clase de persona miserable e ingrata? ¿Acaso no he sido a veces tan pecador como Jonás o los ninivitas a los ojos de Dios? Y, sin embargo, mi Padre amoroso me perdona una y otra vez, aunque he experimentado personalmente Su favor amoroso mientras deseaba condenación para aquellos que odiaba. Al igual que Jonás, he sentido que era más digno del amor inquebrantable de Dios que alguien a quien consideraba más malvado que yo.

Dios continuó tratando con Jonás a través de un amor inquebrantable. Hizo crecer una planta sobre Jonás para que le diera sombra del sol abrasador. Y Jonás se "alegró en gran manera por la enredadera" (Jonás 4:6) debido a su comodidad personal. Pero al día siguiente, Dios envió un gusano para atacar la planta, haciendo que se marchitara. Un viento abrasador del este y un sol ardiente golpearon a Jonás de modo que se desmayó.

> **Y [Jonás] pidió que se le permitiera morir y dijo: "Mejor me sería morir que seguir viviendo". Entonces Dios le dijo a Jonás: "¿Tanto enojo te causa lo que le pasó a la enredadera?". Y él respondió: "Es tanto el enojo que me causa, ¡que hasta quisiera morirme!". (Jonás 4:8-9)**

Parece que cada vez que Jonás no conseguía lo que quería, sentía ganas de morir. Me pregunto, ¿se parece a alguien que conozco?

> Y el Señor le dijo: "Tú sientes lástima por la enredadera, por la cual no trabajaste, y a la cual no hiciste crecer; durante una noche creció, y a la noche siguiente dejó de existir. ¿Y yo no habría de tener piedad de Nínive, esa gran ciudad con más de ciento veinte mil habitantes que no saben distinguir cuál es su mano derecha y cuál su mano izquierda, y donde hay muchos animales?". (Jonás 4:10-11)

Jonás se olvidó de quién era Dios. No era él.

LA IDOLATRÍA DE RETENER EL PERDÓN

En su oración en el vientre del pez, Jonás declaró: "Los que siguen vanidades ilusorias, abandonan tu misericordia" (Jonás 2:8). En otras palabras, cualquiera que adore a dioses falsos pierde la misericordia y la gracia de Dios.

¿Cuál era el dios falso de Jonás? ¿Y qué se arriesgó a perder por su idolatría?

Jonás rompió el Primer Mandamiento al hacerse dios a sí mismo. Quería determinar quién recibía el perdón de Dios y quién no. Jonás quería el privilegio de juzgar a las personas que consideraba más malvadas que él, y luego quería que fueran condenadas. Pensó que, si ignoraba el mandato de Dios de predicar el arrepentimiento a los ninivitas, entonces no tendrían oportunidad de arrepentirse y, por lo tanto, Dios los eliminaría. Jonás era un aspirante a ser dios.

Cuando no se salía con la suya, repetidamente quería morir. Una y otra vez, Jonás trató de jugar a ser dios.

Cuando nos ponemos en el lugar de Dios, corremos el riesgo de perder el amor y la misericordia de Dios por nosotros. Actuamos como si no necesitáramos el amor y el perdón de Dios porque nos consideramos justos por nuestros propios méritos. Aquellos que creen que son justos por sí mismos no necesitan un Salvador. Se justifican a sí mismos, pensando que son mejores que los demás. Y aquellos que se declaran justos esencialmente rechazan el don del perdón de Dios. Rechazan la sangre de Jesús y Su justicia.

Si bien muchos pueden estar de acuerdo en que ciertas personas parecen menos malvadas que otras, Dios no ve a Sus criaturas de esa manera. Exige perfección de todos. Debido a que nadie puede cumplir con Su estándar, Él juzga a cada uno como pecador y digno del castigo eterno. Pero debido a que Él ama a todos, envió a Su Hijo para morir por todos. Dios perdona a todos a través de Jesucristo. No es así con las personas. Categorizamos algunos pecados como peores que otros. Ciertamente, hay actos malvados que lastiman a las personas más que otros pecados. Pero en el juicio de Dios, todo pecado, incluso el que consideramos menor, merece el castigo de Dios. Cristo murió por todos los pecados, incluyendo aquellos pecados que consideramos menores y aquellos que declaramos significativos. Dios perdona todos los pecados a través de Jesús.

Si estamos en desacuerdo con la misericordia y la gracia de Dios, nos colocamos en el puesto de ser dios. Queremos determinar quién es ninivita y quién merece la ira y la condenación de Dios. Queremos ser dioses.

El libro de Jonás infunde esperanza para todo hijo de Dios que se olvida de quién es realmente Dios. Por su confesión, Jonás supo que Dios era misericordioso y bondadoso, lento para la ira y abundante en misericordia. Sin embargo, Jonás se puso en el lugar de Dios.

Dios cuidó de Jonás y lo colmó de misericordia una y otra vez, a pesar de su repetido pecado de tratar de reemplazar a Dios. Esto nos da una inmensa esperanza. Así como Dios repetidamente mostró misericordia a un ingrato Jonás, tenemos esperanza de que Él hace lo mismo por nosotros.

¿Cuántas veces hemos querido que Dios castigue a nuestro oponente y, aun así, que nos perdone? Sin embargo, Él continúa amándonos y perdonándonos. Y no sólo a nosotros. Su amor también es para aquellos a los que llamamos ninivitas.

Sí, Dios perdona lo imperdonable. Repetidamente. Constantemente. De acuerdo con Su misericordiosa voluntad, Él perdona. Cristo dio Su vida para que todos los ninivitas del mundo pudieran ser salvos por medio de Él. Y eso nos incluye a ti y a mí.

¡DEJA DE JUGAR A SER DIOS!

Un día, el padre de Logan le habló de la situación: "¿Te crees demasiado bueno como para admitir que te equivocaste, que perderías la relación con tu esposa, la persona con la que has estado durante tantos años? ¿Estás dispuesto a perder esa relación porque eres tan arrogante que te crees con derecho a todo?".

Por arrogancia, Logan juzgó a su esposa como malvada. Se distrajo tanto con su derecho a tener la razón que no pudo ver el don del perdón en Cristo. Estaba atrapado en el ciclo vicioso de la falta de perdón y sentía que la única salida era a través de justificarse a sí mismo.

Con el tiempo, Logan llegó a comprender cuánto Dios lo había perdonado. Y fue el amor de Dios por él lo que movió a Logan a perdonar a su esposa. Logan dijo:

> Finalmente comenzamos a tratar de amarnos en lugar de odiarnos. Si Cristo fue capaz de perdonar todo, toda mi estupidez, entonces deberíamos ser capaces de perdonar a la otra persona por actuar con ira. Si perdonas a alguien de verdad, ya no estás pensando que esa persona te va a hacer daño. Luchamos el uno por el otro.

¿Quién es el ninivita en tu vida? ¿Y quién es el Jonás? ¿Por cuál de estos murió Cristo?

> El amor de Cristo nos lleva a actuar así, al pensar que si uno murió por todos, entonces todos murieron; y Él murió por todos, para que los que viven ya no vivan para sí, sino para aquel que murió y resucitó por ellos. (2 Corintios 5:14-15)

¿CÓMO SE APLICA ESTO A MÍ?

1. ¿Con quién te identificas más en el libro de Jonás? Explica tu respuesta.

2. ¿Qué te tienta a desempeñar el rol de dios, ya sea en tu propia vida o en tu trato con los demás?

3. Logan dijo: "Lo más significativo fue que me sentí con todo el derecho. Tenía una actitud tan pedante que me sentía demasiado bueno como para admitir lo que había hecho mal. Era demasiado bueno como para disculparme con ella por haberla lastimado. Me creía demasiado bueno como para reconocer que nos habíamos convertido en personas que gritan por todo". Reflexiona sobre algún conflicto de tu vida que dio lugar a la ira. El orgullo a menudo subyace a la ira. Al pensar en esa situación, describe cómo tu sentido de derecho u orgullo pudo haber influido en tu forma de pensar.

4. ¿De qué manera el confesar tu orgullo o deseo de ser dios puede llevarte a sanar en tu relación con Dios? ¿De qué manera podría conducirte a la sanación en tu relación con los demás?

5. Escribe lo que hace que te sea más difícil perdonar a alguien que te ha herido profundamente. Luego escribe una oración pidiendo la ayuda de Dios para eliminar esos obstáculos. Incluye una petición de acción de gracias a Dios, quien es misericordioso y bondadoso, lento para la ira y abundante en misericordia. Pídele un corazón que refleje cómo Él ha sido contigo.

PLANTILLA DE ORACIÓN

(Lee el capítulo 3, "¿Cómo debo orar?")

INTRODUCCIÓN

REFERENCIA A LA OBRA DE DIOS

PETICIÓN

RESULTADO

CONCLUSIÓN

CAPÍTULO 6

¿CÓMO PUEDE LA IRA DARLE OPORTUNIDAD AL DIABLO?

Cuando mi resentimiento
Enardece‿el odio‿en mí,
Y‿amargura va‿en aumento
En mi mente y‿alma‿así;
¿Puedo decir "Amo‿a Dios"
Yendo‿en contra de Su voz,
Que me dice:‿"Ama tu‿hermano,
No tu‿orgullo cruel y vano"?

De‿este círculo vicioso
De pecado‿instigador,
En cual vivo rencoroso,
Líbrame, mi Salvador.
Encamíname‿en la fe,
Con justifica guíame,
Hazme nueva criatura,
Da perdón a mi‿amargura.

MARK

Uno de los participantes de mi investigación fue Joyce. Su esposo se dedicaba a la agricultura con su padre y su hermano. Cuando su suegro murió, a Joyce y a su esposo se les negó cualquier oportunidad de comprar la tierra que habían trabajado durante tantos años. El testamento había sido cambiado. Solo a su cuñado se le dio la oportunidad de comprar la tierra. La ira de Joyce se convirtió en amargura, y ella enfrentó la situación bebiendo alcohol. Describió el momento en que su malicia se apoderó de ella: "Me senté afuera junto al fogón encendido, allí lloré y lloré. Luego entré a la casa y tomé todo lo que ellos (la familia de su cuñado) me dieron y lo quemé. Todo, sí. De lo que nunca me arrepentí".

La ira como tal no necesariamente es un pecado. Lo que hacemos con nuestra ira es lo que puede meternos en problemas. La ira que no se trata rápidamente se convierte en una ira ardiente que no se extingue fácilmente.

San Pablo advierte contra la ira que dura más de un día: "Enójense, pero no pequen; reconcíliense antes de que el sol se ponga, y no den lugar al diablo" (Efesios 4:26-27).

Alimenta la ira y crecerá fuera de control. La ira desenfrenada se transforma en una amargura que no se apaga fácilmente. La amargura y la falta de perdón son inseparables. Como nos recuerda San Pablo, la ira que dura más allá de la puesta del sol le da oportunidad al diablo. La ira nos tienta a todo tipo de pecados.

La Biblia advierte contra el mal genio y nos advierte que evitemos a las personas que están enojadas:

> **El que fácilmente se enoja comete locuras; el hombre perverso es aborrecido. (Proverbios 14:17)**
>
> **No tengas nada que ver con gente violenta, ni te hagas amigo de gente agresiva. (Proverbios 22:24)**

Las Escrituras contrastan lo que suprime la ira con lo que puede incitarla: "La respuesta amable calma la ira; la respuesta grosera aumenta el enojo" (Proverbios 15:1).

EL FRUTO DE LA IRA

La ira alimenta la falta de perdón. Revuélcate en ella, revuélvela dentro de ti, revive la ofensa una y otra vez en tu mente, y tu ira de repente justifica la condena del ofensor. Declaras quiénes son los ninivitas en tu vida, y deseas, incluso oras, que Dios desate Su ira contra ellos.

La ira da frutos. Pero hay que notar que la ira no se identifica como fruto del Espíritu: "Pero el fruto del Espíritu es amor, gozo, paz, paciencia, benignidad, bondad, fe, mansedumbre, templanza. Contra tales cosas no hay ley" (Gálatas 5:22-23).

Las personas que viven en el Espíritu exhiben el fruto del Espíritu. Aprenden a lidiar con su ira rápidamente para que no le dé al diablo un punto de partida. En lugar de ira, el fruto del Espíritu incluye amor, paciencia, bondad, mansedumbre y dominio propio. El fruto del Espíritu nos fortalece para resistir la ira a largo plazo y, en cambio, mostrar amor, bondad y mansedumbre a aquellos que pecan contra nosotros.

La ira produce diferentes frutos. Los celos, las contiendas, los arrebatos de ira, las rivalidades, las disensiones, las divisiones y la envidia se enumeran entre las obras de la carne (lee Gálatas 5:20-21). ¡Y no es para menos! Los celos, las rivalidades y la envidia conducen al odio. Las contiendas, las disensiones y las divisiones conducen a la separación. Los arrebatos de ira conducen a toda clase de comportamientos destructivos, incluso, pueden motivar el asesinato. Todas estas son oportunidades para el diablo. Todos estos te impiden perdonar.

Recordemos el primer asesinato. Los celos y la ira a largo plazo de Caín lo llevaron a asesinar a su hermano Abel. La ira de Caín comenzó en su corazón.

> **Entonces el Señor le dijo a Caín: ¿Por qué estás enojado? ¿Por qué ha decaído tu semblante? Si haces lo bueno, ¿acaso no serás enaltecido? Pero, si no lo haces, el pecado está listo para dominarte. Sin embargo, su deseo lo llevará a ti, y tú lo dominarás. (Génesis 4:6-7)**

Dios amonestó a Caín para que gobernara su ira porque el pecado estaba asechando a la puerta. La ira no solo resulta en daño hacia los demás. La persona que se lastima primero y por mucho más tiempo es la persona que está enojada. La ira produce frutos que mutilan y matan a su dueño, emocional, física y espiritualmente.

Quizás digas: "¡Ah, pero yo no he matado a nadie!", como forma de justificarte. "Mi ira está bajo control. ¡Y tengo derecho a estar enojado!".

Mirando adentro del corazón, Jesús asoció la ira con el asesinato.

> **Ustedes han oído que se dijo a los antiguos: "No matarás", y que**

> **cualquiera que mate será culpable de juicio. Pero yo les digo que cualquiera que se enoje contra su hermano, será culpable de juicio, y cualquiera que a su hermano le diga "necio", será culpable ante el concilio, y cualquiera que le diga "fatuo", quedará expuesto al infierno de fuego.** (Mateo 5:21-22)

La ira lleva al odio, y el apóstol Juan conecta el odio con el asesinato: "Todo aquel que odia a su hermano es homicida, y ustedes saben que ningún homicida tiene vida eterna permanente en él" (1 Juan 3:15).

Un fruto de la ira es el asesinato, que comienza en el corazón. Es una oportunidad para que el diablo guíe a alguien a pecar aún más.

¿LA IRA ES UNA VIRTUD?

Durante varios años, nuestra sociedad ha abrazado la ira y la ha fomentado. ¿No consigues lo que quieres? Entonces tienes derecho a estar enojado. Hemos sido insensibles al peligro de la ira.

TED

La ira se ha convertido en una nueva virtud en los Estados Unidos. Nuestro mundo a menudo ve la ira como algo que hay que abrazar. Se nos influye para pensar que la ira produce buenos resultados. Escuché a un reportero entrevistar a una psicóloga que dijo que la ira conduce a un cambio positivo. En otras palabras, la ira produce cosas buenas.

No está sola en sus opiniones. Muchos creen que la ira produce un cambio positivo en la política. Es por eso que debes protestar con ira, no importa que algunas protestas resulten en violencia y destrucción de la propiedad. Todo vale la pena si conduce a un cambio en la política, o si se consigue elegir a nuevos líderes, o si cambian las actitudes en nuestro mundo. ¿Cuál es el mensaje? Que la ira es buena para la comunidad.

La Biblia no describe la ira de esta manera. En lugar de que resulte en algo bueno, Santiago declara: "porque quien se enoja no promueve la justicia de Dios" (Santiago 1:20).

Las Escrituras nos dicen que la ira conduce a la contienda y al pecado. "El hombre irascible suscita contiendas, y el hombre violento comete muchos pecados" (Proverbios 29:22).

Abrazar la ira con una expectativa de algo bueno es entrar en un terreno peligroso.

¿QUÉ HAY DE LA IRA JUSTA?

¿Qué hay de la "ira justa"? ¿Existe tal cosa como la "ira justa" para los humanos?

Ciertamente, Dios puede tener ira justa. Cuando Sus criaturas pecan contra Sus mandamientos, Él tiene derecho a enojarse.

Pero, ¿cómo es que nuestro Dios justo maneja Su ira?

> **El Señor es misericordioso y clemente; es lento para la ira, y grande en misericordia. No nos reprende todo el tiempo, ni tampoco para siempre nos guarda rencor. No nos ha tratado como merece nuestra maldad, ni nos ha castigado como merecen nuestros pecados. (Salmos 103:8-10)**

Al considerar nuestro pecado y rebelión contra Él, ¿qué esperamos que dure más? ¡Gracias a Dios, Él es bondadoso y misericordioso! "Su enojo dura sólo un momento, pero su bondad dura toda la vida. Tal vez lloremos durante la noche, pero en la mañana saltaremos de alegría" (Salmos 30:5).

Nadie más que Dios puede afirmar que tiene ira justa. Y, sin embargo, Su ira dura solo un momento, y Su favor para toda la vida.

Si queremos reclamar una ira justa, ¿podemos nosotros, que merecemos la ira de Dios, pero que recibimos Su misericordia, exigir más de aquellos que pecan contra nosotros? Si lo hacemos, somos como Jonás, poniéndonos por encima de Dios.

AMARGURA, UNA ENFERMEDAD CARDÍACA PELIGROSA

La ira no resuelta se convierte en amargura y aprisiona el corazón que no perdona. Guardar rencor y repetirlo constantemente conduce a la enfermedad cardíaca. Incluso si permanece algo oculto, el rencor con el tiempo erosiona lentamente la salud espiritual.

La carta a los Hebreos describe lo que sucede cuando la ira se arraiga en el corazón: "Tengan cuidado. No vayan a perderse la gracia de Dios; no dejen brotar ninguna raíz de amargura, pues podría estorbarles y hacer que muchos se contaminen con ella" (Hebreos 12:15).

Es necesario notar la clara conexión entre el fracaso en obtener la gracia de Dios y la raíz de amargura que crece en nuestros corazones. Enfocarnos con ira en el dolor y en el ofensor nos lleva a quitar los ojos de Jesús, el autor y consumador de nuestra fe (lee Hebreos 12:2). Cuanto más tiempo alimentamos la amargura, más se deteriora nuestra salud espiritual. Caemos cada vez más lejos de vivir en la gracia de Dios.

Las personas con este tipo de enfermedad cardíaca son más propensas a enojarse por las cosas que otros dicen o hacen. La amargura lleva a más amargura.

Terribles efectos secundarios surgen de esta enfermedad.

En primer lugar, la amargura es contagiosa. Otros se contaminan. Fomentan la ira y la adoptan como propia. Se unen a la causa por su propia forma de justicia. La amargura engendra más ira. Esto se puede ver en las protestas airadas, donde los individuos por sí solos nunca recurrirían a la violencia. Pero, como parte de una turba enfurecida, ceden a actos criminales, destruyendo propiedades y atacando a las personas.

En segundo lugar, algunos deciden evitar a la persona enojada. Se cansan de las diatribas y de ser objetos de la ira de personas airadas. ¿El resultado? La persona amargada se vuelve aislada, solitaria e incluso paranoica. Todo esto conduce a la depresión y la desesperación.

Lo peor de todo es que una enfermedad cardíaca no tratada puede separarte de Dios.

San Pablo habla de la amargura y su resultado final:

> **Su garganta es un sepulcro abierto, y con su lengua engañan. ¡En sus labios hay veneno de serpientes! Su boca está llena de maldición y de amargura. Sus pies son veloces para derramar sangre. Destrucción y desgracia hay en sus caminos, y no conocen el camino de la paz. No hay temor de Dios delante de sus ojos. (Romanos 3:13-18)**

Si no se controla, la amargura engendra la ruina y la miseria. La paz no se encuentra en su exigencia de justicia. La gente pierde su confianza en Cristo y no hay temor de Dios. Se pierde la verdadera paz.

San Juan describe otro fruto de la amargura:

> **Éste es el mensaje que ustedes han oído desde el principio: Que nos amemos unos a otros. No como Caín, que era del maligno y mató a su hermano. ¿Y por qué lo mató? Porque sus obras eran malas, y las de su hermano eran justas. Hermanos míos, no se extrañen si el mundo los odia. En esto sabemos que hemos pasado de la muerte a la vida: en que amamos a los hermanos. El que no ama a su hermano, permanece en la muerte. Todo aquel**

que odia a su hermano es homicida, y ustedes saben que ningún homicida tiene vida eterna permanente en él. (1 Juan 3:11-15)

El odio es fruto de la amargura. ¿Y cuál es la consecuencia de esto?

Si alguno dice: "Yo amo a Dios", pero odia a su hermano, es un mentiroso. Pues el que no ama a su hermano a quien ha visto, ¿cómo puede amar a Dios, a quien no ha visto? Nosotros recibimos de él este mandamiento: El que ama a Dios, ame también a su hermano". (1 Juan 4:20-21)

La ira, la amargura, el odio, la falta de perdón, todo esto conduce al sufrimiento espiritual, emocional y físico. Si no se tratan, pueden provocar la muerte.

MARK

Bárbara fue otra participante en mi investigación. Describió la ira que desarrolló contra su esposo cuando éste renunció a su trabajo para iniciar un negocio de alquiler de inmuebles con un amigo. El negocio de alquiler no funcionó y se encontraron en un profundo agujero financiero. Le dijo a su esposo: "Sí, estoy muy enojada contigo. Tú causaste todo esto. Te dije que esto no funcionaría. No está funcionando. Hasta un ciego pudo haber visto que esto no iba a funcionar".

Sustituyó el perdón por un enfoque de evitar cualquier intento de reconciliación. Ya no usaba su anillo de casada, dejó de hablarle y lo hizo dormir en el sótano. Alimentó su amargura y su salud se deterioró.

"Estaba sentada allí con mi papá y comenzó a dolerme el cuello. Te digo que sentí una profunda desesperación. Estamos en una situación financieramente catastrófica. Él no tiene trabajo, está bebiendo y todo depende de mí".

Bárbara perdió la esperanza en el futuro. Renunció al matrimonio. La falta de perdón le robó cualquier alegría que hubiera tenido. A través de su amargura, solo podía ver el pecado de su esposo y cómo éste impactaba negativamente en ella.

"La ira que sentí... creo que fue uno de los puntos más bajos. Recuerdo que me dolía el cuello. Y eso fue, por supuesto, el día que puse a mi papá en el hogar de ancianos. Conduciendo de regreso, pensé: solo espero que todo esto termine pronto. Solo espero morir en un accidente automovilístico. Estaba orando por eso, porque ya no puedo seguir con todo esto".

Luego se enteró de que padecía culebrilla. La amargura crea su propio estrés en la salud y bienestar físico, emocional y espiritual.

La amargura que nace de la falta de perdón es un agujero oscuro de desesperación que afectará negativamente nuestro bienestar. La falta de perdón puso en riesgo la vida de Bárbara.

¿CUÁL ES LA ALTERNATIVA?

Dios nos instruye a reemplazar nuestra amarga condición del corazón con un corazón nuevo.

Considera las palabras de San Pablo a los romanos:

> **Bendigamos a los que nos persiguen; bendigamos y no maldigamos. Gocémonos con los que se gozan y lloremos con los que lloran. Vivamos como si fuéramos uno solo. No seamos altivos, sino juntémonos con los humildes. No debemos creernos más sabios que los demás. No paguemos a nadie mal por mal. Procuremos hacer lo bueno a los ojos de todo el mundo. Si es posible, y en cuanto dependa de nosotros, vivamos en paz con todos. No busquemos vengarnos, amados míos. Mejor dejemos que actúe la ira de Dios, porque está escrito: Mía es la venganza, yo pagaré, dice el Señor. Por lo tanto, si nuestro enemigo tiene hambre, démosle de comer; si tiene sed, démosle de beber. Si así lo hacemos, haremos que éste se avergüence de su conducta. No permitamos que nos venza el mal. Es mejor vencer al mal con el bien. (Romanos 12:14-21)**

¿Cuáles son las órdenes del Doctor para una salud renovada? Bendice en lugar de maldecir. Vive en armonía. Deja a un lado el orgullo personal. No pagues mal por mal. Vive en paz con todos. Deja la venganza al Señor. En cambio, sé bueno con aquellos que te lastiman. No te dejes vencer por el mal, sino vence el mal con el bien.

En Efesios 4:31-32 también leemos: "Desechen todo lo que sea amargura, enojo, ira, gritería, calumnias, y todo tipo de maldad. En vez de eso, sean bondadosos y misericordiosos, y perdónense unos a otros, así como también Dios los perdonó a ustedes en Cristo".

Comienza con reemplazar la amargura, y las tentaciones que la acompañan, con la bondad, la ternura y el perdón, frutos del Espíritu Santo.

¿QUÉ ESPERANZA HAY PARA MÍ?

Para las personas atrapadas en el ciclo de la falta de perdón, esto puede parecer desesperante. ¿Cómo puede alguien hacer lo que Dios espera cuando el dolor es tan profundo, la ofensa es tan injusta y la ira parece tan correcta?

Nuestra esperanza no se encuentra alimentando la ira y nutriendo la amargura. No se encuentra al enfocarnos en el pecado de los demás, no importa cuán grande sea su pecado o cuán profundo sea el dolor. Ese enfoque solo conduce a más desesperación, porque oscurece a Aquel que es nuestra única esperanza.

La esperanza solo se encuentra en Aquel que llevó toda nuestra ira, amargura, malicia y odio a la cruz. Él sacrificó Su vida y derramó Su sangre por ti y por mí. Él pagó el precio más alto para que pudiéramos vivir una vida libre de amargura y falta de perdón. Dios perdona tu ira, amargura y falta de perdón.

> **El Señor es misericordioso y clemente; es lento para la ira, y grande en misericordia. No nos reprende todo el tiempo, ni tampoco para siempre nos guarda rencor. No nos ha tratado como merece nuestra maldad, ni nos ha castigado como merecen nuestros pecados. (Salmos 103:8-10)**
>
> **Porque a su debido tiempo, cuando aún éramos débiles, Cristo murió por los pecadores. Es difícil que alguien muera por un justo, aunque tal vez haya quien se atreva a morir por una persona buena. Pero Dios muestra su amor por nosotros en que, cuando aún éramos pecadores, Cristo murió por nosotros. Con mucha más razón, ahora que ya hemos sido justificados en su sangre, seremos salvados del castigo por medio de él. Porque, si cuando éramos enemigos de Dios fuimos reconciliados con él mediante la muerte de su Hijo, mucho más ahora, que estamos reconciliados, seremos salvados por su vida. Y no sólo esto, sino que también nos regocijamos en Dios por nuestro Señor Jesucristo, por quien ahora hemos recibido la reconciliación. (Romanos 5:6-11)**
>
> **¡Miserable de mí! ¿Quién me librará de este cuerpo de muerte? Doy gracias a Dios, por medio de nuestro Señor Jesucristo. Así que yo mismo, con la mente, sirvo a la ley de Dios, pero con la naturaleza humana sirvo a la ley del pecado...Por tanto, no hay ninguna condenación para los que están unidos a Cristo Jesús,**

los que no andan conforme a la carne, sino conforme al Espíritu. (Romanos 7:24-25, 8:1)

PERO, ¿CÓMO PUEDO VENCER LA AMARGURA?

Arrepiéntete y cree en el Evangelio. Confiesa tu ira y amargura a Dios. Recibe el perdón ganado para ti a través de Cristo. Ora por la fuerza de Dios a través de Su perdón para vencer la tentación de volver a tu ira.

Nuestra ira y su fruto se originan en el corazón. Para limpiar el corazón de esa enfermedad, confesamos nuestro pecado y confiamos en el perdón de Cristo para la sanación. El corazón arrepentido da fruto del Espíritu. En las palabras del Rey David: "Dios mío, ¡crea en mí un corazón limpio! ¡Renueva en mí un espíritu de rectitud!" (Salmos 51:10).

Vencer la amargura comienza con el arrepentimiento y recibir el perdón de Dios. Aunque Él tiene el derecho de estar enojado por nuestra ira y amargura pecaminosas, Dios perdona al pecador arrepentido: "El que encubre sus pecados no prospera; el que los confiesa y se aparta de ellos alcanza la misericordia divina" (Proverbios 28:13).

El favor, la misericordia y la gracia de Dios se desbordan en nuestros corazones. Al enfocarnos en la cruz de Cristo, somos fortalecidos para hacer a un lado los pecados de nuestro cuerpo y vivir la vida de un hijo redimido de Dios. "Él [Cristo] mismo llevó en Su cuerpo nuestros pecados al madero, para que nosotros, muertos ya al pecado, vivamos para la justicia. Por Sus heridas fueron ustedes sanados" (1 Pedro 2:24).

SANACIÓN PARA JOYCE

Joyce estaba atrapada en un ciclo de ira y amargura hacia su cuñado después de que él le robara la granja a ella y a su esposo. Ella describió su ciclo de razonamiento de la siguiente manera: "Soy muy analítica y trato de resolver todo en mi mente para luego hacer que todo funcionara bien. Pero no había forma de hacer que esto funcionara. No podía pasar por alto el hecho de que realmente habían hecho tal cosa".

Joyce permaneció atrapada en su espiral cognitivo tratando de racionalizar su camino hacia el perdón. Pero nunca pudo encontrarle sentido a todo lo sucedido. Sus cálculos la llevaron a la conclusión de que la familia de su marido eran personas injustas a las que no tenía por qué perdonar.

Desafortunadamente, Joyce se vio arrastrada hacia un torbellino de ira y amargura que succionó la vida de todo y de todos los que la rodeaban. Dio vueltas y vueltas, cayendo en espiral fuera de control. Cuanto más pensaba en la situación, tanto más enojada se sentía. Cuanto más enojada se sentía, tanto más acudía al alcohol para escapar de su amargura. Y cuando veía a su cuñado y a su familia, o alguien le preguntaba por lo sucedido, volvía a entrar en el círculo vicioso.

El ciclo interminable de amargura solo hizo que se volviera hacia adentro de sí misma. Probó mecanismos de afrontamiento como la respiración profunda, escribir un diario, la meditación consciente y el ejercicio físico para ayudar a reducir las emociones negativas y frenar la tormenta oscura. Pero tales técnicas no podían perforar las tinieblas del pecado.

El ciclo de ira de la falta de perdón seguía alimentándose de sí mismo, hasta que un día la luz de Cristo atravesó la oscuridad de su ira y amargura.

> **Jesús dijo: "Yo soy la luz del mundo; el que me sigue, no andará en tinieblas, sino que tendrá la luz de la vida".** (Juan 8:12)
>
> **Mientras que estoy en el mundo, soy la luz del mundo.** (Juan 9:5)
>
> **Yo soy la luz, y he venido al mundo para que todo aquel que cree en mí no permanezca en tinieblas.** (Juan 12:46)

Joyce se dio cuenta de que, por mucho que lo intentara, no podía perdonar. Perdonar como Dios perdona no era algo que ella pudiera hacer por sí misma. El perdón tenía que venir de Jesucristo, quien ya la había perdonado. Jesús había perdonado su ira y su amargura. Jesús le había perdonado los chismes y las calumnias. Jesús había perdonado sus pensamientos asesinos.

Joyce dijo: "Aprendí que Dios me perdona y, si me perdona por mis grandes pecados, ¿cómo puedo atreverme a pensar que no es correcto perdonarlos a ellos por ese pecado?"

Joyce aprendió esto de su pastor, quien pacientemente la cuidó y le trajo la Palabra de Dios en su camino oscuro y tenebroso. El perdón la liberó del torbellino de la ira y el odio. Ya no estaba rumiando pecaminosamente sobre las acciones impías de su cuñado y su familia. La luz de Cristo penetró en las tinieblas de la falta de perdón y trajo la luz del perdón.

Las personas luchan con la oscuridad del pecado y a menudo claman a Dios para que les quite la oscuridad. Sin embargo, Dios hace algo muy diferente. Él no quita la oscuridad. Él nos guía a través de la oscuridad hacia la luz de Jesucristo (lee Juan 8:12).

¿CÓMO SE APLICA ESTO A MÍ?

Considera la situación en la que te cuesta perdonar. A continuación, responde a estas preguntas:

1. ¿Por cuánto tiempo he estado enojado?

2. ¿Qué tipo de oportunidades le he dado al diablo con mi ira o amargura a largo plazo?

3. ¿A quién o a qué ha estado dirigida mi ira?

4. ¿Cómo estoy justificando mi enojo?

5. Lee Gálatas 5:22-23. ¿Cómo se compara mi espíritu de ira con el fruto del Espíritu? ¿Qué fruto del Espíritu es más difícil para mí en esta situación?

6. Escribe una oración de arrepentimiento, confesando tus pecados de ira ante Dios. Considera confesar estos pecados en voz alta a tu pastor o a un amigo de confianza y espiritualmente maduro, pidiéndole que te proclame el perdón de Dios. (Lee la sección "Encontrar las palabras adecuadas" del capítulo 16 para obtener ideas de cómo tu amigo puede declararte el perdón.)

PLANTILLA DE ORACIÓN

(Lee el capítulo 3, "¿Cómo debo orar?")

INTRODUCCIÓN

REFERENCIA A LA OBRA DE DIOS

PETICIÓN

RESULTADO

CONCLUSIÓN

CAPÍTULO 7

¿CUÁL ES LA CLAVE PARA VENCER LA FALTA DE PERDÓN?

Señor, confieso que_en mi ser
Hay un oculto gran rincón,
Donde retengo del ayer
Un cruel pecado sin perdón.

Quitar no puedo su poder,
Para librarme del horror;
Te ruego, Cristo, conceder
Paz a mi corazón deudor.

Deshace, Tú, mi voluntad;
Quita mi_orgullo cegador;
Fija mi vista_en la Verdad,
En la cruz de mi Salvador.

TED

Conozco a un hombre llamado Gene. Nació de una madre soltera a principios de la década de 1950. En aquel tiempo, había más vergüenza asociada con esta situación que la que hay hoy.

La madre de Gene nunca se casó. ¡Imagínate lo difícil que debe haber sido para ella como madre soltera en ese momento! Además, eran pobres. Al principio, Gene no sabía si aquella situación estaba bien o mal, porque creció en un hogar lleno de amor.

Pero un día, algunos de los niños del barrio le dijeron que ya no podían jugar con él. Cuando Gene preguntó por qué, le dijeron que sus madres no se lo permitían por ser quien él era. Gene dice: "¿Recuerdas cuál fue la primera palabra que buscaste en un diccionario? La primera palabra que yo busqué fue *bastardo*. Por eso aquellas madres no querían que sus hijos jugaran conmigo".

Gene empezó a armar las piezas del rompecabezas. La razón por la que no podía tener una bicicleta nueva u otros juguetes como sus amigos era que su familia era pobre. Y eran pobres porque Gene no tenía padre. Le preguntó a su madre quién era su padre, pero ella no quiso hablar con él sobre eso. Gene comenzó a enfadarse con el padre que nunca conoció.

Tenía recordatorios constantes de quién era él, un niño sin padre. Cuando quiso conseguir su primer empleo, tuvo que solicitar un número de seguro social. Completó el formulario y obtuvo una copia de su certificado de nacimiento, que simplemente tenía un espacio en blanco en el espacio para "padre". Él y algunos amigos fueron juntos a la oficina de seguro social.

Cuando entregó sus formularios a la secretaria, ella le preguntó: "¿Quién es tu padre?"

"No lo sé", dijo él. "Puedes ver que la línea está en blanco".

Con un volumen suficientemente alto como para que sus amigos lo escucharan, ella exigió: "Llévate esto a casa y haz que alguien lo complete. No se puede obtener un número hasta que esté debidamente completado".

Una vez más, se le recordó a Gene que no tenía padre.

La ira ardía en su interior. Aunque creció en la iglesia, se enojó con Dios. ¿Cómo podía un Dios amoroso permitir que él y su madre vivieran en semejante condición? Siendo adolescente, dejó de asistir a la iglesia.

La falta de perdón te separará de Dios.

CONSECUENCIAS DE LA FALTA DE PERDÓN

Debido a nuestra naturaleza humana, rara vez pensamos en las consecuencias de nuestra propia falta de perdón. En nuestro dolor, en nuestra vergüenza o en la injusticia que hemos sufrido, enfocamos nuestros pensamientos en cómo hemos sido lastimados.

Fuimos creados con un sentido de lo que está bien y lo que está mal, aunque eso ha sido empañado por el pecado. Es natural desear justicia, especialmente cuando hemos sido maltratados o vemos a alguien que amamos siendo maltratado.

Nuestro deseo interno de justicia dirige nuestra atención al ofensor. Queremos que los ofensores paguen por los males que han causado. Los condenamos en nuestro corazón y pensamos qué consecuencias deben sufrir. Cuanta más vergüenza o dolor soportamos, más crece nuestra ira. A menudo, el ofensor no sufre el castigo que pensamos que debería recibir. La falta de perdón es un castigo que nadie puede negarnos. Y muchos a nuestro alrededor apoyan nuestros sentimientos y alientan la falta de perdón. Después de todo, es parte de la justicia, ¿verdad?

La falta de perdón puede causar algo de dolor para el ofensor. Pero le hace mayor daño al que se niega a perdonar.

Pensemos en una persona que vivió una vida sin perdón. Fue maltratada física y emocionalmente. Huérfana de niña, terminó siendo entregada a diferentes familiares. Su amargura crecía a medida que era maltratada por más personas. Terminó en un matrimonio de abuso físico. Debido al divorcio, tuvo que criar a sus hijos sin apoyo de otras personas.

Un pariente de su ex marido le pidió a ella que lo visitara en el hospital porque estaba a punto de morir. Su ex marido le pidió perdón por la forma en que la había maltratado. Ella se negó a perdonarlo. En cambio, lo condenó al infierno. Salió conforme del hospital, pero sin paz.

Aprendió a no perdonar nunca. Durante días y semanas, se obsesionaba con una ofensa, aumentando el dolor y alimentando su amargura. Vivía en el ciclo vicioso de la falta de perdón. Las pequeñas ofensas maduraron hasta convertirse en heridas monstruosas. Culpó a Dios y resintió a muchas personas a lo largo de su vida. La amargura destruyó la mayoría de sus relaciones entre familiares y amigos. Ella se imaginaba que la lastimarían o se aprovecharían de ella, por lo que se las arregló sola, desconfiando de casi todos. Al quedarse con pocos amigos y familiares, experimentó miedo, paranoia y soledad. Es comprensible por qué se automedicó con alcohol. Al final, las consecuencias de toda una vida de falta de perdón aumentaron su sufrimiento, y su adicción al alcohol finalmente terminó con su vida.

Permitir que la falta de perdón habite en tu corazón, te somete a un ciclo interminable de ira, miedo y soledad. Puede comenzar con una sola ofensa grave por parte de una persona. Pero al igual que un tornado destruye más propiedades y recoge más basura, la falta de perdón contra una persona absorbe más ofensas de parte de más personas. Esto conduce a más traumas personales en el corazón y ese individuo es más susceptible a aumentar el dolor en su vida.

¿CÓMO PUEDO ESCAPAR DEL CICLO VICIOSO CAUSADO POR LA FALTA DE PERDÓN?

El enfoque es clave.

Cuando estoy atrapado en un ciclo vicioso de falta de perdón, el enfoque está principalmente en mí mismo y en cómo he sido herido o estoy sufriendo injustamente. Mi atención está solo en cómo he sido lastimado por esa persona, avivando las llamas de la ira y la malicia. Incluso si no actúo externamente de acuerdo con mis sentimientos, mi corazón mantiene calientes las brasas de la falta de perdón. Mis pensamientos reviven la ofensa, alimentando la ira. Mis palabras vuelven a contar la ofensa a los demás y busco la validación de mis sentimientos. Algunos de los que se preocupan por mí reforzarán mi justificación, sin darse cuenta de que su "consuelo" me lastima todavía más.

Cuando miramos a la Biblia en busca de la dirección de nuestro Creador, vemos que el enfoque es la clave para escapar del círculo vicioso de la falta de perdón.

El escritor de la carta a los Hebreos, en el capítulo 11, elogia a los héroes del Antiguo Testamento por su fe en el Mesías. Todos esos héroes eran pecadores. Todos ellos estuvieron destituidos de la gloria de Dios. Cada uno cometió pecados significativos que están registrados en las Escrituras para que todos los sepan, incluso sus contemporáneos. Sin embargo, se los elogia por su fe en el Salvador prometido por Dios. Miraban hacia adelante con esperanza en el cumplimiento de la promesa de Dios.

El escritor de Hebreos dirige entonces nuestra atención a los pecadores de hoy. Se nos dirige a seguir el ejemplo de la "gran nube de testigos", esos héroes del pasado que elogiamos, acudiendo a Jesús por fuerzas para correr la carrera de la vida frente a los desafíos.

> Por lo tanto, también nosotros, que tenemos tan grande nube de testigos a nuestro alrededor, liberémonos de todo peso y del pecado que nos asedia, y corramos con paciencia la carrera que tenemos por delante. Fijemos la mirada en Jesús, el autor y consumador de la fe, quien por el gozo que le esperaba sufrió la cruz y menospreció el oprobio, y se sentó a la derecha del trono de Dios. Por lo tanto, consideren a aquel que sufrió tanta contradicción de parte de los pecadores, para que no se cansen ni se desanimen. (Hebreos 12:1-3)

¿Cuál es el mensaje para aquellos de nosotros que hoy luchamos por vivir como hijos de Dios? Fija tus ojos en Jesús, el autor y consumador de nuestra fe. En lugar de obsesionarte contigo mismo y en cómo fuiste maltratado y herido, fija tus ojos en Jesús. En lugar de revivir las ofensas dolorosas una y otra vez, mira a Aquel que sufrió por esas heridas al morir en la cruz y sufrir nuestra vergüenza. En lugar de asesinar al ofensor en tu corazón, lo cual influye en tus palabras y acciones, enfoca tus pensamientos en Jesús. Recuerda cómo Él sufrió injustamente y murió en tu lugar para pagar el precio completo por tus pecados. A cambio, Él te da Su justicia.

Jesús sabe lo que es ser traicionado por sus amigos más confiables. Experimentó la injusticia de los líderes de la iglesia, las turbas y los funcionarios del gobierno. Mientras soportaba el dolor físico y una ejecución vergonzosa, sufrió la angustia mental de haber sido abandonado por Su Padre celestial. Y, sin embargo, oró por todos aquellos que lo pusieron en la cruz, incluidos los pecadores como tú y yo: "Padre, perdónalos, porque no saben lo que hacen" (Lucas 23:34). Jesús se concentró en Su misión, dada por Su Padre. Él tomó nuestro lugar en el Calvario para que pudiéramos ser hechos hijos perdonados de Dios.

Recuerde a José y su enfoque cuando se encontró cara a cara con los hermanos que planearon maldades para deshacerse de él. Podría haberse concentrado en todo el dolor y el sufrimiento que soportó a causa de sus actos. Podría haberse obsesionado con el profundo dolor que le causaron a su padre al mentirle sobre la muerte de José. Podría haber reflexionado en cuán malvados fueron sus hermanos. Si bien la Biblia guarda silencio sobre los pensamientos que albergó hacia sus hermanos durante sus días más oscuros, es posible que incluso los haya asesinado en su corazón.

Pero cuando llegó el día y se reveló a sus hermanos, eligió un enfoque diferente. Le dio crédito a Dios por haberlo enviado a Egipto. Pon atención al enfoque de José al proclamar el perdón a sus hermanos después de la muerte de su padre:

> **No tengan miedo. ¿Acaso estoy en lugar de Dios? Ustedes pensaron hacerme mal, pero Dios cambió todo para bien, para hacer lo que hoy vemos, que es darle vida a mucha gente. Así que no tengan miedo. Yo les daré de comer a ustedes y a sus hijos. Y los consoló, pues les habló con mucho cariño.** (Génesis 50:19-21)

Primero, José reconoció que él no era Dios. Porque Dios es el juez supremo, y Él es misericordioso y bondadoso, lento para la ira y abundante en misericordia. A continuación, José confesó que Dios usó sus malas intenciones para enviar a José a Egipto, donde sería elevado a un alto puesto de autoridad para salvar muchas vidas.

¿Quién de nosotros hoy en día habría culpado a José por castigar justamente a sus hermanos? Tenía la autoridad y el derecho de hacerlo. Sin embargo, su enfoque no estaba en la retribución ni la venganza. No se concentró en el sufrimiento y el dolor que le causaron a él, a su padre y a su hermano menor. José se concentró en Dios, que le había mostrado gran misericordia y gracia. A su vez, José compartió los dones que Dios le había dado con aquellos que lo habían herido tan profundamente.

RECORDANDO TU PERDÓN A TRAVÉS DE CRISTO

Reemplaza el peligroso ciclo vicioso de la falta de perdón al recordar tu propio perdón en Cristo.

San Pedro proporciona una visión para vivir la vida a la que somos llamados como hijos de Dios. Se basa en el recuerdo:

> **Todas las cosas que pertenecen a la vida y a la piedad nos han sido dadas por su divino poder, mediante el conocimiento de aquel que nos llamó por su gloria y excelencia. Por medio de ellas nos ha dado preciosas y grandísimas promesas, para que por ellas ustedes lleguen a ser partícipes de la naturaleza divina, puesto que han huido de la corrupción que hay en el mundo por causa de los malos deseos.** (2 Pedro 1:3-4)

Fíjate que vivir la vida cristiana requiere poder divino. Nosotros, pecadores, no podemos, por nuestras propias fuerzas, vivir de la manera que Dios espera.

Necesitamos la intervención divina. Dios lo sabe. Así que Él nos concede Su poder a través de Sus "preciosas y muy grandes promesas".

¿Cuál es la promesa más grande y preciosa de Dios? El perdón por medio de la obra expiatoria de Jesucristo: "Si confesamos nuestros pecados, él es fiel y justo para perdonar nuestros pecados y limpiarnos de toda maldad" (1 Juan 1:9). Los que estamos en Cristo ya no somos condenados por nuestros propios pecados: "Por tanto, no hay ninguna condenación para los que están unidos a Cristo Jesús..." (Romanos 8:1).

Es por medio de las "preciosas y grandísimas promesas" de Dios que podemos llegar a ser partícipes de la naturaleza divina. Perdonar como Dios nos ha perdonado no es posible en nuestra naturaleza pecaminosa. Requiere poder divino, y las Escrituras nos dicen que Dios nos concede ese poder.

Este poder divino nos permite escapar de "la corrupción que hay en el mundo a causa de los deseos pecaminosos". Podemos escapar de la trampa de enfocarnos en nosotros mismos y proteger y defender nuestro propio orgullo. Podemos escapar del ciclo de juicio y condenación pecaminosa. Podemos escapar de las consecuencias de la falta de perdón, no por nuestras propias fuerzas, sino por la naturaleza divina que Dios nos da a través de Sus promesas.

El apóstol Pedro da más instrucciones:

> **Por eso, ustedes deben esforzarse por añadir virtud a su fe, conocimiento a su virtud, dominio propio al conocimiento; paciencia al dominio propio, piedad a la paciencia, afecto fraternal a la piedad, y amor al afecto fraternal. (2 Pedro 1:5-7)**

Mira de nuevo la lista de San Pedro. Haz el ejercicio: Suplementa

- **tu fe con virtud.**
- **la virtud con conocimiento.**
- **el conocimiento con autocontrol.**
- **el autocontrol con paciencia.**
- **la paciencia con piedad.**
- **la piedad con afecto fraternal.**
- **el afecto fraternal con amor.**

Compara esta lista con la lista de Pablo del fruto del Espíritu: "Pero el fruto del Espíritu es amor, gozo, paz, paciencia, benignidad, bondad, fe, mansedumbre, templanza. Contra tales cosas no hay ley" (Gálatas 5:22-23).

El fruto del Espíritu proviene de nuestra naturaleza divina, dada a nosotros por Dios a través de Sus preciosas y grandes promesas. Nuestras obras reflejan la fe en nuestros corazones. Lo que realmente honramos, amamos y en quien confiamos se revela en la forma en que respondemos a los demás, ya sea que nos traten con amabilidad u ofensas.

San Pedro entonces nos recuerda lo que sucede cuando nuestra vida refleja más nuestra fe en Cristo que nuestra naturaleza pecaminosa: "Si todo esto abunda en ustedes, serán muy útiles y productivos en el conocimiento de nuestro Señor Jesucristo" (2 Pedro 1:8).

Pero una visión clave se da cuando Pedro identifica la razón subyacente por la que algunos no pueden vivir la vida cristiana. Han olvidado la promesa más grande y preciosa. "Quien no tiene todo esto es corto de vista, o ciego, y ha olvidado que sus antiguos pecados fueron limpiados" (2 Pedro 1:9).

Olvidar que estoy limpio de mis pecados anteriores significa que me he vuelto miope y ciego. Carezco de las cualidades que Pedro enumera y que Pablo describe como fruto del Espíritu. En lugar de confiar en Cristo y Su cruz, me enfoco en mí mismo y en el dolor y la injusticia que he sufrido. Mi fracaso en fijar mis ojos en Jesús significa que me obsesiono con aquellos que han pecado contra mí. Olvido cómo yo mismo he pecado contra mi Dios todopoderoso, santo y omnisciente. Minimizo mi propio pecado en comparación con los pecados que he experimentado de otros y, al hacerlo, minimizo la obra de justificación que Jesús ha hecho por mí.

EL RECORDARLO CONDUCE A LA SANACIÓN

La clave para vencer la falta de perdón es recordar cuán perdonado eres en Jesucristo.

Gene tuvo problemas en su adolescencia. Después de graduarse de la escuela secundaria, se fue a trabajar para la tienda Kmart. Un día una amiga lo reconoció en la tienda. Intercambiaron saludos y luego ella dijo: "Hace tiempo que no te vemos en la iglesia".

"Lo sé. Pero trabajo algunos domingos".

"¿Qué tal este domingo?"

"Bueno, no estaré trabajando, pero me sentiría raro volviendo a la iglesia después de haberme ido por tanto tiempo".

"¿Qué tal si paso a recogerte? Puedes ir conmigo".

"Está bien".

Debido a la gentil restauración de una buena amiga, Gene comenzó a volver al servicio dominical. Un día su pastor se le acercó.

"Gene, ¿te gustaría enseñar a los niños en nuestra Escuela Dominical?"

"¿Quién, yo? No he enseñado antes. No sabría qué hacer".

"Tenemos clases para preparar a nuestros maestros y tendrás materiales para guiarte. He visto la forma en que interactúas con los niños y creo que serías un gran maestro".

"Voy a intentarlo".

Pronto, Gene se encontró rodeado de niños pequeños mientras les enseñaba lecciones sobre Jesús y cómo Él iba por el campo sanando y perdonando a la gente. Pero, entonces, Gene se dio cuenta de que era un hipócrita. ¿Cómo podía enseñar acerca de un Jesús perdonador cuando él mismo no podía perdonar a su padre terrenal e incluso estaba resentido con su Padre celestial? Decidió renunciar como maestro de la Escuela Dominical.

Pero antes de dejar de enseñar, tenía una lección más que enseñar: la pasión de Cristo. Mientras preparaba su lección, se encontró con estas palabras de Jesús en la cruz: "Padre, perdónalos, porque no saben lo que hacen" (Lucas 23:34).

Gene gritó en voz alta: "¡No puedo perdonarlo! ¡No quiero perdonarlo! ¡Lo odio! ¡Que Dios me ayude!".

Fue entonces cuando Dios sanó a Gene. Gene se dio cuenta de que Jesús oró por él en la cruz: "Padre, perdona a Gene, porque no sabe lo que está haciendo".

Gene también se dio cuenta de que Jesús oró por su padre terrenal. Jesús murió por los dos y resucitó por los dos. Gene y su padre fueron perdonados por Dios.

Gene experimentó una paz como nunca antes había tenido. Perdonó a un hombre que nunca había conocido, pero que había odiado durante la mayor parte de su vida. Su batalla de falta de perdón había terminado.

Un día, la madre de Gene se le acercó y dijo: "Quiero decirte algo. Quiero decirte quién es tu padre. Vino a verme anoche. Se está muriendo de cáncer. Aquí está su nombre y número de teléfono".

¡Imagínate las emociones que Gene debió haber sentido! Durante años había odiado a un hombre sin nombre, pero ahora tenía un nombre e información de contacto. ¿Qué le diría Gene a él?

Gene se tomó unos días para orar y pensar en lo que podrían hablar. Confirmó que había perdonado a su padre, pero tenía algunas preguntas. Tomó el teléfono y marcó el número. Pero el hombre había salido de la ciudad para recibir tratamiento contra el cáncer y murió antes de que pudiera regresar a casa. Gene nunca conoció a su padre, pero se enteró de que el hombre se había casado con otra mujer y tenía tres hijos.

TED

En el año 1989, mi padre murió de cáncer. Y fue entonces cuando me enteré de que tengo un hermano mayor llamado Gene. Mi hermana, mi hermano menor y yo no podíamos creer que mi padre tuviera un hijo mayor al que había ignorado todos esos años.

Luego me enteré de que casi toda mi familia sabia el secreto. Mi madre lo supo antes de morir. Mis cuatro abuelos lo sabían. Mis tías y tíos lo sabían. Muchos de mis primos lo sabían. Pero, durante más de treinta años, nadie nos contó que éramos cuatro hijos.

Me enfadé con mis propios parientes. Me sentí traicionado. ¿Cómo podían vivir como si esto nunca hubiera sucedido? Gene y yo asistimos a la misma escuela secundaria (con unos años de diferencia). A menudo, yo iba comprar a la tienda Kmart donde él trabajaba. Gene incluso pensó en solicitar un trabajo en la empresa de mi padre donde yo trabajaba. Asistíamos a iglesias hermanas en la misma ciudad.

Un fin de semana, Gene, mi hermana, mi hermano menor y yo fuimos a un retiro con nuestras familias a un resort de aguas termales para conocernos mejor. Los cuatro hermanos nos reunimos solos una tarde para hablar sin nuestros cónyuges ni hijos. Los tres hermanos menores le preguntamos a Gene por qué no nos odiaba. ¿No estaba celoso de nosotros? Tuvimos un padre y una madre. Él se había criado sin padre. Creció en la pobreza y a menudo padecía las consecuencias. Nosotros no experimentamos eso. Los tres tuvimos la oportunidad de asistir a la universidad. Él no pudo. ¿Por qué no se enojó con nosotros?

Gene explicó que, si nos hubiera conocido años antes, nos habría odiado. Pero luego nos contó su historia de cómo Dios lo sanó mientras enseñaba en la Escuela Dominical. Gene recordó que había sido perdonado y eso le permitió perdonar a un padre que nunca conoció. Gene no guardaba ningún resentimiento hacia nosotros.

Ese fue un evento que me cambió la vida. Gene me recordó cuán perdonado soy en Cristo. Aprendí a perdonar a mis familiares por lo que consideré décadas de traición.

LO QUE REVELARON LAS INVESTIGACIONES ACERCA DE RECORDAR EL PERDÓN DE CRISTO

MARK

Los participantes de la investigación narraron sus historias bien ensayadas con gran detalle y emoción. Mientras los escuchaba describir las transgresiones y las relaciones rotas, me sentí atraído por la intensidad de cada suceso vivido.

A mitad de sus descripciones de los acontecimientos, a menudo se detenían y recordaban algo con reverencia. En medio de las tormentosas historias de transgresión, recordaron algo que nunca debió haber sido olvidado.

Recordaron el perdón de Cristo.

Como espectador cristiano, es fácil ser duro y juzgar. ¿Cómo puede un cristiano olvidarse de Jesús?

Sin embargo, el pueblo de Israel parecía olvidarse de lo que Dios había hecho por ellos y de lo que Dios había prometido hacer por ellos. Los israelitas adoraron a otros dioses (lee Éxodo 32:1-24; Números 25:1-3) y se quejaban contra Dios, fantaseando con lo bueno que era ser esclavos en Egipto (lee Éxodo 16:3, 17:3; Números 11:4-6).

El pensamiento circular nos lleva de vuelta a la oscuridad del pecado y tendemos a olvidar a Dios y Su poderosa promesa de perdón.

Pero Dios nunca olvida a Su pueblo.

> **¿Pero acaso se olvida la mujer del hijo que dio a luz? ¿Acaso deja de compadecerse del hijo de su vientre? Tal vez ella lo olvide, pero yo [Dios] nunca me olvidaré de ti. (Isaías 49:15)**

> **Tú eres mi Dios y salvador; ¡no escondas de mí tu rostro! No apartes con enojo a este siervo tuyo, pues siempre has sido mi ayuda. ¡No me dejes ni me desampares! (Salmos 27:9)**

> **Por lo cual estoy seguro de que ni la muerte, ni la vida, ni los ángeles, ni los principados, ni las potestades, ni lo presente, ni lo por venir, ni lo alto, ni lo profundo, ni ninguna otra cosa creada nos podrá separar del amor que Dios nos ha mostrado en Cristo Jesús nuestro Señor. (Romanos 8:38-39)**

Los participantes de la investigación se beneficiaron de que otro cristiano les recordara del perdón de Dios para ellos y para quienes los habían ofendido y lastimado. Un participante dijo: "Dios dio a Su Hijo para que muriera y sufriera por mis pecados. Podría haberme ahorrado un año o tal vez dos años de tortura y dolor horribles si me hubiera aferrado a la cruz". Se había olvidado del perdón de Cristo y vivía en la miseria de la falta de perdón. Pero cuando le recordaron la obra de Jesús en la cruz, todo cambió.

Otro participante dijo: "Sé que gracias a Cristo puedo perdonar. Porque yo no puedo perdonar, pero con Él, en Cristo, puedo perdonar". Recordar el perdón de Cristo lo cambió todo para él.

Dos temas comunes aparecieron entre los participantes de la investigación. En primer lugar, todos ellos proporcionaron una descripción articulada de la transgresión. En segundo lugar, todos ellos pudieron perdonar a su transgresor cuando recordaron lo que Dios había hecho por ellos a través de Jesucristo.

Recordar el perdón de Cristo lo cambia todo. El perdón de Cristo traspasa las tinieblas del pecado e interrumpe aquel círculo vicioso y sin esperanza de vivir en la oscuridad de la falta de perdón.

PODER DIVINO

¿Cómo puedo vencer el poder que la falta de perdón tiene sobre mí?

Perdonar como Dios perdona es imposible con nuestras propias fuerzas. Para llevar a cabo una obra divina, como perdonar como Dios perdona, se requiere poder divino.

San Pablo nos recuerda: "¡Todo lo puedo en Cristo que me fortalece!" (Filipenses 4:13).

La clave para vencer la falta de perdón es enfocarse en lo que Dios ha hecho por ti a través de Cristo. Recuerda que has sido limpiado de tus pecados pasados.

Cristo murió por ti. Él resucitó por ti. Él ascendió al cielo por ti. Él viene de nuevo con poder y gloria por ti.

San Pablo nos dice cómo podemos hacer la obra divina que Dios nos llama a hacer:

> **El amor de Cristo nos lleva a actuar así, al pensar que si uno murió por todos, entonces todos murieron; y él murió por todos, para que los que viven ya no vivan para sí, sino para aquel que murió y resucitó por ellos.** (2 Corintios 5:14-15)

¿Qué nos impulsa a hacer la obra divina? El amor de Cristo.

¿Por qué? Porque Él murió por todos. Él pagó el precio completo por los pecados de todo el mundo.

¿Cuál es el resultado? Es posible que ya no vivamos para nosotros mismos, sino para Cristo, quien por nosotros murió y resucitó.

Recordar cuán perdonados somos en Cristo nos da poder para vivir como hijos de Dios.

Pedro también declara: "Él mismo llevó en Su cuerpo nuestros pecados al madero, para que nosotros, muertos ya al pecado, vivamos para la justicia. Por Sus heridas fueron ustedes sanados" (1 Pedro 2:24).

Morimos al pecado de la falta de perdón y vivimos para la justicia al recordar que Jesús murió por nosotros. Somos sanados por las heridas que Cristo sufrió en la cruz.

¿Recuerdas el clamor de Gene a Dios? "¡No puedo perdonarlo! ¡No quiero perdonarlo! ¡Lo odio! ¡Que Dios me ayude!".

La oración de Gene fue un grito de fe. Cuando reconocemos nuestra debilidad e incapacidad para perdonar, nos sometemos a la misericordia y gracia de Dios. Confesamos nuestros deseos pecaminosos de ser como Dios y Él nos perdona. Confesamos haber juzgado a alguien de ninivita y Dios muestra Su misericordia tanto a los ninivitas como a nosotros. Recordamos la promesa más preciosa y grande de Dios: el que se arrepiente y cree, es salvo. Eres perdonado.

¿CÓMO SE APLICA ESTO A MÍ?

1. ¿Cuánto tiempo has sufrido con la falta de perdón?

2. ¿Qué consecuencias te ha causado hasta ahora la amargura en tu corazón?

3. ¿Cuáles serán los efectos a largo plazo de la falta de perdón en tu corazón?

4. El Primer Mandamiento es "No tendrás dioses ajenos delante de mí" (Éxodo 20:3). Esto significa que debemos temer, amar y confiar en Dios sobre todas las cosas. Sin embargo, a menudo nos ponemos a nosotros mismos y a otras cosas por encima de Dios.

SI ESTÁS LUCHANDO POR PERDONAR

Reflexiona sobre cómo has pecado contra este mandamiento, especialmente en tus pensamientos hacia la persona que te ha lastimado.

- ¿Cómo has intentado convertirte en dios, haciendo que tus pensamientos, tus deseos, tus ideas sean más importantes que las de Dios?
- ¿Cómo ha influido el orgullo en tu lucha por perdonar?
- ¿De qué manera tu amor por Dios no ha sido evidente en la forma en que amas a tus enemigos?
- ¿A qué o a quién temes más que a nadie? (Una respuesta que no sea "Dios" da una idea acerca de tus dioses falsos).

- ¿En quién confías para que se haga justicia en las ofensas contra ti o contra otras personas que amas? (Una respuesta que no sea "Dios" da una idea de tu falsa esperanza).

SI ESTÁS ENOJADO O NO PUEDES PERDONAR A ALGUIEN QUE NO TE HA PERDONADO

Reflexiona sobre cómo has pecado contra el Primer Mandamiento en tus pensamientos hacia la persona que no te perdona. (Para más información sobre esto, lee en el capítulo 13, la sección "¿Qué pasa si los demás no me perdonan?").

- ¿Cómo has intentado convertirte en dios, haciendo que tus pensamientos, tus deseos y tus ideas sean más importantes que las de Dios?
- ¿Cómo ha influido el orgullo en tu exigencia de ser perdonado?
- ¿De qué manera tu amor por Dios no ha sido evidente en la forma en que amas a tus enemigos?
- ¿De quién deseas más afirmación, aceptación o amor? (Una respuesta que no sea "Dios" da una idea acerca de tus dioses falsos).
- ¿En quién confías para el perdón que buscas? (Una respuesta que no sea "Dios" da una idea de tu falsa esperanza).

5. Ora en voz alta la siguiente oración de arrepentimiento o escribe una que mejor exprese tus anhelos.

Padre Celestial, te alabo y te agradezco por las muchas bendiciones que me das, pero especialmente por el don del perdón de mis pecados a través de Jesucristo, Tu Hijo. Eres un Dios misericordioso y bondadoso conmigo. Merezco Tu ira y castigo, pero Tú me perdonas, porque Jesús pagó el prccio completo por mí. Amado Dios, Tú sabes cómo quiero vivir como tu hijo y perdonar como Tú me has perdonado. Pero tal obra divina es imposible con mis propias fuerzas. ¡Dios mío, ayúdame! Ayúdame a recordar que soy perdonado por Jesús. Has prometido que Tu Espíritu Santo vive dentro de mí. Dame poder con Tus grandes y preciosas promesas para hacer lo que no puedo hacer por mi propia cuenta. Ayúdame a perdonar a __________ como Tú me has perdonado a mí. Dame Tu paz que sobrepasa todo entendimiento. Ayúdame a sanar de todas mis heridas, especialmente las profundas. Concédeme alivio de mi sufrimiento. Y Dios, así como has tenido misericordia de mí, ten misericordia también de __________. Te lo pido en el nombre de Jesús, quien murió y resucitó por mí. Amén.

6. Busca estos pasajes y léelos en voz alta. ¿Qué consuelo te da cada pasaje en respuesta a tus reflexiones sobre las preguntas anteriores?

    - Salmos 103:11-14
    - Juan 3:16-17
    - Romanos 8:1
    - Efesios 1:7-10
    - Filipenses 4:7

CAPÍTULO 8

¿QUÉ PASA SI NO SE ARREPIENTEN?

Cuan duro resulta el rechazo de aquel
Que no ha de aceptar un regalo.
Así el Evangelio al que vive en maldad
Parece algo inutil y malo.
Ten misericordia, ¡oh, Cristo!

Descansa en la sabiduría de Dios
Y ofrece sin miedos ni dudas
La paz del perdón que por Cristo te dio;
Su Espíritu viene en tu ayuda.
Ten misericordia, ¡oh, Cristo!

MARK

Mi familia y yo nos habíamos mudado a una nueva casa, y mi esposa estaba entusiasmada con la decoración de la casa. Nuestros dos hijos compartían una habitación con una litera. Antes de mudarlos a su habitación, pintamos las paredes y planeamos poner un borde de papel tapiz decorativo a lo largo de la parte superior de la pared. Llevamos a los chicos a una tienda local y dejamos que eligieran el papel decorativo. Eligieron uno con aviones volando contra un cielo azul. Cuando me enteré cuánto iba a costar ese pedazo de papel de nueve pulgadas, no lo podía creer. Pero mi esposa insistió en que iba a ser genial.

Nos fuimos a casa y comenzamos el proceso de pegar el borde de papel tapiz a la pared. Pero el borde no se pegaba a la pared porque no habíamos dejado que la pintura se curara lo suficiente. ¡Ayayay! Todo ese borde caro de papel tapiz fue desperdiciado. Después de esperar el tiempo adecuado para que la pintura se curara, compramos más borde caro y volvimos a intentarlo. Finalmente, nos paramos en la puerta de la habitación de los chicos y admiramos nuestro trabajo. Nuestros hijos se mudaron a su nueva habitación. Terminamos aquel día sintiendo una gran sensación de logro.

Al día siguiente, cuando llegué a casa del trabajo, mi esposa me recibió en la puerta. "No quiero que te enojes".

Con solo escuchar esas palabras, ya me había enojado. Ni siquiera sabía por qué estaba enojado. Pero tenía que ser algo espantoso. Caminé a la habitación de los chicos para descubrir que se habían subido a la cama de arriba y habían arrancado, hasta donde podían alcanzar, todo ese borde caro de papel tapiz. Estaba enojado y se lo hice saber a los chicos. Seguí hablando de cuánto costó eso y cuánto tiempo pasamos fijándolo en la pared. Les grité: "¡Incluso les dejamos elegir el diseño del borde! ¿En qué estaban pensando?". Grité, grité y dije muchas palabras que ninguna persona piadosa debería decir, especialmente un pastor. Exploté como un volcán.

Cuando llegué al final de mi berrinche, mi hijo mayor, que tenía diez años en ese momento, me miró y me dijo: "Papá, creo que necesitas arrepentirte".

¿Arrepentirte? *¡¿Arrepentirme?!* ¡Eso despertó mi ira aún más! No debería ser yo quien se arrepienta, pensé. ¡Ustedes son los que necesitan arrepentirse! ¡Miren lo que hicieron! ¿Saben cuánto dinero me costó eso, cuánto tiempo pasamos tratando de hacer que esta habitación se viera bien?

No tenía planes de arrepentirme. Yo no era el que necesitaba arrepentirse. Los chicos necesitaban arrepentirse.

¿ARREPENTIRME?

Juan el Bautista allanó el camino para Jesús con el mensaje: "Arrepiéntanse, porque el reino de los cielos se ha acercado" (Mateo 3:2). Arrepentirse es reconocer que has pecado contra Dios y contra tu prójimo.

Una persona arrepentida se lamenta por lo que ha hecho. Muestra contrición, remordimiento. Cuando una persona se arrepiente, primero expresa contrición. El salmista demuestra la profundidad del dolor de esta manera: "Los sacrificios que tú quieres son el espíritu quebrantado; tú, Dios mío, no desprecias al corazón contrito y humillado" (Salmos 51:17). "A ti clamo, Señor, desde el fondo de mi angustia. ¡Escucha, Señor, mi voz! ¡Qué no se cierren tus oídos al clamor de mi súplica!" (Salmos 130:1-2).

Más importante aún, una persona arrepentida cree en el Evangelio. Es por eso que Juan el Bautista señala a Jesús cuando llama a las personas a arrepentirse. Es Jesús quien perdona los pecados de las personas afligidas. El apóstol Pablo dice: "Así, pues, justificados por la fe tenemos paz con Dios por medio de nuestro Señor Jesucristo, por quien tenemos también, por la fe, acceso a esta gracia en la cual estamos firmes, y nos regocijamos en la esperanza de la gloria de Dios" (Romanos 5:1-2).

El rey David expresó arrepentimiento por haber cometido adulterio con Betsabé y haber asesinado a Urías. Pero también creyó en las buenas nuevas del profeta Natán: "El Señor ha perdonado tu pecado, y no vas a morir" (2 Samuel 12:13). En contraste, Judas, el discípulo de Jesús, estaba arrepentido de su pecado, pero no creía en las buenas nuevas del perdón. "Cuando Judas, el que lo había traicionado, vio que Jesús había sido condenado, se arrepintió y devolvió las treinta monedas de plata a los principales sacerdotes y a los ancianos. Les dijo: He pecado al entregar sangre inocente" (Mateo 27:3-4). Judas mostró remordimiento y trató de hacer satisfacción por su pecado, pero no confiaba en el perdón de Cristo. Jesús indicó esto cuando dijo a los discípulos: "Pero hay algunos de ustedes que no creen" (Juan 6:64).

El arrepentimiento del pecado comprende dos partes: (1) la contrición y (2) la fe de que nuestro pecado ha sido perdonado a través de Jesucristo. Después que Jesús resucitó de entre los muertos, se apareció a Sus discípulos y les dijo: "Así está escrito, y así era necesario, que el Cristo padeciera y resucitara de los muertos al tercer día, y que en su nombre se predicara el arrepentimiento y el perdón de pecados en todas las naciones, comenzando por Jerusalén" (Lucas 24:46-47).

MARK

El deseo de Dios, según los Diez Mandamientos, es que no haga mal uso de Su nombre, que no mate a otros ni los destruya con mis palabras, ni hable mal de los demás. Cuando hablé palabras de ira a mis hijos, rompí los mandamientos de Dios. Pequé contra Dios y pequé contra mis hijos. No estaba disciplinando a mis hijos con amor. Los castigaba con mi ira.

Sin embargo, al principio no estaba dispuesto a arrepentirme de estos pecados. No estaba triste y no veía la necesidad de ser perdonado. Sí, sé que Jesús predicó el mismo mensaje que Juan el Bautista: "Arrepiéntanse, porque el reino de los cielos se ha acercado" (Mateo 4:17). Y Pedro también proclamó: "Arrepiéntanse, y bautícense todos ustedes en el nombre de Jesucristo, para que sus pecados les sean perdonados. Entonces recibirán el don del Espíritu Santo" (Hechos 2:38). Sé muy bien lo que la Biblia dice acerca de que soy un pecador y necesito arrepentirme. Sin embargo, arrepentirse no es fácil. No está en mi naturaleza arrepentirme. Mi carne pecaminosa quería justificarse a sí misma en lugar de recibir el perdón de Cristo.

LO QUE LLEVA A LA FALTA DE ARREPENTIMIENTO

Varios factores pueden llevar a uno a resistir el arrepentimiento.

Mira a Saúl, por ejemplo. El rey Saúl desobedeció a Dios al no destruir completamente a los amalecitas y todas sus posesiones. En cambio, Saúl permitió que su pueblo saqueara las mejores ovejas y bueyes de los amalecitas para sí mismos.

Dios estaba disgustado con Saúl y le dijo a Samuel: "Estoy muy disgustado por haber hecho rey de Israel a Saúl, pues se ha apartado de mí y no ha cumplido con lo que le ordené hacer" (1 Samuel 15:11). El rey Saúl había pecado contra Dios.

Sin embargo, Saúl no reconoció su pecado. Tampoco estaba dispuesto a arrepentirse de ello. Cuando Saúl saludó a Samuel, le dijo: "¡Que el Señor te bendiga! Ya cumplí con lo que el Señor me ordenó hacer" (1 Samuel 15:13). Samuel afirmó que Saúl no siguió los mandamientos del Señor, señalando que podía oír los gritos de las ovejas y los bueyes de los amalecitas. Dios le había ordenado a Saúl que destruyera todo lo que pertenecía a los amalecitas, incluyendo el ganado.

En lugar de arrepentirse, Saúl se defendió y trató de justificar su desobediencia. Explicó que las ovejas y los bueyes fueron conservados con vida para que pudieran ser sacrificados al Señor (lee 1 Samuel 15:15).

Samuel rechazó la excusa y volvió a abordar el pecado de Saúl. Esta vez Saúl echó la culpa a su pueblo:

> **Yo cumplí con lo que me ordenó el Señor. Destruí a los amalecitas, y como prueba he traído a Agag, su rey. Fue el pueblo quien tomó lo mejor de las ovejas y vacas, lo que debió haber sido destruido primero, para ofrecer sacrificios al Señor tu Dios en Gilgal.** (1 Samuel 15:20-21)

Aunque Samuel lo llamó a arrepentirse, Saúl respondió poniendo excusas y culpando a otros.

Cuando mi hijo me sugirió que me arrepintiera, hice lo mismo, justifiqué mi comportamiento pecaminoso señalando que estaba respondiendo a su comportamiento pecaminoso. Justifiqué mi enojo, porque quería asegurarme de que nunca lo volverían a hacer. Al igual que Saúl, no estaba dispuesto a arrepentirme, porque no creía haber hecho nada malo y podía dar una explicación adecuada a mi comportamiento.

¿Por qué es tan difícil arrepentirse? Considera cinco factores que reflejan nuestro estado pecaminoso.

ES DIFÍCIL ARREPENTIRME PORQUE

...ME AFERRO A MI PECADO.

Dios hizo al hombre y luego a la mujer del hombre y dijo: "Por eso el hombre dejará a su padre y a su madre, y se unirá a su mujer, y serán un solo ser" (Génesis 2:24). Es agradable a Dios que un hombre se aferre a su esposa. A lo largo de las Escrituras, el matrimonio es una unión entre un hombre y una mujer que no debe romperse. Este es el mandamiento de Dios. Por lo tanto, si un hombre o una mujer casados deciden aferrarse a otra persona, han cometido adulterio. Quien actúa así ha pecado contra Dios y contra su cónyuge.

Anna, una participante de la investigación, estuvo casada dieciocho años con su esposo, quien estaba en servicio militar activo. Vivían cerca de su familia y amigos hasta que los militares decidieron reasignarlo a mil doscientos kilómetros, a una base diferente al otro lado del país. Anna empacó todo lo que tenían en la casa y se mudó con sus hijos a un nuevo hogar para estar con su esposo. Ella dijo: “Lo voy a sorprender. Desempacaré todo, y tendré todo listo para cuando finalmente llegue a casa”. Pero su esposo nunca pasó una noche en su nuevo hogar.

Había conocido a otra persona y estaba teniendo una aventura amorosa. Su esposo dejó de aferrarse a su esposa y decidió quebrantar el mandamiento de Dios. Por supuesto, puso muchas excusas y culpó a Anna de muchas cosas. Pero no estaba dispuesto a arrepentirse de su pecado. Estaba tan interesado en su nueva relación que, contó Anna: “pagó para que nos llevaran de vuelta y nos sacaran de su camino”.

Cuando alguien se niega a arrepentirse, está eligiendo aferrarse al pecado que ha cometido. Cuando se enfrenta a su pecado, no siente tristeza ni remordimiento. No existe la intención de alejarse del pecado. De hecho, como en este caso, el esposo planeaba entregarse al pecado.

El salmista dice: “Me siento totalmente desanimado; ¡infúndeme vida, conforme a tu palabra!” (Salmos 119:25). Jonás también reflexionó: “Los que siguen vanidades ilusorias, abandonan tu misericordia” (Jonás 2:8). Nos aferramos a los caminos pecaminosos o nos aferramos a Dios por Su misericordia. Los que se aferran a su pecado mueren en su pecado, pero los que se aferran a Dios heredan la vida eterna.

...PORQUE TEMO A LOS DEMÁS MÁS DE LO QUE TEMO AL SEÑOR.

A menudo pensamos en el temor como el estar aterrorizado o asustado por algo. La gente tiene miedo a las arañas, a las serpientes, a las alturas o a los gérmenes. Bíblicamente, la palabra “temor” puede referirse a las personas que están asustadas, pero también se puede usar hacia la persona o las cosas en las que se depositan tu confianza. Cuando el ángel del Señor se apareció a los pastores para proclamar el nacimiento de Jesús, el ángel les aseguró: “No teman, que les traigo una buena noticia, que será para todo el pueblo motivo de mucha alegría” (Lucas 2:10). Sería correcto decir que el ángel estaba diciendo: “No se asusten por mi apariencia y no confíen en sí mismos. Confía en la Palabra de Dios que les estoy hablando”.

MARK

A veces nos preocupa más lo que los demás piensan de nosotros que lo que la Palabra de Dios tiene que decir. Puede ser difícil arrepentirse, porque pensamos que los demás verán el arrepentimiento como una debilidad o un fracaso. La Biblia llama a este ídolo “miedo a los hombres” (Proverbios 29:25).

Tememos más lo que los demás piensan de nosotros que lo que tememos a Dios. Saúl temía que los demás lo vieran como un rey fracasado. Yo temía que los demás me vieran como un padre fracasado.

El pecado tiende a llevarnos a temer y a confiar en nuestra propia capacidad al poner excusas y culpar a los demás. Nos olvidamos de Dios. Descuidamos temer o confiar en Dios, quien promete perdonar a una persona arrepentida.

Si alguien no se arrepiente, puede ser que tema y confíe en sí mismo o en los demás más de lo que teme y confía en el Señor. Y cuando se enfrenta a su pecado, elige confiar en su propia capacidad para manejar la situación en lugar de ser reconfortada por el perdón del Señor (lee Hechos 3:19). La persona confía en su propia justificación más que en la sangre purificadora de Jesús.

Pablo afirma: "Ustedes han sido comprados por un precio; por lo tanto, no se hagan esclavos de los hombres" (1 Corintios 7:23). O tememos y confiamos en nosotros mismos y en los demás, o tememos y confiamos en el Señor.

Proverbios 29:25 declara: "El miedo a los hombres es una trampa, pero el que confía en el Señor es exaltado".

Aquellos que temen y confían en sí mismos y en los demás están atrapados en el pecado que conduce a la muerte. Pero los que temen y confían en Dios viven eternamente con Él.

...PORQUE QUIERO EVITAR LAS CONSECUENCIAS.

El pecado trae consecuencias. Después de que Adán y Eva pecaron, ya no podían quedarse en el Jardín del Edén, tendrían que trabajar la tierra y las mujeres tendrían dolor en el parto (lee Génesis 3). Después de que Moisés golpeó la roca con su vara, no se le permitió entrar en la Tierra Prometida de Canaán (lee Números 20:1-13).

Hay dos tipos de consecuencias que resultan del pecado: las consecuencias terrenales y las consecuencias eternas. Adán, Eva y Moisés sufrieron las consecuencias terrenales por pecar contra Dios. Pero no sufrieron consecuencias eternas.

El pecado produce consecuencias terrenales y eternas. Algunas personas evitan admitir el pecado, porque piensan que pueden escapar de las consecuencias de sus acciones. Temen las consecuencias terrenales, pero a menudo olvidan las consecuencias eternas. Por ejemplo, alguien que rompió un contrato, alguien que robó dinero de un empleador para pagar una deuda de la tarjeta de crédito o alguien que chocó a otro automóvil mientras retrocedía en el estacionamiento podría intentar encubrir la transgresión para evitar sufrir las consecuencias. Para evitar las consecuencias terrenales, ocultan el pecado mintiendo, culpando y manipulando a otras personas, así como un sinfín de excusas y justificaciones. Olvidan que aferrarse a la falta de arrepentimiento tiene consecuencias eternas.

Si no se arrepienten, puede ser que estén más aterrorizados por las consecuencias terrenales que por las consecuencias eternas. Cuando se enfrentan a su pecado, se esfuerzan por evitar las consecuencias terrenales, sin darse cuenta de las consecuencias eternas. Arrepentirse significa reconocer que hay pecado y se necesita el perdón de Cristo. Una persona arrepentida se aleja de la transgresión y se vuelve hacia Cristo. Dios concede gratuitamente el don del perdón a todos los que confían en Jesucristo para su salvación. Sí, puede haber consecuencias terrenales, pero los que se arrepienten nunca sufrirán las consecuencias eternas. Por eso, Pedro declara: "Arrepiéntanse, y bautícense todos ustedes en el nombre de Jesucristo, para que sus pecados les sean perdonados. Entonces recibirán el don del Espíritu Santo" (Hechos 2:38). Y "Por lo tanto, arrepiéntanse y vuélvanse a Dios, para que sus pecados les sean perdonados y Dios haga venir sobre ustedes tiempos de alivio y les envíe a Cristo Jesús, que ya les fue anunciado" (Hechos 3:19-20). Adán, Eva y Moisés soportaron las consecuencias terrenales por sus acciones pecaminosas, pero en arrepentimiento (es decir, la confesión y la fe) se apartaron de su pecado y se volvieron a Dios.

Aquellos que no se arrepienten mueren en su pecado y sufren consecuencias eternas. Pero los que se arrepienten no perecen, sino que tienen vida eterna.

...PORQUE QUIERO ESTAR EN EL LUGAR DE DIOS.

Surgió un conflicto entre un pastor y la directora de la escuela parroquial de la iglesia. El reconciliador se reunió con cada uno por separado para prepararlos para la mediación y para ayudarlos a abordar su pecado. La directora pudo identificar sus pecados y se arrepintió.

Pero el pastor declaró: "Mira, sé que soy pecador, pero no he hecho nada malo".

Durante la mediación, el pastor constantemente argumentó que no había pecado contra la directora. Se negó a confesar su parte de la responsabilidad. Sin embargo, presentó grandes detalles sobre cómo la directora había pecado.

Jesús dijo:

> **¿Por qué miras la paja que está en el ojo de tu hermano, y no miras la viga que está en tu propio ojo? ¿Cómo dirás a tu hermano: Déjame sacar la paja de tu ojo, cuando tienes una viga**

en el tuyo? ¡Hipócrita! Saca primero la viga de tu propio ojo, y entonces verás bien para sacar la paja del ojo de tu hermano. (Mateo 7:3-5)

Cuando las personas se niegan a abordar su propio pecado, admitiendo su parte del problema, pero están ansiosas por señalar los pecados de los demás, se ponen en el lugar de Dios. Tales personas afirman tener autoridad para juzgar a otros por su pecado, pero no creen haber hecho nada malo.

Es muy tentador ponerse en el lugar de Dios. Pero Dios nos dice: "¡Alto! ¡Reconozcan que yo soy Dios! ¡Las naciones me exaltan! ¡La tierra me enaltece!" (Salmos 46:10). ¿Quién es el único que puede afirmar: "Yo soy Dios"?

Hay que notar la importancia del "Yo soy". Dios instruyó a Moisés para que le dijera a los israelitas quién lo había enviado: "Dios le respondió a Moisés: YO SOY EL QUE SOY. Y añadió: A los hijos de Israel tú les dirás: YO SOY me ha enviado a ustedes" (Éxodo 3:14). En el evangelio de Juan, Jesús declaró: "Yo soy el pan de vida. El que a mí viene, nunca tendrá hambre; y el que en mí cree, no tendrá sed jamás" (Juan 6:35). También dijo: "Yo soy la luz del mundo; el que me sigue, no andará en tinieblas, sino que tendrá la luz de la vida" (Juan 8:12). Y también, Cristo afirmó: "Yo soy la puerta; el que por mí entra, será salvo; y entrará y saldrá, y hallará pastos" (Juan 10:9). Solo Dios puede afirmar verdaderamente: "Yo soy Dios".

A veces actuamos como si fuéramos el gran "Yo soy". O nos ponemos en el lugar de Dios o reconocemos que Dios es Dios. Los que se ponen en el lugar de Dios mueren en sus pecados. Pero los que confían en el Hijo de Dios, Jesucristo, quien afirma, "Yo soy", tendrán vida.

...PORQUE NO CREO QUE NECESITE EL PERDÓN DE CRISTO.

Un joven rico se acercó una vez a Jesús y le preguntó: "Maestro bueno, ¿qué debo hacer para heredar la vida eterna?" (Marcos 10:17). Jesús le refirió los Diez Mandamientos, pero el hombre seguro de sí mismo respondió: "Maestro, todo esto [mandamientos] lo he cumplido desde mi juventud" (v. 20). Jesús lo miró con amor y le respondió: "Una cosa te falta: anda y vende todo lo que tienes, y dáselo a los pobres. Así tendrás un tesoro en el cielo. Después de eso, ven y sígueme" (v. 21). Pero el hombre rico se desanimó por las palabras de Jesús y se fue triste porque tenía muchas posesiones.

Una persona que cree en el perdón de Cristo sabe que no hay manera de que pueda guardar todos los mandamientos, y es una tontería confiar en sí misma. Sin embargo, el hombre rico es un ejemplo de una persona que no se arrepiente, porque no cree que necesite el perdón de Cristo. Su confianza (es decir, su fe) se basa en sí mismo y en su riqueza. No tiene necesidad de Cristo, lo cual no solo es insensato, sino también condenatorio.

Jesús invita: "Sígueme". Aún a los discípulos les resultaba difícil seguir a Jesús a veces y trataban de confiar en sí mismos. Un hombre llevó a su hijo endemoniado a los discípulos de Jesús, pero no pudieron expulsar al demonio. Jesús les instruyó: "Para quien cree, todo es posible... Le dijo entonces [al espíritu]: espíritu sordo y mudo, ¡yo te ordeno que salgas de este muchacho, y que nunca vuelvas a entrar en él!" (Marcos 9:23, 25). Cuando el demonio obedeció, los discípulos quedaron perplejos y preguntaron: "¿Por qué nosotros no pudimos expulsarlo?" (v. 28).

Los discípulos confiaban principalmente en sí mismos. Confiaban en su propia habilidad para expulsar al demonio. En contraste, el padre que buscaba ayuda para su hijo habló con fe cuando exclamó: "¡Creo! ¡Ayúdame en mi incredulidad!" (v. 24). El padre confió en Jesús.

Aquellos que se niegan a arrepentirse eligen aferrarse a sus pecados. Rechazan a Jesús, que puede perdonar. Y cuando se enfrentan a sus pecados, se vuelven hacia adentro de sí mismos. ¡Qué trágico!

Aquellos que creen que no necesitan el perdón de Cristo retienen sus pecados y sus consecuencias. Pero los que creen en el perdón de Cristo escapan de la condenación y reciben la vida.

EL MEOLLO DE LA CUESTIÓN

Pilato enfrentó su momento más crucial cuando tuvo que decidir qué hacer con Jesús. Trató de castigar a Jesús y liberarlo, pero los sumos sacerdotes, los gobernantes y el pueblo se unieron a una sola voz: "¡Fuera con éste! ¡Déjanos libre a Barrabás!" (Lucas 23:18). Pilato lo intentó de nuevo, con la esperanza de que la multitud cambiara de opinión. Pero ellos seguían gritando: "¡Crucifícalo, crucifícalo!" (v. 21).

Pilato cedió a las demandas del pueblo y entregó a Jesús para que fuera crucificado.

El pueblo gritó: "¡Crucifícalo!". Pero en la cruz, Jesús suplicó: "Padre, perdónalos, porque no saben lo que hacen" (Lucas 23:34).

MARK

De pie en la puerta de la habitación de mis hijos, con la ira brotando de mi boca, había gritado mi propia versión de "¡crucifícalo!". Pero mi hijo clamó por perdón. Hasta el día de hoy no tengo idea de por qué pensaron que era una buena idea arrancar de la pared aquel borde caro. Aun así, los pecados de mis hijos no justificaron mi pecado. Este fue un momento crítico en nuestra relación. El meollo de la cuestión era este: ¿Me arrepentiría de mi pecado en este conflicto?

DI LA VERDAD CON AMOR

Cuando Saúl trató de evadir la responsabilidad por su pecado, observa cómo Samuel se acercó a este rey impenitente. Samuel no ignoró ni abandonó a Saúl. No avergonzó ni calumnió a Saúl. Samuel declaró claramente el pecado de Saúl con la esperanza de que se arrepintiera. Finalmente, Saúl se arrepintió y confesó su temor al hombre (lee 1 Samuel 15:24-25).

MARK

Por la gracia de Dios, me arrepentí y restauré la relación con mis hijos. Sin embargo, no siempre termina siendo así.

Anna quería que su esposo se arrepintiera para que su matrimonio pudiera ser restaurado. Pero su esposo se negó a arrepentirse, reteniendo sus propios pecados. ¿Cómo te desenganchas de una persona que no se arrepiente?

DESCONECTÁNDOTE DE UNA PERSONA IMPENITENTE

Una camioneta es un vehículo potente que puede tirar de una casa rodante. La casa rodante no tiene energía por sí sola para movilizarse. Dondequiera que va la camioneta, también va la casa rodante.

El marido de Anna era como una camioneta y ella era como la casa rodante. Estaba enganchada a él y dondequiera que él iba, o hiciera lo que hiciera, la afectaba. Su falta de arrepentimiento la afectó. Anna no quería perdonarlo, porque no se lo merecía. Su negativa a perdonar a su esposo impenitente la mantuvo enganchada a él.

Con el tiempo y con cuidado pastoral, Ana perdonó a su esposo impenitente. Esto puede sorprender a algunas personas. Ciertamente, no debemos perdonar a alguien que no se ha arrepentido. ¿Haría eso nuestro Señor?

Ya que debemos perdonar como Dios nos perdonó, exploremos Su perdón en relación con el arrepentimiento. ¿Cuándo nos perdona Dios? Él perdona cuando confesamos (lee 1 Juan 1:9). Él perdona por medio de la Palabra de Su absolución (lee 2 Samuel 12:13). Su perdón es dado en la Cena del Señor (lee Mateo 26:26-28). Recibimos el perdón cuando somos bautizados (lee Hechos 22:16). Dios nos perdona cuando aún somos pecadores (lee Romanos 5:8).

Su perdón es anterior incluso a nuestro pecado real. Fuimos perdonados cuando Jesús murió en la cruz (lee 1 Pedro 2:24). La promesa de nuestra redención fue dada a nuestros primeros padres en el Jardín del Edén (lee Génesis 3:15). Fuimos escogidos en Cristo antes de la fundación del mundo, para que fuéramos santos y sin mancha delante de Él (lee Efesios 1:4).

En otras palabras, Dios concedió el perdón antes de que naciéramos, antes de que pudiéramos arrepentirnos. El dar Su perdón no depende de nuestro arrepentimiento. Pero, ¿por qué es importante el arrepentimiento? Los que no se arrepienten (contrición y fe) rechazan el perdón que es suyo en Cristo Jesús. Jesús dejó esto claro cuando dijo: "el que no cree, ya ha sido condenado, porque no ha creído en el nombre del unigénito Hijo de Dios" (Juan 3:18). En otras palabras, recibir el perdón depende del arrepentimiento.

La verdad de Dios es simplemente asombrosa. La entrega del perdón no depende del arrepentimiento. El perdón de Dios es para todas las personas. Jesús no vino a la tierra para sufrir, morir y resucitar solo por unos pocos. Hizo este acto de gracia por toda la humanidad, por cada persona (lee Juan 3:16). Pero no todos se benefician de este perdón. Los que no se arrepienten demuestran que no creen que necesitan la justicia de Jesús. Por lo tanto, retienen su pecado y la condenación por ser impenitentes.

Por lo tanto, cuando perdonamos a otros que no se han arrepentido, perdonamos como Dios nos perdonó. Sin embargo, aquellos que pecan contra nosotros no reciben el beneficio de ese perdón a menos que reconozcan su necesidad de él. Reciben el don cuando se arrepienten.

Anna perdonó a su marido, porque el perdón es un regalo. Debido a que había recibido su propio perdón en Cristo, podía ofrecerle a su esposo el don del perdón, aunque él no se hubiera arrepentido. Al perdonarlo, pudo desengancharse de él.

Su marido no quería el regalo. Él no quería el perdón de ella ni el de Cristo. No creía haber hecho nada malo. En cambio, se aferró a su pecado de adulterio. Continuó conduciendo por el camino de la falta de arrepentimiento. Eligió retener sus propios pecados.

Cuando perdonamos a una persona que no se arrepiente, nos desvinculamos de ella. Ya no nos arrastran por su vida ni nos llevan a lugares a los que no queremos ir. Cuando perdonamos, es como recibir un motor propio para movilizarnos desganchados, de modo que, en lugar de ser arrastrados por otros, ahora podemos conducirnos al lado de ellos. Nos movemos al lado de ellos mostrando misericordia, para seguir fomentando el arrepentimiento y la fe en el perdón de los pecados.

No quieres ir por el camino de tierra que esa persona ha elegido, ya no tienes por qué hacerlo. No quieres ponerte del lado de sus cómplices, ya no tienes por qué hacerlo. No quieres conducir a ciegas a través de una tormenta de nieve, ya no tienes por qué hacerlo. Cuando los has perdonado y te has desenganchado de ellos, puedes elegir los momentos en los que quieres viajar a su lado. Y cuando andas junto a ellos, eres como Samuel. Puedes hablar con amor la verdad sobre su pecado y animarlos a arrepentirse. Llamar a los pecadores al arrepentimiento los prepara para recibir el regalo que ya les pertenece en Cristo Jesús.

Sin embargo, recuerda quién eres y quién es Dios. No es tu trabajo hacer que se arrepientan.

San Pablo amonestó a Timoteo con estas palabras: "Y el siervo del Señor no debe ser contencioso, sino amable para con todos, apto para enseñar, sufrido; que corrija con mansedumbre a los que se oponen, por si acaso Dios les concede arrepentirse para que conozcan la verdad..." (2 Timoteo 2:24-25).

No debemos ser buscapleitos. Como siervos del Señor, se nos llama ser amables, ejercer paciencia y corregir con delicadeza a aquellos que necesitan arrepentirse, con la esperanza de que Dios los lleva al arrepentimiento. Lee la siguiente parte del texto escrito a Timoteo: "...que corrija con mansedumbre a los que se oponen, por si acaso Dios les concede arrepentirse para que conozcan la verdad y escapen del lazo del diablo, en el cual se hallan cautivos y sujetos a su voluntad" (2 Timoteo 2:25-26). Como hijos e hijas de Dios, corregimos con bondad, paciencia y gentileza. No nos peleamos. Llevamos el mensaje de Dios a los que no se arrepienten, pero no podemos hacer que nadie se arrepienta. Esperamos que Dios les conceda el arrepentimiento. Esa es nuestra ferviente oración.

Mientras esperamos en Dios, hacemos todo lo posible por vivir en paz con ellos:

> **No paguemos a nadie mal por mal. Procuremos hacer lo bueno a los ojos de todo el mundo. Si es posible, y en cuanto dependa de nosotros, vivamos en paz con todos. No busquemos vengarnos, amados míos. Mejor dejemos que actúe la ira de Dios,**

porque está escrito: Mía es la venganza, yo pagaré, dice el Señor. (Romanos 12:17-19)

Entonces, ¿qué haces cuando alguien no está listo para arrepentirse? En la medida en que dependa de ti, vive en paz con ellos. Perdónalos en el nombre de Cristo. Dales el don del perdón y espera en el Señor.

Otorgar el perdón no depende del arrepentimiento, pero recibir el perdón depende del arrepentimiento y la fe. Si no se arrepienten, perdónalos en el nombre de Cristo y ora para que se arrepientan. Si se niegan a arrepentirse, no recibirán el perdón, pero si se arrepienten, recibirán el don del perdón ganado por Jesucristo.

¿CUÁNDO PROCLAMAR EL PERDÓN?

Cuando otorgamos el perdón, podemos o no anunciar ese perdón a la persona que no se arrepiente. Pronunciar y otorgar el perdón depende del contexto. El objetivo es la restauración de la otra persona ante Dios. La cuestión no es si debes perdonar, sino cuándo se lo debes proclamar a la persona. ¿Qué será más útil para lograr su arrepentimiento y confirmar su fe en Jesús? A veces, anunciar el perdón rompe el corazón que no se arrepiente. En otras ocasiones, el pronunciamiento puede ser retenido para ayudar en su arrepentimiento.

Anna decidió perdonar a su esposo y le dijo que lo había perdonado por cometer adulterio. Debido a que no se arrepintió, él no recibió el don y permaneció en su pecado. Pero el perdón de Anna la desenganchó de él y la puso en una posición diferente. Ya no era como una persona dependiente, siendo arrastrada por él a lugares a los que ella no quería ir. Ahora ella era libre de decidir cuándo caminaría al lado de él y lo animaría con la Palabra de Dios.

Anna podría haber usado a sus hijos como un arma contra su esposo, pero dijo: "No quería ser la razón por la cual los niños vivan enojados con su padre". Ella entendió sabiamente que, si castigaba a su esposo de esta manera, estaría lastimando a sus hijos. Cuando lo perdonó, pudo tratarlo como a una persona por quien Cristo murió. No esperó a que él se arrepintiera primero. Fue proactiva con su esposo impenitente para hablarle de Cristo.

Algunas veces, la gente dirá: "No la perdonaré hasta que se haya arrepentido por completo". Considera las implicancias de tal posición. En primer lugar, ¿quién es el único que puede ver el corazón de otra persona? ¡Solo Dios! (lee Salmos 44:21; Jeremías 17:10; Hebreos 4:13). Si estipulo que el perdón depende del cumplimiento de mis demandas, ¡estoy jugando a ser Dios! Estoy declarando que sé cuánto arrepentimiento hay en su corazón. Además, el perdón no puede ser merecido. El perdón es un regalo gratuito y no se puede ganar mediante ninguna acción de la humanidad, incluyendo el acto de arrepentirse.

El arrepentimiento no gana el perdón. El arrepentimiento recibe el perdón.

Pero si alguien se niega abierta y continuamente a arrepentirse, especialmente después de mucha amonestación, la iglesia tiene la responsabilidad de actuar, porque el bienestar eterno de esa persona está en juego.

¿CUÁNDO SE DEBE RETENER EL PERDÓN INTENCIONALMENTE?

Jesús le dio a Su iglesia la autoridad especial para perdonar pecados o negar el perdón. En la noche del día en que Jesús resucitó de entre los muertos, se apareció ante Sus discípulos que estaban reunidos en una habitación cerrada con llave y dijo: "La paz sea con ustedes" (Juan 20:19). Entonces Jesús les encargó esta autoridad especial. "Habiendo dicho esto, sopló y les dijo: 'Reciban el Espíritu Santo. A quienes ustedes perdonen los pecados, les serán perdonados; y a quienes no se los perdonen, no les serán perdonados'" (Juan 20:22-23).

A esto se le llama el Oficio de las llaves, ya que el perdón es la llave para abrir el cielo y la vida eterna. Negar el perdón bloquea o cierra el cielo. También se le conoce como disciplina eclesiástica o excomunión. A quien está bajo esta disciplina se le restringe recibir la Santa Comunión hasta que se arrepienta, porque la persona que recibe la Santa Comunión sin fe se hace daño a sí misma.

La iglesia ejerce esta autoridad austera cuando uno de sus miembros demuestra abiertamente la falta de arrepentimiento. En efecto, la iglesia determina que la persona que no se arrepiente está actuando como si no creyera en el perdón de Cristo por sus pecados. Con la falta de arrepentimiento manifiesto, esta persona retiene su propio pecado y sus consecuencias. En otras palabras, ella misma retiene su juicio hasta el infierno. Tal resolución no se hace a la ligera ni rápidamente. Requiere amor, paciencia y repetida amonestación (lee Mateo 18:15-20).

Cuando la iglesia ejerce el Oficio de las llaves, el propósito no es castigar a esta persona ni animar a la congregación a rechazarla. Ejercemos la disciplina de la iglesia para ayudar a la persona impenitente a darse cuenta de la seriedad de su falta de arrepentimiento a fin de guiarla al arrepentimiento y a la fe (lee Mateo 12:20; Hechos 3:19). Otro propósito es evitar que ella induzca a otros a pecar (lee Mateo 18:6; 1 Corintios 5:6).

Declarar que un miembro de la iglesia no es un creyente es una acusación grave. Significa la diferencia entre el cielo y el infierno. Por lo tanto, si a una persona le preocupa que alguien no se arrepienta al punto de que ha perdido su fe, entonces la persona en cuestión necesita buscar la ayuda de la iglesia.

En Mateo 18:15-20, Jesús instruyó a los creyentes, tanto a los individuos como a la congregación, sobre cómo proceder en tales casos:

> **Por tanto, si tu hermano peca contra ti, ve y repréndelo cuando él y tú estén solos. Si te hace caso, habrás ganado a tu hermano. Pero si no te hace caso, haz que te acompañen uno o dos más, para que todo lo que se diga conste en labios de dos o tres testigos. Si tampoco a ellos les hace caso, hazlo saber a la iglesia; y si tampoco a la iglesia le hace caso, ténganlo entonces por gentil y cobrador de impuestos. De cierto les digo que todo lo que aten en la tierra, será atado en el cielo; y todo lo que desaten en la tierra, será desatado en el cielo. Una vez más les digo, que si en este mundo dos de ustedes se ponen de acuerdo en lo que piden, mi Padre, que está en los cielos, se lo concederá. Porque donde dos o tres se reúnen en mi nombre, allí estoy yo, en medio de ellos.** (Mateo 18:15-20)

El contexto de esta sección de las Escrituras es sobre la restauración de los perdidos. Incluye la parábola de la oveja perdida y la parábola del siervo que no perdona. El Oficio de las llaves no se trata de deshacerse de un pecador problemático. Se trata de la restauración.

Solo un pecado puede justificar la disciplina de la iglesia: la falta abierta y persistente de arrepentimiento. No ejercemos la disciplina eclesiástica solo porque alguien ha cometido un pecado particularmente atroz. Todos los que se arrepienten, incluso de "grandes" pecados, reciben el perdón de Cristo. Más bien, la iglesia ejerce disciplina cuando alguien niega su fe al negarse a arrepentirse después de haber sido amonestado.

Sin embargo, recuerda que el perdón no necesariamente elimina las consecuencias terrenales. Cuando un pecado grave lastima a otros, el ofensor a menudo sufrirá las consecuencias a pesar de ser perdonado. (Para más información sobre esto, lee el capítulo 10, "¿El perdón nos libera de las consecuencias?").

La autoridad de la iglesia para perdonar o negar el perdón debe ejercerse con toda seriedad. Jesús autorizó esta disciplina para traer de vuelta a los descarriados y proteger al rebaño. Se trata de salvar a un pecador de la condenación eterna.

EL INCRÉDULO

¿Cómo funciona el perdón para una persona que no es cristiana y no se arrepiente? El no creyente es incapaz de arrepentirse del pecado de la misma manera que un hijo de Dios se arrepiente. El arrepentimiento cristiano se basa en la contrición y la fe en Jesús. Si bien una persona no creyente puede expresar tristeza por lo que ha hecho, no cree que Jesús murió y resucitó para el perdón de su pecado. Su arrepentimiento es incompleto y no se beneficia del perdón de Cristo.

Esto no debe impedirte de perdonar a una persona no creyente. Recuerda, la entrega del perdón no depende del arrepentimiento, pero el recibir el perdón depende del arrepentimiento y la fe. Puedes hablarle de perdón a una persona no cristiana con la esperanza de que se convierta en hijo de Dios y tenga fe en Jesús, quien concede el perdón.

Conceder el perdón a las personas no arrepentidas e incrédulas no significa que se conviertan en cristianos o que disfruten del don del perdón de Cristo. Pero sí es una manera de hablar claramente el Evangelio para sus vidas con la esperanza de que se conviertan en cristianos y se arrepientan. A veces, el Espíritu Santo aprovecha esa oportunidad para obrar fe en una persona que recibe el increíble e inmerecido regalo del perdón.

Mientras colgaba de la cruz y sufría por los pecados del mundo, Jesús vio a los soldados romanos que se burlaban de Él, lo escupían, lo golpeaban y lo clavaban a la cruz. Vio a los líderes religiosos que iniciaron y promovieron Su crucifixión. Vio a la multitud que gritaba: "¡Crucifícalo!", y Él nos ve a nosotros, cuyo pecado lo puso en la cruz. Sin embargo, Jesús dijo desde la cruz: "Padre, perdónalos, porque no saben lo que hacen" (Lucas 23:34).

Jesús concedió el perdón a todos por Su muerte en la cruz. La entrega de Su perdón no significó que todos se arrepintieran y recibieran el perdón. Pero Jesús estaba hablando claramente el Evangelio para la vida de todos los pecadores, con la esperanza de que se arrepintieran y creyeran en el perdón que Su muerte y resurrección trajeron al mundo.

Jesús dijo a Sus discípulos:

> **Ustedes han oído que fue dicho: Amarás a tu prójimo, y odiarás a tu enemigo. Pero yo les digo: Amen a sus enemigos, bendigan a los que los maldicen, hagan bien a los que los odian, y oren por quienes los persiguen, para que sean ustedes hijos de su Padre**

que está en los cielos, que hace salir su sol sobre malos y buenos, y que hace llover sobre justos e injustos. (Mateo 5:43-45)

El perseguido Jesús fue modelo para Sus discípulos (incluyéndonos a nosotros, Sus seguidores) de lo que les había enseñado: amar a sus enemigos y orar por ellos. Desde la cruz, Jesús oró por aquellos que lo pusieron allí, y oró para que se arrepintieran y creyeran que eran perdonados. Mientras que la multitud gritó: "Crucifícalo", Jesús gritó: "Perdónalos".

Un centurión romano en la cruz dijo: "¡En verdad, este hombre era Hijo de Dios!" (Marcos 15:39). Uno de los ladrones que colgaba junto a Jesús dijo: "Acuérdate de mí cuando llegues a tu reino" (Lucas 23:42). A través de la predicación de Pedro, después de la resurrección y ascensión de Jesús, "Fue así como los que recibieron su palabra fueron bautizados, y ese día se añadieron como tres mil personas..." (Hechos 2:41). Todas estas personas eran incrédulos impenitentes que se convirtieron en creyentes arrepentidos, porque el Evangelio les fue hablado a sus vidas.

No todos los que estaban presentes en la crucifixión o que escuchaban a los apóstoles se arrepintieron y se convirtieron en creyentes. No todas las personas a las que les hables del perdón se arrepentirán ni se convertirán en cristianas. No podemos hacer que la gente se arrepienta y crea en Jesús. Pero podemos hablarles el Evangelio para sus vidas con la esperanza de que el Espíritu Santo los guíe a arrepentirse y creer en Jesús.

Esteban estaba haciendo precisamente eso cuando los líderes religiosos decidieron arrastrarlo fuera de la ciudad y apedrearlo hasta la muerte. Mientras las piedras le golpeaban la cara, el pecho y la espalda, Esteban oró: "'Señor Jesús, recibe mi espíritu'. Luego cayó de rodillas y clamó con fuerte voz: 'Señor, no les tomes en cuenta este pecado'. Y dicho esto, murió" (Hechos 7:59-60).

El mártir Esteban habló el Evangelio a las vidas de las personas no arrepentidas e incrédulas con la esperanza de que pudieran arrepentirse y creer en el perdón de Jesucristo. Uno de los presentes que presenciaba el asesinato de Esteban era un hombre llamado Saulo, quien "...estuvo de acuerdo con la muerte de Esteban..." (Hechos 8:1). Por la gracia de Dios, sabemos que Saulo se convirtió en Pablo (lee Hechos 9), uno de los apóstoles más conocidos del Evangelio de Jesucristo.

¿CÓMO SE APLICA ESTO A MÍ?

1. Considera situaciones en las que te sentiste frustrado o enojado porque alguien no se arrepentía.

2. Reflexionando sobre 2 Timoteo 2:24-26, ¿quién estabas tratando de ser cuando presionaste a alguien para que se arrepintiera?

3. ¿Cuál sería un enfoque piadoso al interactuar con un cristiano que no se arrepiente?

4. ¿Cuál sería un enfoque piadoso al relacionarte con un no creyente impenitente?

5. Escribe una oración agradeciendo a Dios por haberte reconciliado con Él cuando aún eras un pecador. Pídele a Dios que te ayude a ser paciente con alguien que aún no se arrepiente y a buscar la mejor manera de ministrar a esa persona, incluso compartiendo el Evangelio. Incluye una petición por alguien que conoces que aún no se arrepiente.

PLANTILLA DE ORACIÓN

(Lee el capítulo 3, "¿Cómo debo orar?")

INTRODUCCIÓN

REFERENCIA A LA OBRA DE DIOS

PETICIÓN

RESULTADO

CONCLUSIÓN

CAPÍTULO 9

¿QUÉ PASA SI HE PERDONADO, PERO TODAVÍA ME SIENTO HERIDO O ENOJADO?

Si mis emociones no dan claridad
Y enojo rebosa de mi corazón,
No tardo en desviarme de la realidad,
La calma me deja, también la razón.

Mas yo en Ti confío por fe, mi Señor,
Me afirmo en la Roca de mi Salvación
Y no en sentimientos de duda y rencor,
Mas sólo en Tu gracia y Tu consolación.

Alicia describió la transgresión de esta manera: "El pecado fue la traición de una amiga que estaba atrapada en una aventura sentimental con mi esposo. Sí, una traición de una buena amiga". Esta amiga trabajaba para el marido de Alicia, como su asistente de oficina. El esposo de Alicia inicialmente no se dio cuenta de la intención de la amiga hasta que otro compañero de trabajo lo discutió con él. Cuando se dio cuenta de lo que estaba pasando, despidió a su asistente de oficina y le contó a Alicia lo que sucedió.

Alicia habló con su pastor sobre la situación y su pastor arregló una mediación entre las dos parejas. Ambas parejas eran miembros de la misma iglesia y participaban en muchas actividades de la iglesia. La mediación no fue fácil, pero Alicia fue capaz de perdonar a su amiga por la aventura, aunque haya sido sentimental solamente.

EL EFECTO DE LAS EMOCIONES EN EL PERDÓN

Alicia había perdonado a su amiga. Ahora esperaba sentirse bien al respecto, pero no fue así. Todavía se sentía herida y enojada. Las emociones de dolor e ira brotaban dentro de ella cada vez que veía a su amiga en la iglesia. Habría sido más fácil para Alicia no perdonar a su amiga. Al menos la falta de perdón explicaría sus sentimientos de dolor y enojo. Pero, ¿qué hacer cuando tus sentimientos no coinciden con las palabras de perdón que le pronunciaste al ofensor?

No vivimos en un mundo sin emociones. Cada pensamiento, palabra y acción está impregnada de emoción. Experimentamos emociones positivas de felicidad, alegría, agradecimiento, serenidad, emoción, diversión y amor. También nos enfrentamos a emociones negativas de ira, tristeza, miedo, disgusto, depresión y ansiedad.

Dios nos creó como personas emocionales. Es importante que no demonicemos las emociones. En su lugar, consideremos las emociones como una forma de medir lo que está sucediendo dentro de nuestros corazones. Bíblicamente hablando, el corazón es el núcleo de las creencias de una persona. Lo que sale del corazón determina cómo nos sentimos, pensamos, hablamos y actuamos. Lo que nuestro corazón está sintiendo revela dónde estamos poniendo nuestra esperanza, y nuestras reacciones emocionales hacia otras personas también lo reflejan.

El problema es que a menudo buscamos esperanza fuera de Jesucristo. Alicia había perdonado a su amiga. Pero el dolor y la ira que sentía indicaban que todavía estaba luchando con la capacidad de perdonar. Cuando Dios perdona, la absolución se lleva a cabo de inmediato. Jesús tomó sobre sí mismo nuestros pecados cuando sufrió y murió en la cruz. Sin embargo, es posible que necesitemos tiempo para ordenar nuestras emociones antes de poder perdonar a alguien. Las emociones negativas tienden a llevarnos de vuelta a la falta de perdón.

Aunque Alicia había perdonado a su amiga, comenzó a cuestionarse a sí misma cuando se sentía herida, enojada, traicionada y resentida. Alicia dijo: "Me preguntaba a mí misma, ¿realmente la he perdonado? La situación cambió todo. En la iglesia, ustedes saben que estamos en el ministerio juntos. Aquello hizo que otras relaciones fueran incómodas, y eso todavía me molesta un poco, a pesar de que he perdonado a mi amiga".

Es natural tener emociones negativas sobre la persona que te lastimó. Pero no pongas tus esperanzas en esas emociones. Las emociones negativas pueden indicarnos que no hemos procesado completamente todos los aspectos de la transgresión.

Alicia fue sabia al buscar a su pastor para seguir procesando las emociones que estaba experimentando. Con la ayuda del pastor, se dio cuenta de que sus emociones de dolor y enojo eran el resultado de sentirse fuera de control. Alicia tenía la esperanza de que la relación con su amiga volviera a ser como era antes de la transgresión. Pero cada vez que veía a su amiga en la iglesia, sentimientos de dolor y enojo salían de su corazón mientras lamentaba el hecho de que la relación nunca sería la misma. Ella había puesto sus esperanzas en su propia capacidad para olvidar el pecado en lugar de perdonarlo. Como resultado, vio a su amiga como una amenaza en lugar de como una hija perdonada de Dios.

Las emociones negativas hicieron que Alicia pasara de perdonar a no perdonar. Solo podía ver la ofensa. Quería alivio del dolor emocional, pero se encontró en un ciclo constante de revivir el evento, pero sin Cristo. El dolor y la ira que sintió al recordar el pecado de su amiga hicieron que Alicia se desesperara: no tenía esperanzas de que la situación mejorara. Aunque inicialmente perdonó a su amiga, sus emociones la llevaron de nuevo a la desesperación de la falta de perdón.

La desesperación es perder la esperanza. Es una forma de encarcelamiento. La desesperación no puede ver la luz al final del túnel. Es como estar cegado por las diversas emociones negativas. La desesperación no mira a Jesús. La desesperación solo puede ver la transgresión que causó la ruptura de la relación y los sentimientos de dolor.

Pero en mi corazón recapacito, y eso me devuelve la esperanza. Por la misericordia del Señor no hemos sido consumidos; ¡nunca su misericordia se ha agotado! ¡Grande es su fidelidad, y cada mañana se renueva! Por eso digo con toda el alma: ¡El Señor es mi herencia, y en él confío! (Lamentaciones 3:21-24)

La esperanza no se encuentra en los hechos, ni en la fuerza física, ni en las buenas acciones, ni en nuestro estado emocional. La esperanza siempre se encuentra fuera de nosotros, en las promesas de Dios. Nuestras emociones pueden indicar cuándo estamos desesperados, pero nuestras emociones no pueden salvarnos de la desesperación. Nos aferramos a Dios en medio de la desesperación y esperamos en Su salvación. El salmista dijo: "Me siento totalmente desanimado; ¡infúndeme vida, conforme a tu palabra!" (Salmos 119:25). Y Moisés dijo: "Pero todos ustedes, los que siguieron al Señor su Dios, todavía siguen con vida" (Deuteronomio 4:4). Los que se aferran al polvo, los que se aferran a sí mismos y a sus emociones negativas, permanecen en la desesperación. Pero aquellos que se aferran al Señor podrán encontrar paz emocional.

Las emociones no determinan nuestra salvación. Esto puede ser difícil de aceptar cuando dependemos tanto de cómo nos sentimos acerca de las cosas. Pero recuerda, nuestras emociones son un indicador para decirnos algo sobre nuestro corazón. Las emociones no determinan la verdad del perdón de Cristo. Estas simplemente nos ayudan a revelar dónde hemos puesto nuestra esperanza.

Las emociones no pueden salvarnos de la desesperación. Del mismo modo, no pueden traernos esperanza. A menudo, las personas tratan de confiar en sus emociones para que estas les brinden esperanza, pero esta falsa esperanza solo traerá más ira, depresión, tristeza, miedo y ansiedad. Alicia quedó atrapada en un ciclo emocional de desesperación que eclipsó su esperanza en el perdón de Cristo.

¿CUÁNTAS VECES DEBO PERDONAR?

Esta es una pregunta que muchos se han hecho a lo largo de los siglos, incluyendo los discípulos de Jesús.

Entonces se le acercó Pedro y le dijo: "Señor, si mi hermano peca contra mí, ¿cuántas veces debo perdonarlo? ¿Hasta siete veces?". Jesús le dijo: "No te digo que hasta siete veces, sino hasta setenta veces siete". (Mateo 18:21-22)

Pedro tenía un entendimiento limitado del perdón y no pudo comprender la amplitud y profundidad del perdón en el nombre de Cristo. Jesús murió una vez por todas (Romanos 6:10). Él no necesita ser sacrificado de nuevo en la cruz una y otra vez. Pero necesitamos escuchar la proclamación de ese perdón una y otra vez. ¿Por qué? Porque nuestros corazones pecaminosos confían más en nuestras emociones que en nuestro Dios.

Ponte en los zapatos de Alicia, que luchaba con sus emociones de ira y traición de una buena amiga. Tú también podrías preguntar: "¿Cuántas veces debo perdonar?". Jesús dice: "Tú perdona y perdona, tal como Yo te perdono a ti una y otra vez". El salmista nos recuerda: "Tan lejos como está el oriente del occidente, alejó de nosotros nuestras rebeliones" (Salmos 103:12).

El perdón nos desafía cuando seguimos sintiendo dolor emocional por la transgresión. Pero esto nos brinda la oportunidad de orar y buscar orientación pastoral. Alicia se dio cuenta de que sus emociones estaban arraigadas en el deseo de que la ofensa desapareciera y de que las cosas volvieran a ser como eran antes del pecado. Como este deseo no se hizo realidad, entonces se convirtió en un ídolo en su vida que le dificultaba tratar a su amiga como a una hija perdonada de Dios.

Las emociones descontroladas pueden hacer que permanezcamos en la desesperación y solo veamos el pecado sin perdón. Pero cuando nos aferramos a la cruz del perdón, tenemos esperanza en Jesús, cuya sangre nos da paz.

Cuando las emociones nos llevan a la desesperación, nos enfocamos solo en el pecado, descartando el perdón. Pero al fijar nuestros ojos en Jesús, podemos vencer la desesperación.

> **Por lo tanto, también nosotros, que tenemos tan grande nube de testigos a nuestro alrededor, liberémonos de todo peso y del pecado que nos asedia, y corramos con paciencia la carrera que tenemos por delante. Fijemos la mirada en Jesús, el autor y consumador de la fe, quien por el gozo que le esperaba sufrió la cruz y menospreció el oprobio, y se sentó a la derecha del trono de Dios. Por lo tanto, consideren a aquel que sufrió tanta contradicción de parte de los pecadores, para que no se cansen ni se desanimen. (Hebreos 12:1-3)**

Jesús fue arrestado, azotado, clavado en una cruz y dejado para morir, un espectáculo desesperante. Uno de los compañeros que colgaban junto a Jesús se unió a los que se burlaban de Él y dijo: "Si tú eres el Cristo, ¡sálvate a ti mismo y sálvanos a nosotros!" (Lucas 23:39). La escena en el Calvario se veía desesperanzada. Sin embargo, en medio de la muerte, Dios estaba obrando.

Nosotros, los hijos perdonados de Dios, al enfocarnos en Jesús podemos tener esperanza cuando luchamos en la oscuridad de las emociones.

VIVIR POR FE Y NO POR EMOCIONES

Los fariseos se quejaban cuando veían a los discípulos de Jesús comiendo sin antes lavarse las manos ceremonialmente. Desafiaron a Jesús, esperando que Él dirigiera a Sus discípulos a seguir la tradición de los ancianos. En cambio, Jesús reprendió a los fariseos citando a Isaías: "Este pueblo me honra con los labios, pero su corazón está lejos de mí. No tiene sentido que me honren, si sus enseñanzas son mandamientos humanos" (Mateo 15:8-9).

Pedro le pidió a Jesús que explicara más lo que les había dicho a los fariseos. Jesús respondió:

> **¿No entienden que todo lo que entra por la boca se va al vientre, y luego se echa en la letrina? Pero lo que sale de la boca, sale del corazón; y esto es lo que contamina al hombre. Porque del corazón salen los malos deseos, los homicidios, los adulterios, las fornicaciones, los robos, los falsos testimonios, las blasfemias. Estas cosas son las que contaminan al hombre. El comer sin lavarse las manos no contamina a nadie.** (Mateo 15:17-20)

Jesús estaba enseñando que deberíamos preocuparnos menos por las tradiciones y prácticas creadas por los líderes de la iglesia y preocuparnos más por los asuntos del corazón. La devastación de la desesperación y el decaimiento que resultan en la falta de perdón provienen del interior de una persona. El dolor emocional y la ira que Alicia experimentó no le fueron impuestos por alguien afuera de sí misma; aquellos salieron de su propio corazón.

Las emociones descontroladas de su corazón la llevaron a vivir de acuerdo con esas emociones y no de acuerdo con la fe en Cristo.

Vivir de acuerdo con nuestras emociones se convierte en una montaña rusa. En un momento estás en la cima del mundo y tu ánimo salta con alegría. Luego, en un abrir y cerrar de ojos, te precipitas cuesta abajo, hacia la desesperación. Das vueltas y vueltas a los rieles de la montaña rusa, sintiendo náuseas por el interminable ciclo de emociones, sin una forma de bajarte de allí. Vivir a través de tus emociones resulta insensato. El proverbio dice: "El necio piensa que va por buen camino, pero el sabio presta atención al consejo" (Proverbios 12:15). Puede parecer correcto confiar en tus emociones, pero pronto te desmayarás de las promesas superficiales de paz que nunca se hacen realidad.

La persona sabia escucha el consejo de la Palabra de Dios. El salmista dice: "¿Cómo puede el joven limpiar su camino? ¡Obedeciendo Tu palabra! Yo te he buscado de todo corazón; ¡no dejes que me aparte de tus mandamientos!" (Salmos 119:9-10). La Palabra de Dios sigue siendo un fundamento que no cambia con las emociones o los tiempos cambiantes. La Palabra de Dios es la única paz que puede calmar nuestros corazones y ayudarnos a vivir por fe.

Cuando David cometió adulterio con Betsabé, experimentó una serie de emociones. Al principio, el insensato David vivió de acuerdo con sus emociones e ignoró la Palabra de Dios. Pero en arrepentimiento, se hizo sabio al escuchar la Palabra de Dios proclamada por el profeta Natán.

La oración de David reflejó su cambio de enfoque: "Dios mío, ¡crea en mí un corazón limpio! ¡Renueva en mí un espíritu de rectitud! ¡No me despidas de tu presencia, ni quites de mí tu santo espíritu! ¡Devuélveme el gozo de tu salvación! ¡Dame un espíritu dispuesto a obedecerte!" (Salmos 51:10-12).

Dios dice en el libro de Ezequiel: "Les daré un corazón nuevo, y pondré en ustedes un espíritu nuevo; les quitaré el corazón de piedra que ahora tienen, y les daré un corazón sensible. Pondré en ustedes mi espíritu, y haré que cumplan mis estatutos, y que obedezcan y pongan en práctica mis preceptos" (Ezequiel 36:26-27).

¿Estás en una montaña rusa emocional? Fija tus ojos en Jesús. Vive por fe en Él y Dios te dará un corazón nuevo que te permitirá vivir en paz con aquellos que han pecado contra ti. Vive por fe en Cristo Jesús. Él calmará esas emociones que podrían llevarte de vuelta a la falta de perdón.

Cuando te sientas herido y tus emociones se alboroten, incluso después de haber perdonado a alguien, no temas. Acuérdate de las promesas de Dios: "No tengas miedo, que yo estoy contigo; no te desanimes, que yo soy tu Dios. Yo soy quien te da fuerzas, y siempre te ayudaré; siempre te sostendré con mi justiciera mano derecha" (Isaías 41:10).

Dios te ha provisto Su Palabra, que no es arena movediza, sino una base sólida (lee Mateo 7:24-27).

¿CÓMO SE APLICA ESTO A MÍ?

1. Identifica las emociones con las que luchas después de perdonar a alguien.

2. ¿Cómo afectan estas emociones tu decisión de perdonar?

3. Lee los siguientes pasajes y responde: ¿qué consuelo encuentras en cada uno?
   - Isaías 43:1-4
   - Mateo 11:28-30
   - Salmos 103:1-5, 11-13
   - 1 Pedro 2:24
   - Romanos 5:6-8

4. Escribe una oración pidiendo que Dios fortalezca tu fe en Sus promesas y disminuya el dolor, la ira y otras emociones que te atormentan. Agradécele por Su perdón y por la invitación a poner tus cargas al pie de la cruz de Jesús. Ora por aquellos que pecaron contra ti. Pídele a Dios que te dé una forma amable de pensar en ellos.

PLANTILLA DE ORACIÓN

(Lee el capítulo 3, “¿Cómo debo orar?”)

INTRODUCCIÓN

REFERENCIA A LA OBRA DE DIOS

PETICIÓN

RESULTADO

CONCLUSIÓN

CAPÍTULO 10

¿EL PERDÓN NOS LIBRA DE LAS CONSECUENCIAS?

La ley civil se‿ha de cumplir
O penas pronto‿han de surgir;
Quien a la ley desafiará
Las consecuencias verá.
¡Piedad, Señor!

Más grande es la ley de Dios;
Obedecerla nos mandó;
Quien la transgrede‿así o‿asá
Por cierto, tal morirá.
¡Piedad, Señor!

Mas gracias damos al Señor,
Jesús, amante Salvador;
Perdón y salvación nos da,
Su‿amor por la‿eternidad.
¡Piedad, Señor!

En el capítulo 4, relatamos la historia de Gladys, la misionera australiana en el país de la India, cuyo esposo e hijos fueron asesinados.

Aunque Gladys perdonó a los hombres que cometieron los crímenes, el gobierno los condenó y sentenció. El líder recibió la pena de muerte. Los demás fueron condenados a cadena perpetua.

Cuando se le preguntó si creía que la sentencia brindaba justicia, Gladys dijo que no tenía comentarios. Ella le dijo al reportero que Dios establece la autoridad, incluyendo la del gobierno, que ejecuta justicia para la sociedad. Gladys reflejó lo que Pablo escribió en Romanos 13, acerca de otro gobierno que no era cristiano.

Entonces Gladys declaró que perdonaba a los que habían matado a su marido y a sus hijos. Continuó diciendo que no se debe confundir el perdón con las consecuencias.

¿QUÉ CONSECUENCIA SE LIBERA EN EL PERDÓN?

No todas las consecuencias se liberan en el perdón. Pero, con el perdón de Dios, la consecuencia más significativa de todas es borrada.

La consecuencia del pecado es la separación eterna de Dios. "Porque la paga del pecado es muerte..." (Romanos 6:23a).

Pero en el perdón de Cristo, la consecuencia de la muerte eterna es quitada. "...pero la dádiva de Dios es vida eterna en Cristo Jesús, nuestro Señor" (Romanos 6:23b).

Aquellos que creen que Cristo murió y resucitó para el perdón de sus pecados son salvos de la ira de Dios.

> **Porque de tal manera amó Dios al mundo, que ha dado a Su Hijo unigénito, para que todo aquel que en Él cree no se pierda, sino que tenga vida eterna. Porque Dios no envió a Su Hijo al mundo para condenar al mundo, sino para que el mundo sea salvo por Él. El que en Él cree, no es condenado; pero el que no cree, ya ha sido condenado, porque no ha creído en el nombre del unigénito Hijo de Dios. (Juan 3:16-18)**

La Buena Noticia de la Biblia es que las consecuencias del infierno han sido pagadas en su totalidad a través de la muerte y resurrección de Jesús. Cuando Jesús proclamó desde la cruz: "Consumado es" (Juan 19:30), declaró que nuestra deuda por el pecado había sido pagada en su totalidad. La consecuencia de estar separados de Dios ha sido resuelta para nosotros.

Los que creen en Jesús ya no están condenados a la muerte eterna.

> **Devorada será la muerte por la victoria. ¿Dónde está, oh muerte, tu aguijón? ¿Dónde, oh sepulcro, tu victoria? Porque el pecado es el aguijón de la muerte, y la ley es la que da poder al pecado. ¡Pero gracias sean dadas a Dios, de que nos da la victoria por medio de nuestro Señor Jesucristo!** (1 Corintios 15:54-57)

Con el perdón de Cristo, nosotros, los pecadores que creemos en Jesús, hemos sido plenamente justificados. "Por tanto, no hay ninguna condenación para los que están unidos a Cristo Jesús, los que no andan conforme a la carne, sino conforme al Espíritu..." (Romanos 8:1).

¿El perdón alivia las consecuencias? ¡Sí! ¡El perdón de Dios nos libera de la sentencia de muerte eterna!

Sin embargo, el perdón no elimina todas las consecuencias.

¿PUEDEN COEXISTIR EL PERDÓN Y LAS CONSECUENCIAS?

Cuando pecamos, a menudo siguen las consecuencias terrenales, incluso para los perdonados.

Adán y Eva experimentaron las consecuencias de su pecado, a pesar de que Dios prometió redención a través de un Salvador. Fueron desalojados del jardín, se encontraron con trabajos forzados, sintieron dolor por las penas de la vida y murieron.

Pensemos en Moisés, quien desobedeció directamente a Dios. Cuando los hijos de Israel necesitaron agua en el desierto de Zin, Dios le ordenó a Moisés que le hablara a la roca en Cades, y prometió que produciría agua para el pueblo. Pero, en cambio, "[Moisés] levantó su mano y, con su vara, golpeó la peña dos veces. Al instante, brotó agua en abundancia, y bebieron la congregación y sus bestias" (Números 20:11).

Dios pronunció un juicio sobre Moisés con una severa consecuencia: "Pero el Señor les dijo a Moisés y a Aarón: Puesto que ustedes no creyeron en mí, ni me santificaron delante de los hijos de Israel, no llevarán a esta congregación a la tierra que les he dado" (v. 12).

Justo antes de que el pueblo entrara a la Tierra Prometida, Dios reafirmó su juicio sobre Moisés:

> **Ese mismo día el Señor habló con Moisés. Le dijo: Sube al monte Abarín, a la cumbre del monte Nebo, que está en la tierra de Moab, frente a Jericó, y contempla la tierra de Canaán, que yo doy a los hijos de Israel como su propiedad. Allí, en ese monte al cual vas a subir, morirás y te reunirás con tu pueblo, del mismo modo que antes tu hermano Aarón murió en el monte Hor y fue a reunirse con su pueblo. Allá, en las aguas de Meriba de Cades, en el desierto de Zin, ustedes pecaron contra mí delante de los hijos de Israel, y delante de ellos no me santificaron. Por eso, sólo verás ante tus ojos la tierra que voy a dar a los hijos de Israel, pero no entrarás en ella. (Deuteronomio 32:48-52)**

¿Fue perdonado Moisés? ¡Sí! La evidencia de su perdón fue revelada en el Nuevo Testamento, cuando apareció con Jesús y Elías en el Monte de la Transfiguración. Sin embargo, Dios disciplinó a Moisés con una severa consecuencia terrenal.

Imagínense liderando la gran asamblea de Israel durante cuarenta años en el desierto. A menudo era un trabajo ingrato con una congregación que murmuraba y se quejaba contra Moisés. Por fin, pudo ver la Tierra Prometida donde moraría su congregación, pero se le impidió ir con ellos.

A Moisés se le impidió entrar en la Tierra Prometida terrenal (consecuencia), pero murió y entró en la Tierra Prometida celestial (perdón). Moisés experimentó tanto el perdón de Dios como las consecuencias terrenales.

Pensemos en el rey David, un hombre bendecido por Dios que abusó de su autoridad para cometer adulterio, asesinato y negación. El profeta Natán proclamó el perdón de Dios a David. Dios concedió misericordia a David, al punto que no sufrió todas las consecuencias terrenales posibles: "David le respondió a Natán: Reconozco que he pecado contra el Señor. Y Natán le dijo: El Señor ha perdonado tu pecado, y no vas a morir" (2 Samuel 12:13).

Dios mostró misericordia al rey. Él no quitó a David de su trono y le permitió que viviera. Pero hubo duras consecuencias por las transgresiones de David. Natán entregó el mensaje de Dios con las consecuencias.

> **¿Por qué menospreciaste la palabra del Señor, y actuaste mal delante de sus ojos? Al hitita Urías lo mataste por medio de la espada de los amonitas, para quedarte con su mujer. Ahora, en**

> **castigo, la violencia jamás se apartará de tu propia familia, pues menospreciaste al Señor y tomaste como mujer a la esposa de Urías el hitita. Pero así dice el Señor: "Yo haré que el mal sobrevenga sobre tu propia casa. Ante tus propios ojos entregaré tus mujeres a tu prójimo, y a pleno sol se acostará con ellas. Lo que tú hiciste en secreto, yo lo haré a plena luz del día y en presencia de todos los israelitas".** (2 Samuel 12:9-12)

Además, había otra consecuencia más dolorosa para David. "Pero como los enemigos del Señor hablan mal de él por causa de este pecado tuyo, tu hijo recién nacido tiene que morir" (v. 14).

¿Fue David perdonado por Dios? ¡Sí! Natán anunció el perdón de Dios en el versículo 13: "El Señor ha perdonado tu pecado, y no vas a morir."

Pero David experimentó consecuencias terrenales:

- **La espada nunca se apartó de su casa.**
- **David fue testigo de la calamidad y sufrió la vergüenza y humillación de que su propio hijo durmiera abiertamente con sus esposas.**
- **El hijo de David y Betsabé murió, a pesar de que David oró por la misericordia de Dios cubierto en cilicio y cenizas.**

Al mismo tiempo, a David se le mostró misericordia aún en las consecuencias. No murió y no perdió su posición de rey. Sobre todo, fue perdonado por Dios.

Aunque los pecados de David fueron muchos y públicos, Dios cumplió Su promesa de que el Mesías vendría de los descendientes de David. Betsabé dio a luz a otro hijo, Salomón. El Salvador del mundo descendió de este hijo de David.

El pecado a menudo resulta en consecuencias naturales, incluso cuando hay perdón. Por ejemplo:

- **Hacer trampa en los impuestos puede resultar en multas e intereses.**
- **Gritarle a alguien que amas y atacarlo verbalmente puede resultar en una relación rota.**
- **La traición amorosa o de amistad da lugar a la desconfianza y a la posible separación.**
- **La negligencia de la propiedad o las relaciones personales puede resultar en pérdidas.**

- **La malversación de fondos de tu empleador resultará en culpa, vergüenza, despido y posibles sanciones penales.**
- **Los actos criminales suelen dar lugar a una persecución legal.**

Las consecuencias afectan no solo al ofensor, sino también a muchos de los que lo rodean. Por ejemplo:

- **La reputación de una familia o empresa puede verse dañada cuando alguien peca en medio de ellos.**
- **Una persona lesionada en un accidente causado por otra persona sufre el dolor y es posible que no se cure por completo o incluso que muera.**
- **Alguien puede sufrir años de angustia mental debido al daño emocional o a la reputación dañada en las redes sociales.**
- **La familia del agresor puede sufrir humillación o pérdida de ingresos o de bienestar financiero.**
- **Cuando alguien muere a causa de una ofensa, muchos quedan de luto por la pérdida.**
- **Las celebraciones anuales familiares y sociales, así también como otras reuniones, pueden verse afectadas por los sentimientos que rodean el daño causado.**

Un fruto del pecado es el sufrimiento. Todos sufrimos las consecuencias del pecado en nuestro mundo. Algunos sufrimientos se deben a los pecados de otros contra nosotros. Parte del sufrimiento se debe a nuestro propio pecado.

Debido a estas consecuencias, algunos piensan que el perdón debe ser retenido como otra consecuencia.

Sin embargo, con nuestro Dios, Él no niega el perdón a aquellos que lo buscan. Él perdona libremente porque la sangre de Jesús fue derramada por ese pecado y por las consecuencias que muchos sufrieron.

Por otro lado, el hecho de que se conceda el perdón no significa necesariamente que no se aplicarán las consecuencias terrenales.

¿HAY QUE APLICAR LAS CONSECUENCIAS SIEMPRE?

Nuestro Dios es un Dios de misericordia. Incluso con las consecuencias terrenales, a menudo muestra Su misericordia.

> **El Señor es misericordioso y clemente; es lento para la ira, y grande en misericordia. No nos reprende todo el tiempo, ni tampoco para siempre nos guarda rencor. No nos ha tratado como merece nuestra maldad, ni nos ha castigado como merecen nuestros pecados. (Salmos 103:8-10)**

A menudo, Dios muestra misericordia al pecador. Considera la parábola de Jesús del hijo pródigo en Lucas 15:11-32.

El hijo menor exigió su parte de la herencia mientras su padre aún estaba vivo. El padre le dio a ese hijo su porción, y aquel hijo viajó a un país lejano donde despilfarró toda su herencia en una vida desenfrenada. Cuando se le acabó el dinero, se desesperó y aceptó un trabajo humillante alimentando cerdos (un animal inmundo para un hebreo). En la pobreza y el hambre, recordó que los sirvientes de su padre tenían más que suficiente para comer. Volvió en sí (arrepentimiento) y planeó regresar a casa y rogar ser un sirviente. Reconoció que ya no merecía ser llamado hijo.

¿Qué merecía el hijo? Ya había sufrido algunas consecuencias, pero sin duda debería perder sus privilegios familiares, ¿verdad? Ni siquiera era digno de ser un sirviente de su padre, y mucho menos de ser considerado un hijo.

Pero cuando aún estaba lejos, su padre, que lo había estado esperando, corrió a abrazarlo y besarlo. El hijo se confesó con su padre. El padre mostró una misericordia increíble. Lo vistió con una túnica y zapatos, y le colocó el anillo de la familia, designándolo como un hijo amado. Entonces el padre organizó un banquete de celebración para él.

¡Hablando de escapar de las consecuencias!

No todos estaban contentos con la misericordia del padre. El hermano mayor se quedó pensativo cuando se enteró de lo que estaba pasando. Estaba enojado y se negó a unirse a la celebración. Probablemente sintió que su hermano menor no merecía misericordia. Estaba celoso de que, como el "buen" hermano, su padre no le diera ni siquiera una cabra para celebrar con sus amigos.

Es cierto que el hijo menor no merecía misericordia. La misericordia no se gana, ¡es un regalo inmerecido!

El padre podría haber mostrado enojo con su hijo mayor y haberse negado a verlo. Pero también mostró compasión por su hijo enojado. Al igual que hizo con el menor, el padre salió a ver a su hijo mayor para mostrarle amor.

Jesús contó esta parábola en respuesta a los fariseos y a los escribas que murmuraban, diciendo: "Éste recibe a los pecadores, y come con ellos" (Lucas 15:2).

Cuando se muestra misericordia, o cuando alguien no sufre las consecuencias que creemos que merece, nosotros también podemos enfadarnos y enojarnos con Dios o con las autoridades que tomaron la decisión. Actuamos como el hermano mayor, resentidos porque nuestro Padre celestial no es más generoso con nosotros y más crítico con aquellos que creemos que merecen Su condenación.

Cuando hacemos eso, nos olvidamos de quiénes somos y de quién es Dios. Necesitamos preguntarnos: "¿Estoy yo en el lugar de Dios? ¿Me estoy poniendo en Su lugar?". Hemos declarado a alguien ninivita, y hemos juzgado y condenado al pecador. Queremos que esa persona sufra y no se beneficie de la misericordia de Dios (lee los capítulos 4 y 5 de este libro).

Entonces, ¿cuándo se debe mostrar misericordia y cuándo se deben aplicar las consecuencias? Antes de tomar tal decisión, consideremos las razones de las consecuencias.

¿CUÁL ES EL PROPÓSITO DE LAS CONSECUENCIAS?

Las consecuencias no disminuyen el perdón, ni el perdón elimina todas las consecuencias. Las consecuencias pueden servir a varios propósitos.

- **Las consecuencias pueden ser necesarias para proporcionar alguna restitución.**
- **Las consecuencias pueden ser una forma de disciplina.**
- **Las consecuencias pueden servir de ejemplo o advertencia a los demás.**
- **Las consecuencias pueden proteger al pecador de nuevas tentaciones.**
- **Las consecuencias pueden ser necesarias para proteger a otros de cualquier daño.**

RESTITUCIÓN

Cuando yo daño a alguien o a su propiedad, tengo que hacer lo que pueda para que la persona vuelva a estar restituida o restaurada. Al conducir, si choco contra su automóvil, pago para que se repare el daño a su automóvil. Si golpeo una ventana con una pelota y se rompe, pago para reemplazar el vidrio. Te restituyo de nuevo.

Dios prescribe la restitución:

> **El Señor habló con Moisés, y le dijo: Di a los hijos de Israel que el hombre o la mujer que cometa alguno de todos los pecados con que se suele pecar contra mí deberá confesar el pecado cometido y compensar a la persona afectada por el daño, añadiendo a la compensación una quinta parte. (Números 5:5-7)**

En el evangelio de Lucas, vemos cómo Zaqueo prometió restituir a aquellos a quienes había perjudicado: "Pero Zaqueo se puso de pie y le dijo al Señor: 'Señor, voy a dar ahora mismo la mitad de mis bienes a los pobres. Y si en algo he defraudado a alguien, le devolveré cuatro veces más lo defraudado'" (Lucas 19:8).

El hacer restitución monetaria, una consecuencia de su conducta de robar y abusar de su autoridad como recaudador de impuestos, fue hecho por su propia voluntad como fruto de su arrepentimiento. Fíjate en la respuesta de Jesús: "Hoy ha llegado la salvación a esta casa, pues este hombre también es hijo de Abrahán. Porque el Hijo del Hombre vino a buscar y a salvar lo que se había perdido" (vv. 9-10).

La restitución es una consecuencia apropiada que no es negada por el perdón.

DISCIPLINA

La raíz de la palabra *disciplina* proviene de la palabra latina *disciplina*, que significa "instrucción y entrenamiento". Un discípulo es un aprendiz y un seguidor. El propósito de la disciplina, por lo tanto, es corregir, restaurar y formar. Según las Escrituras, aplicar la disciplina es evidencia de amor. "El que retiene el castigo, aborrece a su hijo; el que lo ama, a tiempo lo corrige" (Proverbios 13:24).

Dios mismo disciplina a aquellos a quienes ama:

> **Ya han olvidado la exhortación que como a hijos se les dirige: "Hijo mío, no menosprecies la disciplina del Señor, ni te desanimes cuando te reprenda; porque el Señor disciplina al que ama, y azota a todo el que recibe como hijo". (Hebreos 12:5-6)**

La Biblia continúa indicando la implicancia de no disciplinar:

> **Si ustedes soportan la disciplina, Dios los trata como a hijos. ¿Acaso hay algún hijo a quien su padre no discipline? Pero si a ustedes se les deja sin la disciplina que todo el mundo recibe, entonces ya no son hijos legítimos, sino ilegítimos. (vv. 7-8)**

A veces pensamos que ser misericordioso significa retener la disciplina. Pero si la motivación para la disciplina es el amor, entonces el propósito es enseñar y dar bendiciones a quien la soporta. "Claro que ninguna disciplina nos pone alegres al momento de recibirla, sino más bien tristes; pero después de ser ejercitados en ella, nos produce un fruto apacible de justicia" (v. 11).

Al igual que los niños necesitan disciplina para aprender de sus mayores, los adultos también pueden necesitar ser disciplinados para su aprendizaje, a fin de evitar daños futuros a sí mismos y a los demás. Si no se aplica la disciplina cuando sea apropiado, quien ha cometido el mal no aprenderá y probablemente repetirá la ofensa.

Por ejemplo, ¿qué pasaría en una sociedad en la que los delitos no tienen consecuencias para el delincuente? Nadie aprendería las lecciones del dolor causado por cometer crímenes.

La disciplina es una forma de amor y preocupación por la persona que ha pecado.

EJEMPLO O ADVERTENCIA

Cuando alguien comete un pecado conocido por otros, una consecuencia sirve como ejemplo o advertencia para los demás. Sin consecuencias, otros aprenden que tal pecado se puede cometer sin ramificaciones negativas. En otras palabras, se anima a las personas a repetir el pecado de otra persona porque no tiene ninguna consecuencia personal.

Pablo advirtió a la iglesia en Corinto acerca de este peligro cuando la congregación no disciplinaba a uno de sus miembros que se sabía que vivía en pecado sexual:

> **No está bien que ustedes se jacten. ¿No saben que un poco de levadura hace fermentar toda la masa? Límpiense de la vieja levadura, para que sean una nueva masa, sin levadura, como en realidad lo son. Nuestra pascua, que es Cristo, ya ha sido sacrificada por nosotros.** (1 Corintios 5:6-7)

En un caso en el que un empleado de la iglesia malversó fondos de la iglesia, los feligreses estaban divididos sobre qué hacer. Algunos pensaban que, como cristianos, simplemente debían perdonar y olvidar. Otros querían enjuiciarlo con todo el peso de la ley. Ninguno de los dos puntos de vista extremos era una actitud piadosa. Después de algunas enseñanzas bíblicas y oración, la congregación decidió unánimemente que era necesario que hubiera tanto perdón como consecuencias. Se planteó la preocupación de que, dado que se trataba de una ofensa pública contra toda la congregación, era necesario que hubiera consecuencias. De lo contrario, la gente aprendería con el ejemplo que robar era aceptable. La iglesia decidió que no era necesario iniciar acciones legales en este caso, porque el empleado expresó arrepentimiento y prometió devolver lo que se llevó. Si iba a la cárcel, habría pocas oportunidades de hacer una restitución. Además, tenía una familia que dependía de él.

Por lo tanto, desarrollaron un plan que incorporaba el perdón, las consecuencias y la misericordia. El perdón fue proclamado. Las consecuencias incluyeron restitución y asesoramiento. El empleado perdió su puesto, porque le obligaba a manejar dinero en efectivo. Sin embargo, la iglesia quería que los hijos del empleado estuvieran cubiertos por un seguro médico, que fue uno de los beneficios que perdió cuando perdió su empleo. Como un acto de misericordia, la iglesia estableció un fondo para asegurarse de que sus hijos no se quedaran sin atención médica. Y la iglesia decidió no iniciar acciones legales.

Hechos 5:1-11 proporciona otro ejemplo bíblico de consecuencias que sirvieron como una advertencia a la iglesia primitiva. Ananías y Safira vendieron una propiedad para dar todas las ganancias a la iglesia. Pero, en secreto se quedaron con una parte de las ganancias. Cuando Pedro los confrontó, ambos sostuvieron la mentira. Reclamaron el derecho a su pecado y, como consecuencia, murieron. ¿Cuál fue el resultado? "Esto hizo que toda la iglesia y todos los que supieron esto se llenaran de mucho miedo" (v. 11).

Las consecuencias que sufrieron sirvieron como una advertencia para no mentir al Espíritu Santo.

PROTEGER A UN PECADOR DE NUEVAS TENTACIONES

En el ejemplo anterior, sobre la malversación de fondos, el empleado fue despedido porque su puesto le exigía manejar dinero en efectivo. Puesto que esto había sido una parte importante de su pecado, no habría sido prudente dejarlo en un lugar donde sería tentado de nuevo. La pérdida de su trabajo lo protegió de ser tentado nuevamente de la misma manera.

Piensa en un alcohólico en recuperación. Parte de la recuperación requiere que la persona haga cambios en el estilo de vida para eliminar los factores que contribuyeron a la adicción. Por ejemplo, es posible que necesite encontrar nuevos amigos que no socialicen en los bares o con bebidas alcohólicas. Es posible que tenga que encontrar maneras de evitar los lugares donde el alcohol está disponible fácilmente. Una consecuencia de la adicción al alcohol es que uno debe evitar a las personas y los hábitos que lo tientan a beber.

En el Padre Nuestro, Jesús nos enseñó a orar: "No nos dejas caer en tentación, sino líbranos del mal" (Mateo 6:13). Alejar a una persona de las tentaciones es otra forma de mostrar que se la está cuidando, aunque sea una consecuencia.

El apóstol Pablo amonestó a los tesalonicenses a evitar aquellas situaciones que los tentarían a pecar:

> **La voluntad de Dios es que ustedes sean santificados, que se aparten de toda inmoralidad sexual, que cada uno de ustedes sepa tener su propio cuerpo en santidad y honor, y no en pasiones desordenadas, como la gente que no conoce a Dios. Ninguno debe agraviar ni engañar en nada a su hermano; porque el Señor toma en cuenta todo esto, como ya les hemos dicho y declarado. Pues Dios no nos ha llamado a vivir en la inmundicia, sino a vivir en santidad. El que desecha esto, no desecha a un hombre, sino a Dios, que también nos dio Su Espíritu Santo. (1 Tesalonicenses 4:3-8)**

PROTEGER A LOS DEMÁS DE CUALQUIER DAÑO

Una persona que ha sido arrestada repetidamente por conducir en estado de ebriedad puede ser encarcelada por algún tiempo. Esta consecuencia protege a otros, para que no resulten heridos por tal persona ni éste les cause la muerte por conducir en un estado de ebriedad.

Cuando una persona abusa sexualmente a niños, ese abusador a menudo es encarcelado y no se le permite volver a estar a solas con niños. Esto protege a otros niños de ser lastimados.

Las consecuencias son necesarias para separar a aquellos que maltratan físicamente a otros en disputas domésticas.

Las consecuencias son necesarias cuando otros necesitan protección.

¿CUÁNDO DEBO EXIGIR CONSECUENCIAS Y CUÁNDO DEBO MOSTRAR MISERICORDIA?

Esta es una pregunta difícil. Tanto las consecuencias como la misericordia pueden ser apropiadas. Dios aplica ambas cosas en nuestras vidas, así como las aplicó en las vidas de los santos que nos precedieron.

En muchos casos, las consecuencias son determinadas por alguien que no es el ofendido. Por ejemplo, las consecuencias de un acto criminal son determinadas por un tribunal. La disciplina de un niño puede ser determinada por un padre, en lugar de por otro niño que resultó herido. En otras palabras, Dios ha puesto a las personas en autoridad para determinar las consecuencias apropiadas.

Cuando otros tienen la autoridad, debemos tener cuidado de no vengarnos cuando no estamos satisfechos con el resultado. Es posible que desempeñemos un rol adecuado en el asesoramiento a las autoridades (como una víctima, o un testigo). Sin embargo, si otros tienen la autoridad dada por Dios, no debemos asumir la responsabilidad de llevar a cabo la justicia según nuestro propio parecer.

Pero hay situaciones en las que nosotros, como la parte perjudicada, tendremos la autoridad para decidir qué consecuencias se deben aplicar y qué misericordia se debe mostrar. Cuando estás sufriendo a manos de otros, es difícil tomar una decisión apropiada y piadosa sobre lo que es mejor para el ofensor, para ti como la parte que sufre, y para la sociedad en general. A veces las personas están demasiado dispuestas a mostrar misericordia cuando en realidad la ofensa requiere alguna consecuencia. Otras veces, las personas están tan heridas que quieren que el ofensor sienta todo el peso de la ley y el dolor como retribución.

Si te encuentras en una situación en la que tienes la autoridad adecuada para emitir juicio o mostrar misericordia, te recomendamos que trabajes con una persona espiritualmente madura para que te guíe al considerar tus opciones. Cuando estamos sufriendo, nuestras emociones pueden nublar el buen juicio. El consejo de un amigo espiritualmente sabio puede beneficiarte a ti y a otras personas involucradas.

> **Para entender sabiduría y doctrina, y conocer razones prudentes. Para recibir prudentes consejos, y justicia, juicio y equidad. Para dar sagacidad a los incautos, e inteligencia y cordura a los jóvenes. Que lo oiga el sabio, y aumente su saber, y que el entendido reciba consejo para entender proverbios y enigmas, y palabras sabias y profundas. (Proverbios 1:2-6)**

Y, por supuesto, ora, pidiendo la orientación de Dios:

> **No se preocupen por nada. Que sus peticiones sean conocidas delante de Dios en toda oración y ruego, con acción de gracias, y que la paz de Dios, que sobrepasa todo entendimiento,**

guarde sus corazones y sus pensamientos en Cristo Jesús. (Filipenses 4:6-7)

DIFERENCIA ENTRE LAS CONSECUENCIAS AMOROSAS Y LA RETRIBUCIÓN

Las consecuencias se aplican por amor al ofensor y a todos los afectados. Cuando aplicamos consecuencias con propósitos caritativos, beneficiarán al ofensor, al ofendido y a la sociedad. Las consecuencias son un resultado natural de las acciones pecaminosas. La diferencia entre las consecuencias piadosas y la retribución pecaminosa es la venganza. La venganza es una forma de hacerse dios, causando dolor al ofensor por el dolor y la ira en lugar de ejercer consecuencias bondadosas por amor. La venganza es tomar la justicia en tus propias manos y actuar con dolor e ira. Dios advierte contra la venganza: "No busquemos vengarnos, amados míos. Mejor dejemos que actúe la ira de Dios, porque está escrito: Mía es la venganza, yo pagaré, dice el Señor" (Romanos 12:19).

Dios contrasta la venganza con lo que nos llama a hacer: "Por lo tanto, si nuestro enemigo tiene hambre, démosle de comer; si tiene sed, démosle de beber. Si así lo hacemos, haremos que éste se avergüence de su conducta. No permitamos que nos venza el mal. Es mejor vencer al mal con el bien" (vv. 20-21).

Castigar a alguien motivado por venganza es actuar en el lugar de Dios; vengarse es dejarse vencer por el mal. En venganza e ira pecamos contra Dios y contra los demás. Y ese pecado vendrá con sus propias consecuencias.

¿CÓMO SE APLICA ESTO A MÍ?

SI TÚ ERES EL OFENDIDO:

1. Comienza con el perdón. Si aún no lo has hecho, perdona a la persona en tu propio corazón. Lee los otros capítulos de este libro para obtener ayuda en cómo perdonar.

2. Cuídate de no actuar con venganza. Si te sientes tentado a actuar por venganza, repasa el capítulo 6, "¿Cómo puede la ira darle oportunidad al diablo?". Ora para que Dios proteja tu corazón del deseo de vengarte.

3. Una vez que has perdonado a la persona, determina tu rol en la aplicación de las consecuencias.
   - ¿Cuál es tu rol en determinar las consecuencias?
   - Si no tienes autoridad para determinar las consecuencias, ¿cuál es la mejor manera de apoyar a las autoridades que tienen el poder de juzgar?
   - Si tienes autoridad para determinar las consecuencias, busca intencionalmente a un consejero espiritualmente sabio para que te guíe en la aplicación de la misericordia y de consecuencias que beneficien a todos los afectados.

4. Escribe una oración para que Dios te ayude en esta situación. Incluye peticiones por el ofensor, por ti mismo y por otras personas afectadas. Ora por tu paz personal, por paciencia y por comprensión en dicha circunstancia, sea cual sea el resultado. Da gracias a Dios por la misericordia que te ha mostrado en tu vida y pídele que te conceda un corazón misericordioso y lleno de gracia.

SI TIENES AUTORIDAD PARA DETERMINAR LAS CONSECUENCIAS, PERO NO ERES QUIEN FUE DIRECTAMENTE AFECTADO

1. Trata de entender cómo fueron afectados todos, incluso el ofendido, el ofensor y otras personas.

2. Identifica varias opciones y evalúa los beneficios piadosos. Revisa los propósitos de las consecuencias en este capítulo. Considera cómo las consecuencias podrían afectar al ofensor (especialmente la restitución), al ofendido y a la comunidad.

3. Solo concede misericordia donde tengas autoridad para hacerlo. Presenta tu decisión basada en la justicia y, si es apropiado, la persona ofendida puede conceder misericordia basada en las justas consecuencias.

4. Ora por la sabiduría y la orientación de Dios. Si es apropiado, busca consejo piadoso. Ora por la persona ofendida, por quien ha ofendido y por las demás personas afectadas.

SI ERES EL INFRACTOR

1. Arrepiéntete de tu pecado y confiésalo a Dios y a aquellos a quienes has lastimado. Incluye tu deseo de hacer restitución y de enmendar tus caminos pecaminosos.

2. En la medida de lo posible, con la ayuda de Dios, has restitución.

3. Escribe una oración buscando la ayuda de Dios para aceptar las consecuencias, sea que creas que son justas o no. Ora por las autoridades que toman la decisión con respecto a tus consecuencias. Ora por ti mismo, por los ofendidos y por las demás personas afectadas. Expresa tu gratitud a Dios por el perdón que tienes en Jesucristo. Ora por los que han sido heridos, para que no sean cargados con la falta de perdón, y ora por tu paciencia con ellos, mientras ellos luchan con su falta de perdón.

PLANTILLA DE ORACIÓN

(Lee el capítulo 3, "¿Cómo debo orar?")

INTRODUCCIÓN

REFERENCIA A LA OBRA DE DIOS

PETICIÓN

RESULTADO

CONCLUSIÓN

CAPÍTULO 11

¿QUÉ PASA CUANDO HAY ABUSO?

Si alguien nos quiere lastimar
Con burla y mil abusos,
Y el alma logra inquietar,
Señor, a Ti yo acudo;
Ayúdanos con Tu poder
A no caer ni padecer
En tal obra perversa.

Hay muchas formas de abuso: sexual, físico, psicológico, verbal, por negligencia, emocional, económico y cultural. Una persona abusadora es alguien que intencionalmente daña a otra persona a través de un comportamiento agresivo, manipulador, negligente o violento al aprovecharse de los demás para satisfacer sus propios deseos pecaminosos de abusador.

El abusador crea un ambiente en el que la víctima está aislada y sola. La víctima sabe que habrá consecuencias si habla con otros sobre lo que está pasando. El abusador constantemente les recuerda a sus víctimas que no valen nada, que son impuras y que no son aceptables. Y las alimenta con consuelos manipuladores como: "Soy el único que está dispuesto a cuidar de ti. Deberías mostrarme un poco de gratitud".

El abusador hace que sus víctimas se sientan menos que humanas al tratarlas como aquello que es menos que humano.

El abusador es malvado porque impone el mal a la víctima con malicia y con la intención de destruir a la víctima para obtener beneficios egoístas y propios.

Más adelante en este capítulo responderemos a la pregunta: "¿La persona que abusa puede ser perdonada?". Pero, primero, queremos destacar cuestiones importantes relacionadas con el abuso.

UN TEMA DIFÍCIL

El abuso deja heridas profundas que penetran en el núcleo de la identidad de una persona. Es incómodo hablar de los horrores del abuso. Sin embargo, la alternativa, la de ignorar el abuso, solo permitirá que este malvado pecado siga destruyendo vidas.

Si eres víctima de abuso, busca ayuda profesional de inmediato. Hay una variedad de recursos que pueden proporcionarte asesoramiento psicológico, lugares seguros para vivir, así como asistencia legal. También hay muchas organizaciones nacionales con atención a estas crisis, que brindan asistencia confidencial (por ejemplo, específicamente en los EEUU: la Línea Directa Nacional de Violencia Doméstica, la Coalición Nacional de Abuso Infantil, los Servicios de Prevención del Suicidio y la Línea Nacional de Ayuda contra el Abuso en el Noviazgo de Adolescentes).

Este capítulo no pretende abordar la multitud de cuestiones relacionadas con el abuso ni proporcionar ningún tratamiento psicológico. Este capítulo puede acompañar la consejería profesional o el cuidado espiritual, para ayudar a las personas a entender el abuso desde una perspectiva bíblica.

Dios denuncia claramente la maldad del abuso. Pero Dios también habla una palabra de paz en nuestras vidas: "Y que la paz de Dios, que sobrepasa todo entendimiento, guarde sus corazones y sus pensamientos en Cristo Jesús" (Filipenses 4:7).

Dios está aquí en medio del abuso, brindando ayuda a través de las profesiones psicológicas y médicas; a través del apoyo de amigos, familiares, vecinos y compañeros de trabajo; y a través de pastores y otras personas que brindan cuidado espiritual. Dios no te ha abandonado, y hay esperanza.

> **Sólo yo sé los planes que tengo para ustedes. Son planes para su bien, y no para su mal, para que tengan un futuro lleno de esperanza. (Jeremías 29:11)**
>
> **Esfuércense y cobren ánimo; no teman, ni tengan miedo de ellos, porque contigo marcha el Señor tu Dios, y él no te dejará ni te desamparará. (Deuteronomio 31:6)**
>
> **Por lo cual estoy seguro de que ni la muerte, ni la vida, ni los ángeles, ni los principados, ni las potestades, ni lo presente, ni lo por venir, ni lo alto, ni lo profundo, ni ninguna otra cosa creada nos podrá separar del amor que Dios nos ha mostrado en Cristo Jesús nuestro Señor. (Romanos 8:38-39)**

¿QUÉ PASA SI ESTÁS SIENDO ABUSADO?

Ser abusado no es aceptable. Y el abuso no se limita a las relaciones románticas. Las personas pueden ser abusadas por familiares, compañeros de trabajo, un jefe, maestros, vecinos, amigos o trabajadores de la salud.

Es posible que no siempre sea fácil identificar una relación abusiva. En algún momento de cada relación, probablemente hemos maltratado a otra persona con nuestras palabras o acciones. Pero cuando el maltrato es crónico, malicioso y no hay arrepentimiento ni cambio, a menudo es abuso.

Estos rasgos señalan una situación abusiva:

Sentirse aislado: Esto ocurre cuando una persona en particular trata de monopolizar todo tu tiempo y no te deja pasar tiempo con los demás. Es posible que notes que esta persona es grosera con tus amigos y familiares. Es posible que sientas que no tienes la libertad de socializar con amigos y familiares fuera de la relación con esta persona. Es posible que sientas que la persona no te permite expresar tus ideas o sentimientos.

Sin privacidad: Esto ocurre cuando una persona en particular quiere saber dónde estás en todo momento. Es posible que insista en rastrear tu teléfono. Es posible que exija conocer todas tus contraseñas de redes sociales, registros médicos, correo electrónico y dispositivos electrónicos. Es posible que se enoje cuando no devuelvas las llamadas telefónicas ni respondas a los mensajes de texto. Es posible que sientas que no puedes tener tiempo a solas sin que la otra persona esté allí o se comunique contigo.

Sentir que todo es tu culpa: Esto ocurre cuando una persona en particular te culpa por todo lo que sale mal y no está dispuesta a asumir la responsabilidad de nada. Te encuentras disculpándote, pero nunca escuchas a la otra persona disculparse. Es posible que te sientas obligado a confesar cosas que no son pecaminosas. Es posible que sientas que no puedes hacer nada bien. La otra persona afirma que es tu culpa por molestarte, porque solo estaba bromeando o tratando de divertirse.

Sentirse intimidado: Esto ocurre cuando una persona en particular hace amenazas verbales, escritas o físicas para salirse con la suya. Es posible que sientas miedo de tomar decisiones por tu propia cuenta, sin recibir el permiso de la otra persona. Es posible que tengas miedo de que ella encuentre la manera de destruirte, avergonzarte o sofocarte si no haces lo que ella quiere.

Sentirse controlado: Esto ocurre cuando una persona en particular te impide hacer cosas. Es posible que no te permita conseguir un trabajo, tener tu propia cuenta bancaria, tomar tus propias decisiones o elegir tu propia ropa y comida. Es posible que sientas que no puedes tener tu propia opinión o sentimientos sin antes consultarlo.

Sentirse manipulado: Esto ocurre cuando una persona en particular tergiversa la realidad para que comiences a cuestionarte a ti mismo. Podría convencerte de que has entendido mal o has recordado mal alguna situación. Adoptar este enfoque le permite hacer cosas inapropiadas contigo sin meterse en problemas. Es posible que obtenga lo que quiere, pero tú pagas el precio.

¿CÓMO SE PUEDE PROTEGER A UNA VÍCTIMA DE DAÑOS MAYORES?

La víctima de abuso debe buscar asesoramiento profesional, que la ayudará a crear límites apropiados para cualquier interacción con el abusador.

Las personas abusadoras se esfuerzan por hacer que sus víctimas se sientan incapaces de tomar decisiones. El establecer límites le permite a la víctima estar en control. No puedes controlar lo que hará el abusador, pero sí puedes controlar tu respuesta. Dependiendo de la situación, como víctima, puedes decidir no tener contacto con el abusador, o puedes elegir el contacto limitado o supervisado. Como víctima también tendrás que tomar decisiones sobre cómo responder a las llamadas telefónicas, los mensajes de texto, las publicaciones en las redes sociales y otros elementos. Establecer límites con un abusador le dará a la víctima más control para tomar decisiones saludables y piadosas.

Los conocidos expertos Henry Cloud y John Townsend han escrito sobre cómo establecer límites saludables.[8] Su trabajo es fundamental para entender cómo los límites pueden ayudarnos a vivir vidas agradables a Dios. La lectura de su libro sobre los límites, junto con la consejería, proporcionará un camino estratégico para responder a un abusador. Cloud y Townsend identifican dos extremos a evitar. El primero es cuando una persona no tiene límites en lo absoluto. Piensa en un patio que rodea una casa. Si el patio no tiene una cerca, no hay límite. Las cosas buenas y malas pueden entrar en el jardín, porque no hay una cerca que las mantenga fuera. Sin un buen límite, un abusador puede entrar en tu vida cuando quiera y hacer lo que le plazca.

El segundo extremo es cuando una persona tiene un muro de mil metros de altura construido con hormigón reforzado. Este límite no permitirá que nada entre en al jardín y no permitirá que nada salga del jardín. Este enfoque puede proteger a una persona de un abusador, pero también la aislará de todo lo bueno que hay en el mundo.

Un límite saludable y justo, según Cloud y Townsend, te ayudará a asumir la responsabilidad de ti mismo. Un límite saludable es una cerca que comunica claramente lo que es un comportamiento aceptable y lo que es un comportamiento inaceptable dentro de tu jardín. Puedes ver por encima o a través de la cerca para hablar con la gente. Y la cerca tiene una puerta que se puede abrir y cerrar para determinar quién puede ingresar a tu jardín.

Estos son algunos ejemplos de límites saludables que un abusador tendría que respetar, si es que la relación va a continuar:

- **El abusador tendría que buscar consejería profesional y atención pastoral.**
- **El abusador no te exigirá que actúes de cierta manera.**
- **El abusador puede dar consejos u opiniones, pero tomarás**

8 Lee Henry Cloud y John Townsend, *Boundaries: When to Say Yes, How to Say No to Take Control of Your Life* {Límites: Cuándo decir sí, cómo decir no para tomar el control de tu vida} (Grand Rapids: Zondervan, 2017).

decisiones propias que sean apropiadas para tu vida como persona.

- **Cuando el abusador se enoja y grita, abandonarás la habitación y, si es necesario, abandonarás la residencia o incluso la relación.**

Estos límites son como un cercado: comunican claramente a alguien lo que es apropiado o aceptable y lo que no es apropiado ni permitido. Pero un abusador puede ignorar una cerca. Puede saltar el cercado o derribarlo para conseguir lo que quiere. Los límites solo son efectivos cuando los demás respetan el límite que has establecido. Pero un límite por sí solo no cambiará al abusador.

Esta es la razón por la que algunas víctimas prefieren construir un muro de mil metros de altura rodeado por un foso al que solo se puede acceder por medio de un puente levadizo. Tal límite definitivamente mantendrá alejados a los abusadores a menos que tomen medidas extremas para hacer un agujero en su pared. Pero también podría aislarte de las relaciones saludables.

Tal aislamiento podría fomentar mucho miedo y encerrar tu atención tan adentro que sería difícil incluso para la Palabra de Dios hablarle a tu corazón atribulado.

Un muro así no es un buen límite, porque te separará de las alegrías de vivir la vida. Pero si el abusador no está dispuesto a respetar tus límites, es posible que debas crear un plan de seguridad.

Los consejeros profesionales están equipados para ayudarte a elaborar un plan de seguridad. Cada situación es única, y un consejero puede ayudarte a diseñar un plan de seguridad que satisfaga tus necesidades individuales. Ese plan de emergencia incluye un número de teléfono de un refugio local y una maleta de viaje lista que incluya algunos de estos artículos:

- **Documentos importantes** (**actas de nacimiento; tarjeta de Seguro Social; licencia de conducir; pasaportes; documentos de matrimonio, divorcio o custodia; tarjetas de seguro de salud; registros médicos; declaraciones del impuesto sobre la renta; etc.**)
- **Efectivo y tarjetas de crédito.**
- **Medicamentos.**
- **Varias mudas de ropa.**
- **Artículos de aseo y cuidado personal.**
- **Llaves del vehículo y de la casa.**
- **Aparatos electrónicos** (**tabletas, teléfono, computadora**).

¿QUÉ PASA SI ESTÁS ABUSANDO DE ALGUIEN?

El rey Joacín era un rey despiadado que abusaba del pueblo y solo se preocupaba por sí mismo. Joacín rechazó y destruyó la Palabra de Dios escrita en el rollo del profeta Jeremías (lee Jeremías 36:22-23).

Esto es lo que el Señor le dijo de Joacín: "Por lo tanto, así ha dicho el Señor acerca de Joacín hijo de Josías, rey de Judá: Nadie te llorará. Nadie dirá: ¡Ay, hermano mío!, ni: ¡Ay, hermana mía! Nadie lamentará tu muerte, ni te dirá: ¡Ay, señor! ¡Ay, su Majestad! Al contrario, te arrastrarán hasta fuera de la ciudad de Jerusalén, y te enterrarán como si fueras un asno" (Jeremías 22:18-19).

Joacín escuchó la Palabra de Dios e intencionalmente se negó a arrepentirse de su comportamiento abusivo, y Dios lo maldijo.

Si estás abusando de alguien, tus acciones son pecaminosas. Es hora de confesar tu pecado y arrepentirte para que recibas el perdón de Dios.

> **¿Acaso no saben que los injustos no heredarán el reino de Dios? No se equivoquen: ni los fornicarios, ni los idólatras, ni los adúlteros, ni los afeminados, ni los que se acuestan con hombres, ni los ladrones, ni los avaros, ni los borrachos, ni los malhablados, ni los estafadores, heredarán el reino de Dios. Y eso eran algunos de ustedes, pero ya han sido lavados, ya han sido santificados, ya han sido justificados en el nombre del Señor Jesús, y por el Espíritu de nuestro Dios. (1 Corintios 6:9-11)**

Tus actos de abuso son destructivos. San Pablo dice en 1 Corintios que tales actos merecen el infierno, sin ver nunca la gloriosa nueva creación del cielo.

Pero aquellos que confiesan y se arrepienten de estos pecados destructivos son lavados, santificados y justificados en el nombre de Jesucristo. Hay perdón para el abusador. Hay perdón para ti.

¡Qué buena noticia es escuchar que ese comportamiento abusivo y pecaminoso es perdonado! Sin embargo, puede ser difícil alejarse del comportamiento abusivo que se ha convertido en una parte tan importante de tu identidad. Un abusador necesita ayuda profesional de un consejero de salud mental para encontrar maneras de vivir una vida que no incluya el abuso de los demás.

Las personas que han sido abusadas serán alentadas a crear límites que las mantengan a salvo de actividades no deseadas. Los límites comunicarán claramente qué comportamiento es apropiado y qué comportamiento es destructivo. Cuando se te comuniquen los límites, escucha lo que se dice y trabaja para respetar los límites. Respeta el derecho de la persona a sus propios sentimientos, pensamientos y actividades.

LA MANERA EN QUE DIOS VE EL ABUSO

Dios anima a las personas a alejarse del camino de la maldad: "No vayas por la senda de los impíos, ni sigas el camino de los malvados. Deja esa senda, no vayas por ella; apártate de ella y sigue adelante" (Proverbios 4:14-15).

El camino de los malvados conduce a las profundidades de la oscuridad extrema. "Ellos [los impíos] no duermen si no han hecho mal; pierden el sueño si no hacen caer a alguno. Se alimentan con la maldad; apagan su sed cometiendo robos" (vv. 16-17).

Dios no se alegra con los malvados.

> **El Señor pone a prueba al hombre honrado, pero repudia al injusto y al violento; acarrea calamidades sobre el malvado, y le lanza fuego, azufre y un viento calcinante. (Salmos 11:5-6)**
>
> **El Señor aborrece el camino del impío, pero ama al que va en pos de la justicia. Para el descarriado, la corrección es molesta; pero aborrecerla conduce a la muerte. (Proverbios 15:9-10)**

El salmista expone directamente el destino que Dios tiene para los malvados:

> **Listos tiene el arco y la espada para actuar contra ellos, si no se arrepienten. Listas tiene también armas mortales; ¡ya ha preparado ardientes saetas! El malvado concibe hacer el mal; tan preñado está de maldad que de él nace la mentira. Ha cavado un pozo muy profundo, y en ese mismo pozo caerá. Su maldad se volverá contra él; sus agravios recaerán sobre él mismo. (Salmos 7:12-16)**

Y Jesús dice esto acerca de la persona malvada que no se arrepiente:

> **No sé de dónde salieron ustedes. ¡Apártense de mí todos ustedes, hacedores de injusticia! Allí habrá entonces llanto y rechinar de dientes, cuando vean a Abrahán, Isaac y Jacob, y a todos los profetas, en el reino de Dios, mientras que ustedes son expulsados. (Lucas 13:27-28)**

El abuso es algo perverso y malvado que no es tolerado por nuestro Dios. Sin embargo, el abusador es perdonable.

¿LA PERSONA QUE ABUSA PUEDE SER PERDONADA?

¿Cómo puede ser esto? ¿Cómo puede Dios perdonar tanta maldad, tanta perversión? ¿Cómo puede Dios perdonar a un abusador?

Todo pecado es malo y perverso delante de Dios. San Pablo nos recuerda:

> **¡No hay ni uno solo que sea justo! No hay quien entienda; no hay quien busque a Dios. Todos se desviaron, a una se han corrompido. No hay quien haga lo bueno, ¡no hay ni siquiera uno! Su garganta es un sepulcro abierto, y con su lengua engañan. ¡En sus labios hay veneno de serpientes! Su boca está llena de maldición y de amargura. Sus pies son veloces para derramar sangre. Destrucción y desgracia hay en sus caminos, y no conocen el camino de la paz. No hay temor de Dios delante de sus ojos. (Romanos 3:10-18)**

El pecado de cualquier tipo resulta en condenación. "Porque la paga del pecado es muerte..." (Romanos 6:23a). Ante Dios, todo pecado merece el castigo eterno. Sin embargo, a medida que vivimos en Su creación, consideramos que algunos pecados son más atroces que otros, porque las personas son profundamente afectadas y dañadas. El abuso causa un daño significativo a otros y nunca debe ser tolerado.

Sin embargo, Dios no quiere que el abusador vaya al infierno. "Pues yo, su Señor y Dios, juro que no quiero la muerte del impío, sino que éste se aparte de su mal camino y viva. ¿Por qué ustedes, pueblo de Israel, quieren morir? ¡Apártense, apártense de su mal camino!" (Ezequiel 33:11).

¡Sí! "Porque la paga del pecado es muerte, pero la dádiva de Dios es vida eterna en Cristo Jesús, nuestro Señor" (Romanos 6:23).

Dios quiere que todos se salven. Pablo, escribe que Dios, "...quiere que todos los hombres sean salvos y lleguen a conocer la verdad" (1 Timoteo 2:4).

> **Por tanto, no hay ninguna condenación para los que están unidos a Cristo Jesús... Por lo cual estoy seguro de que ni la muerte, ni la vida, ni los ángeles, ni los principados, ni las potestades, ni lo presente, ni lo por venir, ni lo alto, ni lo profundo, ni ninguna otra cosa creada nos podrá separar del amor que Dios nos ha mostrado en Cristo Jesús nuestro Señor. (Romanos 8:1, 38-39)**

Jesús buscará a todas las ovejas perdidas y a los hijos pródigos que siguieron el camino de la maldad (lee Lucas 15:3-7, 11-32).

Jesús no murió por los justos, sino por aquellos que necesitan Su justicia.

> **Es difícil que alguien muera por un justo, aunque tal vez haya quien se atreva a morir por una persona buena. Pero Dios muestra su amor por nosotros en que, cuando aún éramos pecadores, Cristo murió por nosotros. Con mucha más razón, ahora que ya hemos sido justificados en su sangre, seremos salvados del castigo por medio de él. Porque, si cuando éramos enemigos de Dios fuimos reconciliados con Él mediante la muerte de Su Hijo, mucho más ahora, que estamos reconciliados, seremos salvados por Su vida. (Romanos 5:7-10)**

Jesús derramó Su sangre por todos los pecadores, incluyendo a los abusadores. El abusador es perdonable.

LAS CONSECUENCIAS

El perdón de Dios es para todas las personas, sin importar cuál sea su pecado. Un pecador arrepentido que cree en el perdón de Jesucristo no sufrirá las consecuencias eternas del infierno. ¡Punto! Sin embargo, hay consecuencias terrenales por el pecado.

Los israelitas se quejaban de que no había comida ni agua para la comunidad. Moisés habló al Señor en nombre de ellos. El Señor le dijo a Moisés: "Toma la vara, y tú y tu hermano Aarón reúnan a la congregación, y a la vista de todos ellos díganle a la peña que les dé agua. Así sacarás agua de la peña, y les darás de beber a la congregación y a sus bestias" (Números 20:8). Moisés y Aarón se presentaron ante el pueblo y Moisés les dijo: "¡Óiganme ahora, rebeldes! ¿Acaso tendremos que sacar agua de esta peña? Y dicho esto, levantó su mano y, con su vara, golpeó la peña dos veces. Al instante, brotó agua en abundancia, y bebieron la congregación y sus bestias" (vv. 10-11).

Pero esto no agradó al Señor. Moisés reprendió al pueblo, y golpeó la roca con su vara en lugar de hablarle. Al Señor no le agradó que Moisés decidiera darle su propio giro al mandato de Dios. El Señor le dijo a Moisés y a Aarón: "Puesto que ustedes no creyeron en mí, ni me santificaron delante de los hijos de Israel, no llevarán a esta congregación a la tierra que les he dado" (v. 12).

Moisés murió y se le dio la vida eterna (lee Deuteronomio 34). Dios lo perdonó. Sin embargo, Dios disciplinó a Moisés, porque no confiaba en Él cuando proveyó agua de la roca. Moisés sufrió las consecuencias terrenales de su pecado, pero no las consecuencias eternas.

El abusador es un pecador que puede arrepentirse y recibir el regalo del perdón y la vida eterna. Sin embargo, los abusadores deben aceptar las consecuencias terrenales de sus transgresiones. Estas consecuencias pueden ser impuestas por el gobierno, por otras autoridades o por la víctima.

¿PUEDE HABER RECONCILIACIÓN?

¿Deberías reconciliarte con la persona abusadora? Depende.

Una víctima puede perdonar sin reconciliarse con el abusador. Un abusador que no está dispuesto a confesar y arrepentirse de cualquier pecado permanece en su pecado y continuará con el comportamiento abusivo. No es posible reconciliarse con una persona que no reconoce su pecaminosidad.

Sin embargo, si el abusador confiesa y se arrepiente, hay esperanza de que la relación pueda reconciliarse. Pero, la relación nunca volverá a ser lo que era cuando el abuso no era un problema. La relación será diferente y tendrán que renegociar cómo vivir el uno con el otro. Solicite la ayuda de un tercero que pueda mediar en las conversaciones y explorar soluciones para una nueva relación. Será necesario establecer límites seguros y consecuencias de violar dichos límites.

No es prudente que una víctima se reúna sola con un abusador. Es muy posible que el abusador aproveche esto como una oportunidad para continuar con su comportamiento abusivo. Un tercero, un profesional, puede ayudar a ambas partes a ser responsables de sus palabras y acciones.

Jessica descubrió que una buena amiga de la iglesia se había aprovechado de su esposo discapacitado. Ella estaba enojada, pero dispuesta a perdonar y participar en una mediación con la ayuda de su pastor. Si bien Jessica la pudo perdonar, le resultó difícil confiar en su amiga y la relación nunca se reconcilió por completo.

Su pastor le dio estas palabras sabias: "En lugar de estar en el mismo barco, ahora estás en dos barcos. Estás navegando en el mismo océano, pero no en el mismo barco. Y ya no es una amistad, pero sigues en una comunidad cristiana, pero no estás en el mismo barco llamado amistad". La relación entre Jessica y su amiga había cambiado.

El abuso cambia cada relación que toca, y se hace difícil mantener esa relación, a veces casi imposible. Jessica dijo lo siguiente sobre su relación: "No quiero fingir que todo está bien cuando no lo está. Vamos a ir en nuestros diferentes barcos. Tú toma la lancha rápida y yo me quedo con la canoa".

Jessica había perdonado a su amiga, pero le resultaba difícil volver a confiar en ella. Su amiga había expresado remordimiento por lo que había hecho, pero no arrepentimiento. Ella continuaba aprovechándose del esposo de Jessica y parecía tener dificultades para apartarse de sus caminos pecaminosos.

"Entonces se le acercó Pedro y le dijo: Señor, si mi hermano peca contra mí, ¿cuántas veces debo perdonarlo? ¿Hasta siete veces? Jesús le dijo: No te digo que hasta siete veces, sino hasta setenta veces siete" (Mateo 18:21-22).

Perdonar es un acto amoroso. Dios mostró Su amor por nosotros en nuestro perdón a través de Cristo. Y el perdón no tiene límites. No importa cuántas veces pequemos, el perdón es nuestro en Jesús. Sin embargo, a veces sufrimos las consecuencias terrenales de nuestro pecado.

Así como Dios le había mostrado Su amor, Jessica mostró amor a su amiga al perdonarla. Pero no habría sido amoroso por parte de Jessica permitir que su amiga siguiera abusando de su esposo. Jessica necesitaba establecer límites con su amiga para que el abuso no continuara. Seguían en el mismo océano. Se veían en la iglesia y se veían por la ciudad. Pero navegaban en diferentes barcos para evitar que se produjeran más abusos.

¿CÓMO SE APLICA ESTO A MÍ?

SI SIENTES QUE ESTÁS EN UNA RELACIÓN ABUSIVA:

1. Describe los rasgos abusivos que estás experimentando.

2. Identifica algunos límites específicos que serían apropiados para tu situación.

3. Programa una cita para hablar con un consejero profesional de salud mental. Es posible que tu pastor pueda proporcionar algunas referencias.

4. Ora para recibir el valor para abordar la situación abusiva y por el apoyo de familiares y amigos. Ora para que la persona abusadora se arrepienta de sus caminos pecaminosos y sea receptiva a la ayuda profesional.

SI ESTÁ EXHIBIENDO UN COMPORTAMIENTO POTENCIALMENTE ABUSIVO:

1. Describe lo que estás haciendo para presionar a alguien a que cumpla con tus demandas.

2. ¿Cómo has amenazado a la otra persona? (Por ejemplo: "¡Haz lo que quiero o pagarás!")

3. Identifica cómo no has respetado los límites de aquellos a quienes has abusado.

4. Programa una cita para hablar con un consejero profesional de salud mental. Es posible que tu pastor pueda proporcionar algunas referencias.

5. Arrepiéntete de tu pecado. Pídele a tu pastor o a un amigo espiritualmente maduro que escuche tu confesión a Dios y te proclame el perdón de Dios.

6. Escribe una oración para poder confesar tu comportamiento abusivo. Ora para que Dios ponga en tu vida personas que puedan ayudarte profesionalmente a alejarte de la conducta abusiva. Ora por las personas a las que has abusado mientras éstas buscan sanación.

PLANTILLA DE ORACIÓN

(Lee el capítulo 3, "¿Cómo debo orar?")

INTRODUCCIÓN

REFERENCIA A LA OBRA DE DIOS

PETICIÓN

RESULTADO

CONCLUSIÓN

CAPÍTULO 12

¿QUÉ PASA SI NO PUEDO PERDONARME A MÍ MISMO?

¿Cómo he de perdonar hoy
Tal pecado y maldad
Que hiere en lo profundo
Mi ser, mi integridad?
No hay mérito visible
Que logre mi perdón,
Si pienso que yo solo
Soy mi señor, mi dios.

Me rescató mi Cristo
De mi infernal prisión;
Me dio conciencia limpia
Por gracia y compasión.
Él solo pagó el precio
Y así me perdonó;
Por sangre y sacrificio
De culpas me libró.

Mientras enseñaba en una conferencia de pastores en América Latina, un profesor me pidió que me reuniera en privado con un estudiante del seminario. Diego había sido un buen estudiante, pero recientemente estaba reprobando sus materias.* Al parecer, se había deprimido. El profesor había hablado con Diego y sabía qué causaba su depresión, pero no pudo ayudarlo a superar sus dificultades.

Como Diego no sabía mucho inglés y yo sabía aún menos español, le pregunté quién le gustaría que nos tradujera. Él eligió a Juan, otro estudiante y amigo cercano.

Le pregunté a Diego qué fue lo que estaba pasando y que lo llevó a sus recientes problemas en el seminario. Él se había deprimido tanto que no terminaba las tareas, y había días en los que se quedaba en la cama y faltaba a clase. Le pregunté qué era lo que estaba causando su depresión.

"No puedo perdonarme a mí mismo. Y no califico para estudiar para el oficio pastoral". Lo invité a que me contara más.

Diego me contó su historia. De niño, antes de la pubertad, fue introducido a la actividad sexual. Con el tiempo, participó en todo tipo de actos sexuales hasta su adolescencia. A mediados de su adolescencia, se convirtió al cristianismo. Estaba tan agradecido de aprender acerca de Jesús que dedicó su vida a convertirse en pastor. Como cristiano, dejó la actividad sexual física. Pero no podía dejar la pornografía en internet.

Estaba emocionado cuando comenzó el seminario y le iba bien en sus estudios. Pero entonces comenzó a darse cuenta de lo abominable que había sido ante Dios su pasado sexual. También comprendió lo pecaminosa que era su adicción a la pornografía. Se dio cuenta de que no debía ser un pastor con sus luchas pasadas y presentes.

"Por eso no puedo perdonarme a mí mismo".

"¿Crees que Jesús murió por ti y que Dios te perdona por amor a Jesús?"

"Sí, pero... no puedo perdonarme a mí mismo".

A lo largo de mis años como reconciliador, he escuchado esta declaración varias veces. Antes de convertirme en reconciliador, yo mismo usaba la frase. Pasé por un momento difícil al principio de mi carrera empresarial, cuando nuestra economía local se desplomó. Mis dos negocios y mis inversiones

* {Como recordatorio, los nombres y otros detalles han sido cambiados para ejercer la confidencialidad.}

personales dependían del mercado inmobiliario, que había sufrido lo peor desde la Gran Depresión del año 1929. Yo era un esposo y padre joven, por lo que la culpa y la vergüenza de no poder pagar las facturas del negocio y mantener a mi familia me llevaron a la depresión. Finalmente busqué la ayuda de mi pastor y le conté la razón de mi angustia. "No puedo perdonarme a mí mismo".

¿Cuál es la raíz de la afirmación, "No puedo perdonarme a mí mismo"?

Mi pastor me asustó cuando me preguntó: "¿La sangre de Jesús no es lo suficientemente buena para ti?". Me molestó que cuestionara mi fe, aunque traté de ocultar mi reacción. Me tomé un momento, evitando responder.

"¿A qué te refieres?", le dije.

Me ayudó a entender que, al condenarme a mí mismo, estaba rechazando la obra expiatoria de Cristo. Podría decir que creía que Jesús murió por mí. Pero mi declaración de no perdonarme a mí mismo puso mi propio perdón por encima del perdón de Dios. En esencia, intenté ser el dios de mi propia vida. Si no cumplía con mis propias expectativas, entonces me condenaba a mí mismo y buscaba formas de castigarme por mis fracasos. (¿Notas todas las referencias a "yo", a "mí mismo" y a "mí"?) En otras palabras, pequé contra el Primer Mandamiento, porque confié en mí mismo para mi propia justificación más que en Dios.

Mi pastor entendió el problema de mi corazón. Tenía razón. Confesé mi pecado a Dios de no confiar en la sangre de Jesús para mi justificación. También confesé que no confiaba en Dios para recibir Su provisión. Mi depresión fue causada directamente por la vergüenza y la culpa que asumí. Yo era miope y ciego, y había olvidado, por lo tanto, que ya había sido limpiado de mis propios pecados (lee 2 Pedro 1:9).

Confesar mi pecado ante Dios y escuchar la proclamación de mi pastor de la buena noticia del perdón de Cristo me llevó a una sanación del espíritu y de la mente. Mi depresión me abandonó, aunque mi situación económica no había cambiado. Pero mi actitud cambió de rumbo por completo (una descripción de arrepentimiento). Ya no me miraba primero a mí mismo por mi situación financiera, sino que confiaba en Dios para Su provisión. Ya no buscaba condenarme y castigarme a mí mismo, porque mi vergüenza y mi culpa ya habían sido pagadas por la preciosa sangre del Cordero. Creía en el perdón de los pecados por mí.

Cuando me reuní con Diego, me di cuenta de que estaba luchando con un ídolo similar.

"Diego, ¿Te acuerdas de Jonás en el Antiguo Testamento?"

"Sí".

"¿Por qué Jonás trató de huir de Dios cuando fue llamado a predicar el arrepentimiento a los ninivitas?"

Diego relató la historia de Jonás. Jonás no quería que los ninivitas se arrepintieran, porque sabía que Dios era paciente y misericordioso y los perdonaría. Jonás quería que los ninivitas fueran condenados, no perdonados.

"Diego, me recuerdas a Jonás".

"¿A Jonás? ¿Cómo?".

"Te has declarado ninivita, alguien que no merece ser perdonado por Dios. Al declarar que no puedes perdonarte a ti mismo, te estás negando la libertad del perdón de Dios. Estás haciendo que tu propio perdón sea más importante que el perdón de Dios. Al igual que Jonás, te estás haciendo pasar por Dios. Te has juzgado a ti mismo indigno de la gracia y la misericordia de Dios. Si bien eso es cierto, Su perdón es un regalo que no puedes ganar. No estás confiando en Dios y en Su justificación para ti. Este es un pecado contra el Primer Mandamiento. Tu confianza está en tu auto-condenación y no en el amor y el perdón de Dios por ti".

Diego fue juzgado y condenado por esas palabras. "Nunca lo pensé de esa manera. Tienes razón. Estoy tratando de ser 'dios' y no confío en lo que Dios ha hecho por mí a través de Jesús".

"También me recuerdas al apóstol Pablo".

"¿A Pablo? ¿Cómo?".

Le pedí a Diego que leyera de su Biblia Romanos 7:15-24 en voz alta. Al leer, pude ver que algunos versículos se conectaban con él: "Yo sé que en mí, esto es, en mi naturaleza humana, no habita el bien; porque el desear el bien está en mí, pero no el hacerlo. Porque no hago el bien que quiero, sino el mal que no quiero. Y si hago lo que no quiero, ya no soy yo quien lo hace, sino el pecado que habita en mí... ¡Miserable de mí! ¿quién me librará de este cuerpo de muerte?" (vv. 18-20, 24).

Mientras leía las palabras "Miserable de mí", golpeaba su Biblia con el dedo.

"¡Ese soy yo! ¡Ese soy yo! Yo soy como Pablo. ¡Yo soy ese miserable!"

"Ahora, lee la primera parte del versículo 25".

Y leyó: "¡Gracias a Dios por Jesucristo nuestro Señor!"

"Diego, quiero que leas ahora Romanos 8:1. Pero donde dice: 'para los', quiero que insertes tu propio nombre, 'para Diego'".

En su lengua materna, leyó: "Por tanto, no hay ninguna condenación para [Diego] que está unido a Cristo Jesús...".

De inmediato, Diego lloró mucho por unos minutos. El Evangelio estaba haciendo su trabajo para limpiar su corazón pecador.

"Diego, léelo de nuevo".

Una vez más, Diego leyó esas palabras con su nombre insertado en el versículo y respondió con más lágrimas.

"Diego, ¿puedes leerlo por tercera vez?". Esta vez, estaba demasiado agotado para llorar.

"Diego, ¿crees que Jesús ha muerto por todos tus pecados, incluyendo tu pasado y tu presente?".

"¡Sí! ¡Lo creo!".

"¿Y te perdonas a ti mismo?".

"¡No es necesario! ¡He sido perdonado por Cristo!".

En la confesión de los pecados y en la fe en el Evangelio, Diego renunció a su intento de ser el dios de su propia vida. Confesó su pecado de quebrantar el Primer Mandamiento, y se aferró a la buena noticia de que había sido perdonado en Cristo. Ya no olvidaba que había sido limpiado de sus pecados pasados. Ahora recordaba quién era: un hijo perdonado de Dios.

Hablé con Diego sobre lo que le había pasado años atrás. Claramente, fue víctima de abuso sexual en la infancia. Lo que sucedió temprano en su vida no fue su culpa. Pero él fue responsable de sus decisiones más tarde en la vida. Jesús murió tanto por los pecados cometidos contra él, como por sus propios pecados. El perdón a través de Jesús sana tanto la vergüenza como la culpa.

¿ESTOY YO EN EL LUGAR DE DIOS?

No perdonarse a sí mismo es un intento de ser dios. Minimiza la obra expiatoria de Cristo en la cruz y eleva el perdón personal por encima del perdón de Dios. Aquellos que dicen: "Creo que Jesús murió por mí, pero no puedo perdonarme a mí mismo", están confiando en sí mismos para la justificación en lugar de confiar en Dios. Su confesión de fe es en sí mismos más que en Dios. No temen, aman y confían en Dios por encima de todas las cosas, sino que temen, aman y confían en sí mismos y en sus propias obras, buenas o malas, más que en Dios.

Centrarte en perdonarte a ti mismo es ponerte en el lugar de Dios.

Como le dije a Diego, no perdonarte a ti mismo es un pecado similar al que cometió Jonás. Te declaras ninivita, uno sobre el cual decides que debe ser condenado en lugar de ser perdonado. Te niegas al perdón de Dios o te convences a ti mismo de que tu propio perdón es más importante que el de Dios. Te castigas a ti mismo con culpa. Asumes la vergüenza que Jesús ya pagó en la cruz. Aunque puede ser algo involuntario, tu actitud de hacer que tu propio perdón sea lo principal en tu vida es una forma de rechazar lo que Cristo hizo por ti. Te pones a ti mismo en el lugar de Dios.

Dios sabe que nuestra naturaleza pecaminosa es actuar como si fuéramos el dios de nuestras propias vidas. Algunas frases comunes en nuestra sociedad reflejan esta actitud:

- **Soy el dios y amo de mi propio destino.**
- **Si no me preocupo por mí mismo, ¿quién lo hará?**
- **Soy el rey de mi propio castillo.**
- **Lo hice a mi manera.**

Cada una de estas frases ilustra cómo nosotros, por naturaleza, nos ponemos en el lugar de Dios. Por lo general, no reconocemos el pecado contra el Primer Mandamiento: “No tendrás dioses ajenos delante de mí” (Éxodo 20:3). Pero es la forma más básica de idolatría: hacerme pasar por Dios.

Dios sabe eso de nosotros. Él es más consciente que nosotros de nuestra naturaleza de ser egocéntricos, de pensar más alto de nosotros mismos de lo que deberíamos, de ponernos en Su lugar. El orgullo es un pecado recurrente en las personas.

Sin embargo, Dios condenó y castigó a Su Hijo por nuestra idolatría orgullosa. Jesús pagó por nosotros el precio de quebrantar el Primer Mandamiento y Dios nos declara justos. “Al que no cometió ningún pecado, por nosotros Dios lo hizo pecado, para que en él nosotros fuéramos hechos justicia de Dios” (2 Corintios 5:21).

SUPERANDO EL “NO PUEDO PERDONARME A MÍ MISMO”

¿Cómo salgo del complicado ciclo vicioso de “No puedo perdonarme a mí mismo”?

Arrepiéntete y cree en el Evangelio. Confiesa tu pecado de elevar tu perdón personal por encima del perdón de Dios. Confiesa tu orgullo y deja a un lado tu ídolo del dios hecho a tu propia imagen. Y luego cree en la buena noticia: “Por tanto, no hay ninguna condenación para los que están unidos a Cristo Jesús..." (Romanos 8:1).

Reemplace la errónea confianza en tu propia justificación con la acertada confianza en la obra redentora de Dios para ti:

> **[Jesús dijo:] "Porque de tal manera amó Dios al mundo, que ha dado a Su Hijo unigénito, para que todo aquel que en Él cree no se pierda, sino que tenga vida eterna. Porque Dios no envió a Su Hijo al mundo para condenar al mundo, sino para que el mundo sea salvo por Él. El que en él cree, no es condenado; pero el que no cree, ya ha sido condenado, porque no ha creído en el nombre del unigénito Hijo de Dios". (Juan 3:16-18)**

Cuando alguien ha experimentado años de abuso sexual y luego ha iniciado sus propias prácticas, tiene mucha carga pesada que necesita descargar. Le pregunté a Diego si quería confesar en voz alta los pecados que más le preocupaban y oír que se le proclamara el perdón de Dios. Él aprovechó la oportunidad.

Entramos en el santuario y nos paramos delante del altar. Le dije al traductor que no era necesario que traduzca, ya que yo no necesitaba saber lo que Diego confesaba y que Dios sabía español. Yo leí en inglés un folleto con pasajes de la Biblia sobre el perdón de Dios, y Diego siguió la lectura con una versión del folleto en español.[9] Diego quiso que su amigo estuviera presente, pero le pedí al traductor que no tradujera lo confesado.

Diego oró en voz alta su confesión delante de Dios. Decía algunas frases, lloraba y guardaba silencio. Esto se repitió varias veces. Finalmente, me miró. Estaba listo para recibir buenas noticias.

Leí varios pasajes de la Biblia que proclamaban el perdón de Dios para él. Inserté su nombre en los versículos Bíblicos. Diego me siguió con su folleto en español. Cuando terminamos, los dos oramos.

Dado que yo regresaba a casa al día siguiente en avión, quería dejar a Diego con alguna instrucción adicional para el futuro. Cada vez que un niño se introduce en la actividad sexual, esos primeros incidentes a menudo se repiten en la mente de la víctima. Diego me había descrito tales incidentes, diciendo que se reproducían como una película una y otra vez en su mente cuando intentaba deshacerse de los recuerdos. Estaba traumatizado por su pasado, y estos recuerdos lo torturaban. También se preguntaba qué hacer cuando se sintiera

9 Este folleto, *Proclamando el perdón de Dios*, está disponible en inglés y español en el sitio web de los Embajadores de la Reconciliación: AoRHope.org

tentado a volver a usar la pornografía.

La Palabra de Dios es poderosa y eficaz. Lo orienté para usar las Escrituras en esas batallas espirituales. Cuando esos recuerdos lo persiguieran o se sintiera tentado a usar la pornografía, podía usar el folleto con los versículos de las Escrituras y leerlos en voz alta, insertando su propio nombre. Le sugerí que guardara Romanos 8:1 para lo último. Me dijo que así lo haría.

No he vuelto a ver a Diego. Pero varios años más tarde, en un evento al que fui como orador, conocí a una mujer que servía como misionera en el país de Diego. Y me dio un mensaje de parte de él: "Gracias, Ted. Mi depresión desapareció esa noche. Hablé con mis profesores y me permitieron recuperar el trabajo perdido. Me gradué y fui ordenado. Hoy soy un pastor que cree en el poder del perdón de Cristo".

LIBERTAD DE LA PRISIÓN DE LA FALTA DE PERDÓN

Hank y su mejor amigo fueron reclutados por el ejército y enviados a Vietnam. Hank le prometió a la esposa de su amigo que lo cuidaría y lo traería de vuelta a casa sano y salvo. Fue una promesa que no pudo cumplir. Su amigo fue fatalmente herido y murió en sus brazos.

Hank nunca superó su culpa por no haber cumplido con su promesa. Cuando regresó a casa, luchó por mantener un trabajo legítimo. A menudo recurrió al crimen y fue encarcelado varias veces a lo largo de los años.

Brad conoció a Hank a través del ministerio en la prisión. Mientras hablaba con Hank sobre las luchas de la vida, escuchó a Hank declarar: "No puedo perdonarme a mí mismo". Hank se había condenado repetidamente a sí mismo año tras año, mientras buscaba alivio de su tormento. Al principio, Brad trató de consolar a Hank diciéndole que no era su culpa que su amigo muriera en la guerra. Pero quedó claro que ese razonamiento no proporcionaba ningún alivio. Hank se lamentaba de no haber podido cumplir su palabra con la esposa de su amigo, y lamentaba los muchos crímenes que había cometido desde entonces.

Brad se dio cuenta de que lo que Hank necesitaba era la seguridad del perdón de Dios. Compartió entonces un sencillo devocional con Hank sobre el "no perdonarse a sí mismo".[10] El devocional se centraba en cómo Jesús pagó el precio por todos nuestros pecados, incluyendo la culpa. Hank hizo algunas

10 El devocional contaba la historia de Diego. Es uno de los cuarenta y dos devocionales en el folleto *Perdonado para Perdonar*, disponible en el sitio web de Embajadores de la Reconciliación: AoRHope.org

preguntas y Brad continuamente señaló lo que Jesús había hecho por Hank. También animó a Hank a leer en voz alta varios versículos de la Biblia que proclamaban el perdón de Dios para él, insertando su propio nombre.

Después de décadas de disgusto consigo mismo, Hank fue sanado por la poderosa Palabra de Dios. Fue liberado de la prisión de la falta de perdón a la que él mismo se había condenado. Aprendió a confiar en el perdón de Cristo, logrado por la cruz y la tumba vacía. Hank es ahora un hijo redimido de Dios.

Brad le dio el folleto del que provenía el devocional y Hank formó un grupo de estudio bíblico en la cárcel para compartir las devociones con otros reclusos. Usaban un devocional cada semana para su estudio. Hank compartió intencionalmente el amor y el perdón de Cristo en cada lección.

¿CÓMO SE APLICA ESTO A MÍ?

1. ¿Por cuáles ofensas he luchado por "perdonarme a mí mismo"?

2. En definitiva, ¿cuál es la raíz de mi resistencia a perdonarme a mí mismo?

3. Al declarar: "No puedo perdonarme a mí mismo", ¿en quién estoy confiando más para mi justificación?

4. Al revisar este capítulo, ¿cuáles fueron los principales componentes que llevaron a diferentes personas a aprender a superar la actitud de "no puedo perdonarme a mí mismo"?

5. Si tu falta de perdón hacia ti mismo es a largo plazo y está profundamente arraigada, selecciona intencionalmente a un cristiano maduro al que puedas pedirle que lea este capítulo y te ayude a superar tus desafíos.

6. Escribe una oración de confesión de pecado y de confesión de fe en el perdón de Jesús por ti. Incluye una petición de ayuda por parte de otros (como una orientación externa) cuando sea necesario. Si este capítulo te ha ayudado a vencer tu falta de perdón hacia ti mismo, incorpora una petición de acción de gracias a Dios por Su misericordia y gracia mostradas a través de Jesucristo.

PLANTILLA DE ORACIÓN

(Lee el capítulo 3, "¿Cómo debo orar?")

INTRODUCCIÓN

REFERENCIA A LA OBRA DE DIOS

PETICIÓN

RESULTADO

CONCLUSIÓN

CAPÍTULO 13

¿QUÉ PASA SI OTROS NO ME PERDONAN?

Si contra mi‿hermano peco
Y la Ley de Dios transgredo,
El perdón debo rogarlo,
Mas no nunca demandarlo;
Solo‿en fe‿y paciencia‿espero,
Orando con fuerte‿anhelo
Que‿el perdón se me conceda
Por amor y gracia plena.

Mas si no‿han de perdonarme
Y con odio cruel tratarme,
Si me‿humillan y rechazan,
¿Qué yo‿haré si‿esto me pasa?
Mi Jesús, si se me niega
El perdón que mi‿alma‿anhela,
Dame paz y gran confianza;
En Ti tengo mi‿esperanza.

Ben y Sofía eran cristianos recién casados. Ben estaba terminando su licenciatura con el plan de asistir al seminario y formarse como pastor. Sofía estaba enseñando en una escuela primaria y esperaba con ansias mudarse al seminario con Ben dentro de un año. Pasaban las noches juntos viendo la televisión, con Ben estudiando y Sofía calificando los trabajos.

Sofía comenzó a hablar con Jack, un colega de trabajo, sobre los desafíos de estar casada con Ben y los sentimientos que tenía al respecto. Con el tiempo, Sofía y Jack comenzaron a salir juntos. En una ocasión, terminaron teniendo relaciones sexuales. Sofía se arrepintió. Sabía que estaba mal y rápidamente se lo contó a Ben. Ella le pidió que la perdonara.

Ben reaccionó con ira, amargura e indignación. ¿Cómo podía su esposa hacerle tal cosa? ¿Cómo habría podido Jack aprovecharse de la situación? ¿Por qué Dios permitió que esto sucediera? Después de todo, se estaba preparando para ser pastor.

Ben y Sofía buscaron un consejero pastoral y asistieron a muchas sesiones. Pero Ben no podía perdonarla. Sofía prometió que no volvería a suceder. Le suplicó a Ben que la perdonara. Pero después de cada sesión de terapia, Sofía se sentía decepcionada de que Ben no pudiera perdonarla.

¿Qué debería hacer Sofía?

CONFÍA EN EL PERDÓN DE CRISTO

Cuando has pedido perdón, pero la persona que lastimaste no te lo da, ¿qué puedes hacer?

En primer lugar, pon tu confianza solamente en Jesús para tu perdón. Luego busca la ayuda del Espíritu Santo para responder a los demás. Recuerda cuánto te ha perdonado Cristo, para que puedas tener el poder de vivir como Su hijo amado y perdonado.

Independientemente de tu pecado, la promesa del perdón de Dios es tuya en Jesucristo. “Si confesamos nuestros pecados, él es fiel y justo para perdonar nuestros pecados y limpiarnos de toda maldad” (1 Juan 1:9).

Tu justicia no se encuentra en tu confesión, en tus buenas obras ni en la aceptación de los demás, ¡solo se encuentra en el sacrificio del Hijo de Dios por ti! “Al que no cometió ningún pecado, por nosotros Dios lo hizo pecado, para que en él nosotros fuéramos hechos justicia de Dios” (2 Corintios 5:21).

Tu paz no se encuentra en el perdón que recibes de las personas, solo se encuentra en la obra expiatoria de Cristo. “Así, pues, justificados por la fe tenemos paz con Dios por medio de nuestro Señor Jesucristo…" (Romanos 5:1).

Tu esperanza no se encuentra en el perdón de las personas, solo se encuentra en Aquel que murió y resucitó por ti. "¡Que el Dios de la esperanza los llene de todo gozo y paz en la fe, para que rebosen de esperanza por el poder del Espíritu Santo!" (Romanos 15:13).

Tu salvación no se encuentra en la gracia salvadora de otros, se encuentra solo en el nombre salvador de Jesús. "En ningún otro hay salvación, porque no se ha dado a la humanidad ningún otro nombre bajo el cielo mediante el cual podamos alcanzar la salvación" (Hechos 4:12).

La libertad de la culpa y la condenación no se encuentran en la misericordia de los demás, se encuentran solo para aquellos que están en Cristo Jesús. "Por tanto, no hay ninguna condenación para los que están unidos a Cristo Jesús, los que no andan conforme a la carne, sino conforme al Espíritu" (Romanos 8:1).

Los pecadores a menudo luchan por perdonar o se niegan a perdonar. El perdón de Dios es instantáneo y constante. Pero con las personas, el proceso del perdón lleva tiempo.

No esperes que los no creyentes perdonen como Dios perdona. Los que no son cristianos no son capaces de perdonar como Dios ha perdonado, porque aún no han recibido el don de Dios (lee el capítulo 1 de este libro, "¿Qué es la falta de perdón?").

En el caso de los cristianos, ellos todavía luchan con su naturaleza pecaminosa. Muchos requieren tiempo y paciencia para perdonar, o puede que no perdonen por completo. Debes anticipar que algunas personas heridas por tu ofensa no perdonarán durante algún tiempo. Hay que ser conscientes de que habrá otros que no podrán perdonar.

Por lo tanto, es muy importante que, incluso mientras buscas el perdón de los demás, fijes tus ojos en Jesús, confiando en Su perdón y esperando que Él mueva a los demás a perdonarte. Mientras esperas el perdón de los demás, tu enfoque en Jesús te fortalecerá para evitar la trampa de ser cruel con aquellos que no te perdonan.

Como pecadores, todos somos mendigos. Podemos pedir misericordia, pero no tenemos derecho a exigirla. Incluso una confesión perfecta no merece el perdón. El perdón es un regalo que nunca se merece, y no se puede ganar ni comprar.

Si exigimos el perdón, nos hacemos a nosotros mismos como un dios, exigiendo a los demás que nos den lo que queremos. Entonces, caemos en un nuevo pecado, reemplazando al Dios verdadero por uno falso (nosotros mismos) y poniéndonos a nosotros mismos por encima de los demás, incluso de aquellos contra los cuales hemos pecado.

Al principio, es posible que no nos demos cuenta de que estamos exigiendo el perdón. Tal expectativa comienza en el corazón. Comienza con la actitud de creerse con el derecho. Los pensamientos del corazón se transforman entonces en palabras y acciones. Nuestra exigencia de perdón se convierte en un nuevo pecado contra Dios y los demás. Nuestra exigencia de perdón se convierte en un ídolo.

EL DESARROLLO DE UN ÍDOLO

El pecado rompe las relaciones. Querer ser perdonado por los demás es un buen deseo, porque restaura las relaciones. Pero si convertimos ese deseo en una exigencia, comenzamos a desarrollar un ídolo.

Un ídolo es cualquier persona o cosa a la que tememos, amamos o confiamos más que en Dios. No todas las instancias de temer, amar o confiar son pecaminosas. Pero se vuelven pecaminosas cuando las hacemos más importantes que Dios.

El estudio bíblico *Resolución de Conflictos vs. Reconciliación* de los Embajadores de Reconciliación, analiza cómo desarrollamos un ídolo. Los ídolos comienzan en nuestro corazón. A menudo desarrollamos ídolos del corazón sin siquiera darnos cuenta de lo que está sucediendo.

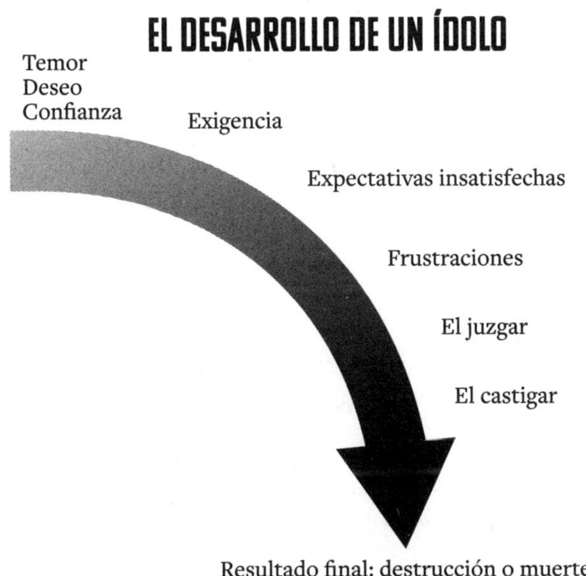

Un ídolo puede comenzar con un temor, un deseo o una confianza piadosos. Pero una vez que exigimos lo que queremos, éste empieza a convertirse en un ídolo en todos los sentidos. Nos deslizamos por una loma resbaladiza, pasando del deseo a la exigencia. Cuando las expectativas no se cumplen, nuestra frustración aumenta y juzgamos a aquellos que no nos dan lo que queremos. Si siguen negándonos lo exigido, los castigamos.

El diablo promete cosas buenas: relaciones restauradas, felicidad, satisfacción, seguridad, éxito, fama o conocimiento especial, solo si apartamos nuestra devoción de Dios y nos dedicamos a los ídolos de nuestros corazones. ¡Pero esto es un gran engaño! ¡Él es el padre de la mentira!

Si no se controla, la idolatría resulta en la destrucción del ídolo y/o de la persona que lo adora. En otras palabras, la idolatría lleva a la muerte. Las Escrituras describen esta progresión: "Al contrario, cada uno es tentado cuando se deja llevar y seducir por sus propios malos deseos. El fruto de estos malos deseos, una vez concebidos, es el pecado; y el fruto del pecado, una vez cometido, es la muerte" (Santiago 1:14-15).

Pensemos en un hombre que ha cometido adulterio. Se confiesa a su esposa y le dice: "Ahora, como cristiana, tienes que perdonarme". Su deseo por el perdón se convierte en una exigencia. Sus expectativas no se cumplen cuando ella se niega a perdonarlo, y él se siente frustrado. Arremete contra ella con ira, juzgándola como anticristiana por no perdonarlo. Luego la castiga diciéndole a sus amigos y familiares que es una hipócrita por no perdonarlo. ¿Cuál creen que será el resultado si no se arrepiente de su actitud y acciones? Ella puede llegar a dejarlo y solicitar el divorcio. La mismísima cosa que él deseaba ahora es destruida por su propio resbalamiento hacia la idolatría. Su deseo de un matrimonio restaurado termina en un matrimonio destruido.

No todo el mundo es culpable de adulterio y de exigir el perdón. Pero nuestros propios ídolos pueden conducirnos a resultados similares.

Exigir el perdón a otro es un ejemplo de un deseo que se ha vuelto idólatra. El deseo de ser perdonado por los demás es una actitud piadosa. Pero se vuelve idólatra cuando creemos que alguien nos debe perdonar. Cuando nuestras expectativas no se cumplen (la persona no perdona), nos frustramos (¡nos enojamos!) y juzgamos a la persona que no perdona. Buscamos formas de castigarla: palabras de ira, chismes, negación y cosas por el estilo.

Si no detenemos el desarrollo de este ídolo, corremos el riesgo de morir o de destruirnos a nosotros mismos. Nuestra falta de perdón hacia la persona que no perdona echa leña al fuego. Nuestra relación se vuelve aún más agria. Nuestros propios corazones sufren por la amargura que nos separa de los demás. Eventualmente, nuestra falta de perdón puede separarnos de Dios.

Además, los ídolos exigen sacrificios. Renunciamos a algo bueno para satisfacer a los ídolos de nuestro corazón. Pensemos de nuevo en el esposo infiel que exige perdón a su esposa. ¿Qué sacrificará para servir a su ídolo? Integridad, relaciones con la familia y los amigos, su propio testimonio cristiano y, finalmente, la esperanza de un matrimonio restaurado. ¿Qué sacrificamos cuando no perdonamos a los que no nos perdonan?

UN DEUDOR INGRATO

Había un rey que prestó una gran suma de dinero a uno de sus siervos. El siervo debía tanto dinero que nunca podría haberlo devuelto ni en toda su vida. Debido a que no podía pagar la deuda a tiempo, el rey planeó vender al siervo y a su familia como esclavos hasta que la deuda pudiera ser pagada. Aquel cayó de rodillas y le rogó al rey que tuviera paciencia. Prometió pagar lo que le debía y rogó por más tiempo. Sorprendentemente, el rey tuvo misericordia y compasión de él. Él sabía que el siervo nunca podría haber pagado la deuda ni en diez vidas. Sin embargo, perdonó su deuda y dejó que el hombre salga en libertad.

¡Asombroso! ¡Inesperado! ¡Qué buena noticia! El rey tenía todo el derecho de vender al siervo y a su familia y encarcelarlos, pero decidió no hacerlo. Optó por perdonar la inmensa deuda.

Jesús contó esta parábola (lee Mateo 18:21-35) para ilustrar la relación entre Dios (el rey) y nosotros (siervos con deudas demasiado grandes para pagar). Merecemos la muerte eterna en el infierno por nuestros pecados. Podríamos postrarnos y rogarle a Dios que nos dé más tiempo para que podamos tratar de pagar nuestra deuda. Pero no importa cuánto lo intentemos, las buenas obras nunca podrán pagar la deuda de nuestros pecados. Dios lo sabía. Así que Él dio a Su único Hijo, el Rey de reyes y Señor de señores, para que pagara nuestra deuda en su totalidad. Dios ha tenido misericordia y compasión de nosotros a través de Jesucristo, quien ha perdonado nuestros pecados y nos ha liberado de la condenación en el infierno.

Pero, entonces, algo extraño sucede en la parábola. Aquel siervo perdonado salió de la presencia del rey y buscó a un consiervo que le debía dinero, una cantidad diminuta comparada con lo que él mismo le debía al rey. Atacó a su consiervo, poniéndole las manos en el cuello, asfixiándolo y exigiéndole: "Págame lo que me debes" (Mateo 18:28).

El consiervo no pudo pagar la deuda. Cayó boca abajo y le suplicó que le dé más tiempo para pagar la deuda. Aunque esta deuda era minúscula en comparación con su enorme deuda con el rey, el siervo perdonado no estaba dispuesto a mostrar nada de misericordia o compasión a su consiervo. Se negó a darle más tiempo y a perdonarle la deuda. Hizo que su consiervo fuera encarcelado hasta que la deuda pudiera ser pagada.

¡Qué horrendo! El rey perdonó amablemente la enorme deuda del siervo y lo dejó en libertad. Pero cuando el siervo perdonado tuvo la oportunidad de hacer lo mismo por un consiervo, se negó a mostrarle compasión. Se negó a concederle la misma misericordia que se le había dado a él.

El siervo que no quiso perdonar era egoísta, insensible y despiadado. Su reacción hacia su consiervo fue una clara contradicción a la respuesta del rey hacia él. Es asombroso que alguien a quien se le había perdonado tanto no estuviera dispuesto a mostrar la misma misericordia y compasión hacia alguien que estaba en deuda con él. Sus acciones demostraron que era desagradecido con lo que había recibido.

El siervo ingrato no tenía suficiente comprensión y aprecio por el perdón. Estaba dispuesto a recibir el perdón de su enorme deuda, pero no estaba dispuesto a conceder el perdón de la pequeña deuda de su prójimo. Sus ojos estaban fijos en la deuda de su consiervo antes que en el amor que el rey le había mostrado. Perdió la oportunidad de mostrar un amor similar a su prójimo. Su atención se centró en el dinero que se le debía. Su enfoque se convirtió en su ídolo.

Las Escrituras nos enseñan dónde enfocarnos:

> **Por lo tanto, también nosotros, que tenemos tan grande nube de testigos a nuestro alrededor, liberémonos de todo peso y del pecado que nos asedia, y corramos con paciencia la carrera que tenemos por delante. Fijemos la mirada en Jesús, el autor y consumador de la fe, quien por el gozo que le esperaba sufrió la cruz y menospreció el oprobio, y se sentó a la derecha del trono de Dios. (Hebreos 12:1-2)**

Cuando nos concentramos en la deuda del pecado en lugar de concentrarnos en Jesús, perdemos de vista el amor de Dios. No apreciamos la profundidad del perdón de Dios. Perdemos el gozo del increíble don de Dios. Perdemos la paz que sobrepasa todo entendimiento humano. Y no compartimos ese mismo amor con nuestro prójimo.

Fija tus ojos en Jesús, y el amor de Dios llenará tu corazón de una paz que sobrepasa todo entendimiento (lee Filipenses 4:7). Tu acción de perdonar a los que no te perdonan es una manifestación de tu gratitud por la misericordia y el amor que el Rey te ha mostrado. Sin embargo, tu falta de perdón hacia alguien que no te perdona demuestra ingratitud por el perdón que se te ha mostrado en Cristo.

DÓNDE FIJAR LOS OJOS

Pedro aprendió rápidamente las consecuencias de no fijar sus ojos en Jesús cuando salió de la barca y caminó hacia Jesús en el agua. Mientras Pedro mantenía sus ojos en Jesús, caminaba sobre el agua. Pero tan pronto como se distrajo con la tormenta que se arremolinaba a su alrededor, se asustó y comenzó a hundirse.

"¡Señor, sálvame!" (Mateo 14:30), gritó Pedro mientras se hundía. Rápidamente Jesús extendió su mano, sujetando y rescatando así al discípulo incrédulo e insensato de las aguas de la muerte.

Al principio, Pedro dudó, junto con los demás discípulos, de que fuera Jesús el que caminaba sobre el agua. Poco después, Pedro volvió a dudar de Jesús cuando temió a las olas. Cada vez que Pedro perdía de vista a Jesús, Jesús se acercaba para salvarlo.

¿Recuerdas cuando Pedro le dio la espalda a Jesús justo antes de Su crucifixión? Negó rotundamente haber conocido a Jesús: "Pero él lo negó otra vez, y hasta juró: 'No conozco a ese hombre'" (Mateo 26:72). Incluso comenzó a invocar una maldición sobre sí mismo y a jurar: "Entonces él comenzó a maldecir, y a jurar: No conozco a ese hombre" (v. 74). Este era el mismo Pedro que, pocas horas antes, había declarado: "¡Aun cuando tenga yo que morir contigo, jamás te negaré!" (Mateo 26:35).

Pedro no siempre tuvo sus ojos fijados en el Señor. Fijó sus ojos en sí mismo y en sus miedos. Fijó sus ojos en la tormenta. Fijó sus ojos en las consecuencias de estar asociado con Jesús. Sin embargo, Jesús se acercó para salvar a Pedro una y otra vez. Cada vez, Pedro se benefició del amor de Cristo. Fortalecido repetidamente por el amor de Jesús, compartió ese amor con los demás. Él dijo: "Busquen, como los niños recién nacidos, la leche espiritual no adulterada, para que por medio de ella crezcan y sean salvos, si es que han probado ya la bondad del Señor" (1 Pedro 2:2-3). La confianza de Pedro en el Señor Jesús a menudo flaqueaba porque se distraía. Pero cuando dejó de involucrarse en el pecado que lo distrajo, y comenzó a mirar a Jesús en busca de salvación, su corazón se llenó de la paz que sobrepasa todo entendimiento.

El Rey hace posible el perdón. Ni siquiera estaríamos teniendo esta discusión si el Rey simplemente hubiera arrojado al siervo no perdonador y a su familia a la cárcel. Pero el Rey es misericordioso y compasivo. Él sacrificó a Su Hijo Jesús, para poder perdonar la deuda del pecado. Lo que el Rey hace prepara el escenario para lo que todos los siervos del Rey pueden hacer unos por otros.

Parece muy fácil. Sin embargo, para el siervo no perdonador llamado Ben esto no fue fácil. Las emociones y los sentimientos que se arremolinaban en su interior hacían que fuera difícil perdonar a su esposa Sofía. La ansiedad que sentía sobre si aquello podría volver a suceder; la vergüenza que sentía como alguien que estudiaba para ser pastor; el miedo a que los demás se enteraran; la ira, la tristeza, la traición, el miedo, la confusión, el dolor, el desprecio, el odio..., todas estas emociones lo estaban devorando de adentro hacia afuera y le resultaba difícil perdonar.

No podía perdonar, porque confiaba en su propia capacidad para hacer frente a la montaña de emociones que estaba retorciendo su mundo de adentro hacia afuera. No podía perdonar porque su confianza no estaba ante todo en Dios. Ben luchó con sus propios ídolos. Sin embargo, Dios había perdonado la deuda de pecado de Ben muchísimas veces.

Ben había luchado con la pornografía y con tener conversaciones sexuales a través de Internet cuando estaba en la escuela secundaria. El placer sexual, fuera del diseño de Dios para el sexo, se había convertido en un ídolo para Ben. Sabía que esto tenía el potencial de mantenerlo fuera del ministerio. Sin embargo, Ben rompió el desarrollo de su ídolo. Confesó su pecado a su pastor y fue sincero con el personal de admisiones del seminario acerca de sus luchas pecaminosas. Para su sorpresa, el pecado fue perdonado. El arrepentimiento nos libera de nuestros dioses falsos y restaura nuestra relación con Dios.

Ben se benefició del amor de Dios, pero tenía problemas para compartir ese amor perdonando a Sofía.

¿Cómo crees que reaccionó Sofía cuando Ben no pudo perdonarla?

CÓMO NO REACCIONAR ANTE UN SIERVO QUE NO PERDONA

El deseo de Sofía de que su marido la perdonara se volvió en una exigencia y se convirtió en su ídolo.

Todo comenzó cuando Sofía esperaba que su marido la perdonara. Su ofensa era grave, pero la había confesado. Dios la perdonó. ¿Por qué no debería hacerlo su marido?

Sofía trató de presionar a Ben para que la perdonara. Ella intentó avergonzarlo: “Si no me perdonas, Dios no te perdonará”. Adoptó un acercamiento vocacional: “¿Cómo puedes ser pastor si no me perdonas?”.

La expectativa en su corazón se había convertido en una exigencia.

Presionar a alguien para que te perdone solo te llevará más profundamente por un espiral emocional. Sentirás como si te estuvieran apretando la cabeza en una prensa. Cuando la presión se vuelve abrumadora, es probable que respondas de manera pecaminosa para aliviarla.

Cuando no consiguió lo que quería, Sofía juzgó a su marido y decidió castigarlo. Comenzó a chismear, calumniando la reputación de Ben cuando hablaba con su familia y amigos. Lo pintó como un hipócrita, un simple bonachón sin principios sólidos. ¿Crees que eso la ayudó a ella o a su esposo? Ahora bien, ¿quién estaba luchando con la falta de perdón?

Su deseo se convirtió en una exigencia y así comenzó a deslizarse por la loma resbaladiza de su propia idolatría. Se estaba convirtiendo en un dios. En lugar de confiar en Dios y esperar en Él, Sofía tomó el asunto en sus propias manos.

Pecar contra la persona que se niega a perdonarte fracasará. Simplemente le das más leña para el fuego que ya tienes ardiendo contra ti. Pero también terminas actuando como un siervo ingrato, olvidando cuánto has sido perdonado por Cristo.

Aunque sus intentos de obligar a Ben a perdonarla estaban fracasando, Sofía continuó caminando en su loma resbaladiza. Pensó en abandonar a su marido. Amenazó con divorciarse. Se mudó con sus padres durante un mes. Se negó a hablar con él hasta que él la perdonara. A menos que escapara de su idolatría, la relación que quería restaurar sería destruida permanentemente. Si no se controla, la idolatría resulta en destrucción o muerte. No solo se arruinaría la relación, sino que tanto ella como Ben continuarían en peligro espiritual.

Sofía estaba dispuesta a sacrificar mucho a su ídolo de exigir perdón. ¡Al final, estaba dispuesta a sacrificar la misma relación que quería restaurar! Esa es la ironía de la idolatría: Promete felicidad, plenitud y seguridad, pero es la mentira de Satanás. Si continuamos inclinándonos ante nuestro ídolo, recibiremos todo lo contrario.

Si Sofía se retiraba y abandonaba a Ben, él quedaría aislado de la esperanza de Cristo que ella pudiera haberle hablado. Sus amigos podrían animarlo a permanecer sin perdonarla y a hacer cosas malas, pensando que lo estarían ayudando. Pero las respuestas pecaminosas solo aumentarían su sufrimiento.

ROMPIENDO ÍDOLOS A TRAVÉS DEL ARREPENTIMIENTO

EL ARREPENTIMIENTO TRANSFORMA LA IDOLOTRÍA

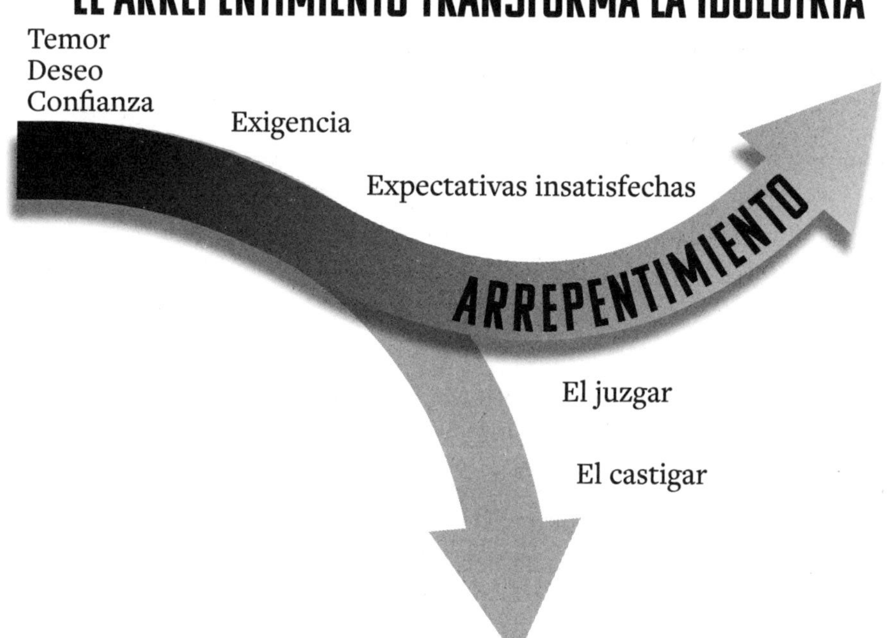

Dios nos llama a arrepentirnos de nuestros pecados, incluyendo los ídolos de nuestros corazones. A través del arrepentimiento, rompemos el desarrollo del ídolo. Cambiamos nuestra adoración de nuestros dioses falsos por la adoración al Dios verdadero. El arrepentimiento transforma la idolatría.

La manera de huir de nuestros ídolos y volvernos hacia Dios es esta: ¡Arrepiéntete! ¡Confiesa tus pecados a Dios y cree en Su perdón para ti! Espera en Cristo. Él sabe lo que necesitas y lo que quieres. Él quiere que le temas, lo ames y confíes en Él por sobre todas las cosas, y Él te proveerá lo que más necesitas.

El arrepentimiento rompe el deslizamiento hacia la idolatría y nos lleva a la sanación.

CÓMO RESPONDER AL SIERVO QUE NO PERDONA

Sofía tuvo la bendición de tener personas piadosas a su alrededor, quienes le hablaron claramente y le dieron buena orientación bíblica que podía usar para animar a Ben a perdonarla. Estas personas mostraron amor y compasión hacia Sofía, quien había olvidado cuánto Cristo le había perdonado (lee 2 Pedro 1:9).

Animaron a Sofía a ser paciente con Ben y darle el espacio que él necesitaba para procesar las emociones de la situación. Esta puede ser una de las cosas más difíciles de hacer. Puede parecer que no hay un final a la vista y que no está sucediendo nada. Pero, ¿realmente sabes si el Espíritu Santo está obrando en el corazón de alguien y cómo lo hace?

Considera cuánto tiempo estuvo Noé en el arca. Recuerda cuánto tiempo estuvo el pueblo de Israel en esclavitud y cuánto tiempo vagaron por el desierto. Fíjate cuánto tiempo esperó Abraham a que naciera Isaac. Considera cuánto tiempo se tomó Dios para enviar al Mesías, que le había prometido a Adán y que se cumplió finalmente en Jesús.

Quizás tengas ganas de clamar al Señor junto con el salmista, diciendo:

> **¿Hasta cuándo, Señor? ¿Hasta cuándo me ocultarás tu rostro? ¿Te olvidarás de mí para siempre? ¿Hasta cuándo debo estar angustiado, y andar triste todo el día? ¿Hasta cuándo mi adversario me dominará? (Salmos 13:1-2)**

Ser paciente con una persona que no quiere perdonar no te garantiza que te perdonará. Pero sí le da la oportunidad de perdonarte. Además, te brinda la oportunidad de recordar cuán perdonado eres en Cristo y de perdonar a la persona que lucha por perdonarte.

En algunos casos, el perdón puede llegar rápidamente. Acuérdate de la mujer junto al pozo en Samaria, quien rápidamente fue a la ciudad y les dijo a todos: "Vengan a ver a un hombre que me ha dicho todo cuanto he hecho. ¿No será éste el Cristo?" (Juan 4:29). Ella experimentó el perdón de Cristo en su primera conversación con Él.

Acuérdate del criminal colgado junto a Jesús en la cruz, que dijo: "'Acuérdate de mí cuando llegues a tu reino'. Jesús le dijo: 'De cierto te digo que hoy estarás conmigo en el paraíso'" (Lucas 23:42-43). El ladrón experimentó el perdón de Jesús justo antes de morir.

Dios perdona inmediatamente. Pero la gente, incluso los cristianos, a menudo necesitan tiempo. Es un proceso.

Sofía tenía dos opciones: ser amarga, exigente, castigadora y despiadada con Ben, o ser paciente, amorosa y perdonadora con él. Perdonar a un siervo que no perdona no es fácil. Tal persona no se lo merece, y no parece beneficiarse del regalo del perdón de Dios. Pero el perdón es el estilo de vida de un cristiano.

Sofía necesitaba perdonar a Ben para no terminar siendo amarga y despiadada con él. Conceder el perdón no depende solo del arrepentimiento. Dios prometió enviar un Salvador incluso antes de que alguien se arrepintiera de sus pecados (lee Génesis 3:15). Jesús vino a este mundo pecaminoso para cumplir esa promesa, ofreciéndonos perdón a través de Su sacrificio. Pero recibir ese perdón depende del arrepentimiento y la fe en Cristo. Ben es un hijo de Dios, y el don del perdón es suyo a través de Jesucristo. Pero si no se arrepiente de ser un siervo no perdonador, perderá la paz que proviene del perdón de los pecados (lee Jonás 2:8).

Sofía confesó su propia falta de perdón y se arrepintió de su pecado idólatra. Se liberó de la idolatría de exigir el perdón. Fue perdonada en el nombre de Jesucristo. Dios fue paciente con ella. Él promete no usar ese pecado en su contra. No usará ese pecado para echarla fuera de Su reino. No usará ese pecado para castigarla con la condenación eterna del infierno. Ella permanece delante de Dios y de Ben como una hija perdonada en el Señor. No necesita temer las consecuencias eternas de su pecado.

Aun así, tenía que soportar las consecuencias terrenales de su comportamiento pecaminoso. Ben perdió su confianza en ella. Para reconstruir esa confianza, Sofía necesitaba vivir su fe de manera constante. Necesitaba ser transparente con Ben, ser honesta sobre sus relaciones y finanzas, y ser sincera con sus emociones, sueños y luchas. No podía disfrazar la verdad ni permitir que Ben creyera cosas que no eran ciertas. Cuando Sofía se arrepintió y vivió su fe, produjo frutos. Fue sincera con Ben, lo que le dio la oportunidad de volver a confiar en ella.

Sofía quería reflejar la paciencia que Dios le había mostrado. Ella no abandonó a Ben, sino que regresó y permaneció con él todos los días, amándolo y perdonándolo por su falta de perdón. Oró por su esposo y oró junto con él. Le dio el espacio que necesitaba para procesar las emociones que lo llevaron a ser un siervo que no quiere perdonar. Ella lo encomendó al cuidado del Señor, confiando en que el Espíritu Santo obraría en el corazón de Ben.

Por la gracia de Dios, Ben pudo perdonar a su esposa después de dos años. Un amigo cristiano lo animó y le habló la Palabra de Dios para su vida. Ben recordó la gran deuda de su propio pecado que Dios había perdonado. Ya no quería ser un siervo no perdonador, encarcelando a su esposa por pecados que Dios ya le había perdonado. El día que Ben perdonó a su esposa fue un día de paz que sobrepasó todo entendimiento humano para ambos. Ben no solo se reconcilió con Dios, sino que ahora también se reconciliaba con su esposa. Le agradeció a Dios que ella no lo abandonara, sino que fuera paciente con él y deseara una relación reconciliada a través del perdón de Jesucristo. El perdón paciente de ella lo ayudó a sanar. Y, a cambio, sus oraciones para ser perdonada por él fueron contestadas.

Si Sofía se hubiera aferrado a su idolatría, probablemente habría perdido lo que más deseaba. Al arrepentirse de su propio pecado y perdonar a Ben, demostró su confianza en Dios.

Cuando esperamos pacientemente que el Señor cambie el corazón de una persona que no perdona, ¡qué alegría cuando llega aquel día en que es capaz de perdonar!

Pero, ¿qué sucede si la persona que se niega a perdonarnos ha rechazado el regalo del perdón del Rey y permanece prisionera en su falta de perdón?

EXIGIENDO EL PERDÓN

TED

Conozco a un hombre que traicionó y lastimó profundamente a tres de sus amigos más cercanos. Su pecado también fue una ofensa criminal que lo llevó a la prisión.

Confesó su pecado directamente a cada uno de los tres amigos antes de ser encarcelado. Uno de los tres lo perdonó. Pero dos se negaron.

Visité a Ernie un par de veces en la cárcel. Durante una de mis visitas, se quejó conmigo de los dos amigos que no lo habían perdonado. Luego dijo: "Mas les vale que no oren el Padre Nuestro, porque estarían orando por juicio sobre sí mismos". Se refería a la petición de "perdónanos nuestras deudas, así como nosotros perdonamos a nuestros deudores".

Su arrogancia me sorprendió. Había visto la contrición de Ernie y habíamos hablado de su pecado y su confesión unas cuantas veces. Sabía que merecía estar en prisión. Reconoció que no merecía el perdón de Dios y estaba agradecido de que Dios y uno de sus buenos amigos lo hubieran perdonado. Otras personas que lo conocieron también le aseguraron su apoyo. Sin embargo, juzgó a los dos que no lo habían perdonado.

Lo regañé. Le recordé que no tenía derecho a exigir perdón a aquellos a quienes había herido. Sus expectativas habían cruzado la línea. Su buen deseo de recibir el perdón de los dos amigos se convirtió en un ídolo.

¿Había un elemento de verdad en su evaluación de sus amigos? Ciertamente. Si seguían en la falta de perdón para con Ernie, corrían el peligro de dañar su propia salud espiritual. Sin embargo, Ernie no estaba en ninguna posición para juzgar a estos compañeros cristianos después de lo que les había hecho. Su exigencia de perdón (en su corazón y en su conversación privada conmigo, no se lo comunicó a sus antiguos amigos) era idólatra. Su actitud insensible hacia ellos ignoraba su propio pecado y el horrendo dolor que les causó.

En cambio, le insté a orar. Primero, debía confesar a Dios su pecado de exigir perdón cuando su ofensa fue tan terrible. A continuación, que orara por sus amigos para que Dios los libere de la amargura y no se les extienda más. Por último, que le pidiera a Dios paciencia para esperar con fe en Él.

En ese momento, yo no lo sabía, pero a Ernie le molestó mi regaño. No me lo dijo, porque esperaba con ansias mis visitas y no quería que dejara de visitarlo en la cárcel.

Un año después, Ernie confesó su pecado de juicio hacia sus amigos y su resentimiento hacia mí. Me dijo que pensaba en mi regaño todas las noches antes de irse a dormir. Dios usó esa exhortación para obrar en su corazón. Ernie había encomendado a sus amigos a Dios por Su cuidado y amor, y ya no los juzgaba por su falta de perdón. Por supuesto, le aseguré el perdón de Dios, así también como el mío.

Ernie transformó su patrón de idolatría a través del arrepentimiento. Una vez más, fue sanado a través del perdón que recibió de Dios. La paz que sobrepasa todo entendimiento consoló su corazón contrito.

Tiempo después, uno de esos amigos se puso en contacto conmigo. Quería visitar a Ernie en la cárcel para concederle el perdón, pero tenía miedo de ir solo. Sabía que yo había estado visitando a Ernie y me preguntó si lo acompañaría.

Tuve el privilegio de presenciar el milagro de la reconciliación, ya que este amigo herido perdonó al hombre que lo había traicionado y herido tan profundamente. Aunque Dios bendijo a Ernie con el perdón de este amigo, ese amigo fue bendecido por Dios para hacer lo que nunca podríamos hacer por nuestra cuenta: perdonar como el Señor nos ha perdonado.

Nunca olvidaré las lágrimas que se derramaron ese día cuando una relación rota fue sanada a través del amor y el perdón de Cristo. Estos hermanos en

Cristo experimentaron el amor y la gracia de Dios de una manera que ninguno de los dos jamás olvidará. Yo tampoco lo olvidaré.

Las Escrituras aconsejan a aquellos cuyos deseos se convierten en exigencias:

> **Disfruta de la presencia del Señor, y él te dará lo que de corazón le pidas. Pon tu camino en las manos del Señor; confía en él, y él se encargará de todo; hará brillar tu justicia como la luz, y tu derecho como el sol de mediodía. Guarda silencio ante el Señor, y espera en él; no te alteres por los que prosperan en su camino, ni por los que practican la maldad. Desecha la ira y el enojo; no te alteres, que eso empeora las cosas.** (Salmos 37:4-8)

Que yo sepa, el tercer amigo no perdonó a Ernie. Ernie fue liberado de la cárcel y se mudó, y he perdido el contacto con él.

Pero la paz de Ernie no dependía del perdón de este último amigo. Su paz, su consuelo, su alegría, su deleite se hicieron realidad cuando fijó sus ojos en Jesús, el autor y consumador de su fe (lee Hebreos 12:1-3).

¿CÓMO SE APLICA ESTO A MÍ?

1. ¿Qué ofensa cometiste que hizo que alguien no te perdonara?

2. ¿Cómo sabes que Dios te ha perdonado por esa ofensa? Responde esta pregunta después de repasar 2 Corintios 5:21; 1 Juan 1:9; 1 Pedro 2:24; y Romanos 8:1.

3. ¿Por qué tu ofensa fue tan hiriente para la otra persona? ¿Qué consecuencias terrenales estás soportando por tu pecado?

4. ¿Cómo has exigido en tu corazón ser perdonado por la persona contra la cual pecaste?

5. ¿Cómo has expresado tu expectativa de que esa persona necesita perdonarte?

6. Repasa el diagrama "El desarrollo de un ídolo" de este capítulo. Identifica tus pensamientos, palabras o acciones que se correlacionan con el desarrollo de las diferentes partes mostradas en el diagrama. ¿Qué pasará si no detienes el desarrollo de este ídolo? ¿Cuál es la manera de detener tu idolatría y fijar tus ojos en Jesús?

7. Escribe una oración. Primero, confiesa ante Dios que estás exigiendo perdón de la persona a la que has ofendido. A continuación, ora para que Dios proteja a esa persona de su propia amargura y que sea sanada del daño que le causaste. Tercero, pídele a Dios que te dé paciencia mientras pones tu esperanza en Él. Encomiéndate a ti mismo, a la otra persona y a todos los demás afectados al cuidado de Dios. Finalmente, agradécele a Jesús por el perdón que tienes en Él.

PLANTILLA DE ORACIÓN

(Lee el capítulo 3, "¿Cómo debo orar?")

INTRODUCCIÓN

REFERENCIA A LA OBRA DE DIOS

PETICIÓN

RESULTADO

CONCLUSIÓN

CAPÍTULO 14

¿POR QUÉ NO SIMPLEMENTE PERDONAR Y OLVIDAR?

Lo hecho está, lo dicho fue,
Mas queda en mente y corazón;
No puedo decir que olvidé,
Luego de conceder perdón.

Difícil es el olvidar,
Todo en mi mente sigue allí;
¡Señor, acude Tú a calmar
Mi mal pensar y mi sufrir!

Dios no recuerda nuestro mal,
Él al pecado conquistó
Por sangre de un Cordero tal,
Que paz y Su perdón nos dio.

Probablemente has escuchado el dicho: "perdona y olvida". Es un dicho popular que a menudo se da como una nota de sabiduría a aquellos que luchan por perdonar. Sin embargo, tanto el campo psicológico como el teológico están de acuerdo en que este es un mal consejo.

Esta frase implica que debemos seguir adelante y ya no pensar más en cómo fuimos heridos. Pero, ¿perdonar requiere simplemente que olvidemos? ¿Es posible que pueda perdonar y, aun así, recordar cómo esa persona pecó en mi contra? Es difícil olvidarnos de las ofensas que han perforado nuestro corazón.

Joyce era una persona amante de la diversión y disfrutaba estar afuera en su granja. Era confiable, trabajadora y compasiva. Pero cada vez que pasaba con su auto frente al terreno que su esposo e hijos habían cultivado durante tantos años, recordaba con meticulosa claridad las acciones pecaminosas de su cuñado. Mientras su suegro aún vivía, su cuñado Carlos, convenció a su padre de que cambiara su testamento. Siempre se había entendido que Joyce y su familia heredarían la granja de la familia, que era propiedad de su suegro. Pero en el testamento nuevo y cambiado, la granja pasó a ser toda de Carlos.

Esta propiedad no era simplemente un terreno, era su legado. Cultivar estas tierras era más que un trabajo. Era una forma de vida. Oraban cuando no llovía. Se regocijaban cuando la cosecha era abundante. Las fotos de su boda familiar fueron tomadas junto al arroyo del lugar. Carlos tenía otras ideas. No solo le quitó la esperanza a la familia de Joyce de heredar la granja, sino que la vendió sin darle a la familia de Joyce la oportunidad de comprarla.

Con el tiempo, Joyce sintió que podía perdonar a Carlos, pero nunca podría olvidar.

OLVIDAR ES IMPOSIBLE

"Perdonar y olvidar" implica que un pecado solo puede ser perdonado si podemos olvidarlo. Eso significaría que Joyce, para poder perdonar genuinamente a su cuñado, tendría que olvidar el hecho de que aquel pecó contra ella y lastimó profundamente a su familia. El dolor que sintió Joyce le perforó el corazón y le dejó un enorme agujero. El sueño de su familia, el sueño de toda la vida, les había sido arrebatado. Este no es el tipo de herida que se olvida. Fingir que su cuñado nunca vendió las tierras fuera de su familia no hacía que el dolor de la pérdida desapareciera.

Si alguien tomara una motosierra y te cortara el brazo, porque estaba enojado contigo, no caminarías ignorando el hecho de que solo tienes un brazo. Si la gente te preguntara: "¿cómo perdiste el brazo?", no responderías: "Ay, me olvidé de que me faltaba un brazo. Realmente no recuerdo cómo lo perdí".

Tratar de olvidar lo que sucedió impedirá tu capacidad de perdonar. Ignorar el pecado y actuar como si nada hubiera ocurrido hará que la amargura crezca dentro de ti.

Cuanto más intentas olvidarlo, más piensas en ello. Y cuanto más lo piensas, más te culpas por no ser capaz de perdonar, porque no puedes olvidar lo que sucedió. Razonar de esta manera solo fomenta que el ciclo cognitivo dé vueltas y vueltas y más vueltas.

Tratar de olvidar para poder perdonar es un enfoque defectuoso del perdón que nos mantiene en la prisión de la falta de perdón. No perdonamos para olvidar. Tampoco vamos a esperar hasta olvidar para luego perdonar. Perdonamos a los demás porque Dios en Cristo nos perdona. Conectar el perdón con el olvido nos quita el enfocarnos en Jesús y en lo que Él ha hecho y promete para nosotros.

Decirle a alguien que "perdone y olvide" es decirle que el perdón depende de su capacidad para olvidar lo que sucedió. La responsabilidad recae en la persona que fue agraviada y no en lo que Jesús ha hecho por nosotros. Esta es una carga para una persona cuyo corazón ha sido desgarrado y no es capaz de ignorar el daño.

Nos decimos a nosotros mismos que llegará el día en que seamos capaces de perdonar y olvidar. Pero no es así. Seguimos recordando el pecado, atrapados en la espiral descendente por la falta de perdón que nos separa de Dios y de nuestro prójimo. Gastamos tiempo, energía y recursos luchando por olvidar, solo para que todos los días se active la memoria de la herida causada por el comportamiento pecaminoso de otra persona. No podemos olvidar y por eso nos convencemos a nosotros mismos de que no hemos perdonado.

¿DIOS OLVIDA?

Algunos creen que Dios olvida nuestros pecados cuando nos perdona. La confusión proviene del pasaje del profeta Jeremías, donde Dios declara: "Y yo perdonaré su maldad, y no volveré a acordarme de su pecado" (Jeremías 31:34).

Este pasaje puede sonar como si Dios olvidara el pecado, como si tuviera amnesia acerca de las cosas malas que dijimos o hicimos una vez que nos perdona. Es comprensible que esto pueda traer consuelo a las personas. Un dios así siempre te vería como una persona perfecta que nunca ha faltado a Sus mandamientos.

Pero Dios sabe todo acerca de nuestra historia pecaminosa. Él sabe que hemos pecado contra Él y contra nuestro prójimo. Dios no sufre de amnesia o demencia. No se ha olvidado de nuestro pecado. Dios ha perdonado nuestros pecados. Sin embargo, decir que Él elige no recordar significa que no guarda nuestros pecados pasados para luego, en algún momento, usarlos en nuestra contra.

Las Escrituras articulan claramente los pecados de la gente en el Antiguo y Nuevo Testamento. En el libro de Génesis, se nos dice que Adán y Eva pecaron al desobedecer a Dios al comer del árbol prohibido. Este pecado no fue olvidado por Dios, pero fue perdonado. Él ya no les reprochaba el pecado. Si Dios hubiera olvidado lo que Adán y Eva hicieron, nunca habría vuelto a hablar de ello. Él nunca nos lo hubiera dicho en Su Palabra.

La Biblia también relata los pecados de Moisés, los israelitas, el rey David y muchos otros.

Dios no olvida. Él sí perdona y elige no reprocharnos nuestros pecados. San Pablo dice:

> **Por tanto, como el pecado entró en el mundo por un solo hombre, y por medio del pecado entró la muerte, así la muerte pasó a todos los hombres, por cuanto todos pecaron. Antes de la ley ya había pecado en el mundo, aunque el pecado no se toma en cuenta cuando no hay ley. No obstante, la muerte reinó desde Adán hasta Moisés, aun para aquellos que no pecaron del mismo modo que Adán, el cual es figura de aquel que había de venir. (Romanos 5:12-14)**

Dios no ha olvidado.

Los escritores del Nuevo Testamento sabían acerca de Adán y Eva, porque la Palabra de Dios habla de su pecado. San Pablo sabía que el pecado vino al mundo a través de Adán, y por este pecado toda la creación humana ahora lucha con el pecado y enfrenta la muerte eterna. Dios no ha olvidado, pero Él elige no recordar esos pecados.

Pablo también escribe: "porque, así como la muerte vino por medio de un solo hombre, también por medio de un solo hombre vino la resurrección de los muertos. Pues, así como en Adán todos mueren, también en Cristo todos serán vivificados" (1 Corintios 15:21-22).

Dios no olvidó ni trató de ocultar lo que Adán hizo y cómo esto nos afecta como personas caídas en un mundo caído. En cambio, Él nos dio a Su Hijo

Jesucristo para el perdón de nuestros pecados, haciéndonos herederos de la vida eterna.

Pablo advierte a los cristianos: "Pero me temo que, así como la serpiente engañó a Eva con su astucia, así también los sentidos de ustedes sean de alguna manera apartados de la sincera fidelidad a Cristo..." (2 Corintios 11:3). Pablo sabía que sus lectores estarían conscientes del pecado de Adán y Eva y de cómo el diablo los engañó. El diablo todavía nos amenaza hoy. Pablo nos exhorta a tener cuidado del diablo, porque puede alejarnos de Cristo de la misma manera que alejó a Adán y Eva de la Palabra de Dios en el Jardín de Edén.

Dios nunca se olvidó del pecado de Adán y Eva, lo cual hizo que toda la creación cayera en pecado. Dios nunca olvidó el pecado de Moisés, que mató a un hombre (lee Éxodo 2:11-22) y golpeó la roca (lee Números 20:11-12). Dios nunca olvidó los pecados del rey David cuando abusó de su autoridad, cometió adulterio con Betsabé e hizo que su esposo muriera en batalla (lee 2 Samuel 11-12). Dios nunca olvidó el pecado de Jonás, quien se negó a ir a Nínive (lee Jonás 1). Dios nunca olvidó los pecados de Pedro, quien le cortó la oreja a un siervo (lee Juan 18:10) y negó conocer a Jesús (lee Lucas 22:54-62). Y Dios no ha olvidado tu pecado. Dios sabe que eres un pecador y que mereces el castigo del infierno (lee Mateo 13:42; Romanos 3:23, 6:23).

Dios no ha olvidado tu pecado, más bien, Él *ha perdonado* tu pecado. Ya no se acuerda de tu pecado ni te lo reprocha. Eres un hijo de tu Padre celestial.

No recordar el pecado significa que Dios no actúa sobre ese pecado y lo recuerda de manera diferente. Cuando Dios dice: "No me acordaré más de su pecado", está diciendo que no nos dará lo que merecemos. "Ciertamente la gracia de Dios los ha salvado por medio de la fe. Ésta no nació de ustedes, sino que es un don de Dios; ni es resultado de las obras, para que nadie se vanaglorie" (Efesios 2:8-9).

Cuando Dios recuerda la transgresión de Adán y Eva, podría recordarla como el pecado que destruyó Su creación y condenó a todas las personas al infierno. Pero no es así como Dios recuerda. Adán y Eva pecaron, pero Dios proveyó un camino de perdón. Dios recuerda su transgresión como perdonada a través de la promesa cumplida en Su Hijo Jesucristo.

Dios no se acuerda de nuestros pecados para nuestra condenación. Más bien, Él recuerda según Su gracia y misericordia. El objetivo del perdón no es olvidar. El objetivo del perdón es recordar que Dios perdona el pecado por la sangre de Jesús (lee Hebreos 9:15-22).

MARK

Todos los participantes de mi investigación recordaban cómo alguien pecó contra ellos y podían describirlo vívidamente. No podían olvidar su sufrimiento. Pero la forma en que contaban sus historias dependía de si habían perdonado la transgresión o no. Las personas que no perdonan cuentan sus historias con ira, amargura o deseo de venganza. Cuando las personas que perdonan cuentan sus historias, confiesan su ira, amargura y deseo de venganza como reacciones pecaminosas que necesitan perdón para poder perdonar al transgresor. Los hijos de Dios que perdonan cuentan la historia de manera diferente a como lo hacen las personas que no perdonan.

Logan declaró: "La forma en que veo el perdón es que, si perdonas a alguien, aún recuerdas lo que hizo, pero ya no se lo tomas en cuenta. Ya no te obsesionas con lo que la otra persona te ha hecho". Logan pudo perdonar a su esposa y vivir su fe en Cristo. Recuerda los incidentes con su esposa, pero los recuerda de manera diferente debido al perdón. Sin el perdón, recordaría con todo enojo y amargura lo que sintió en esos momentos. Pero, con el perdón, los recuerda como pecados perdonados por Cristo, que lo liberó de la prisión de la falta de perdón que estaba destruyendo su matrimonio.

¿PODEMOS CONFIAR EN NUESTROS RECUERDOS?

Por naturaleza, le damos un gran valor a nuestros recuerdos. Asumimos que nuestra memoria es como un dispositivo de registro, que conserva con precisión cada detalle. Se puede observar cómo esto se ha reflejado en el valor que se les da a los relatos de los testigos oculares de un crimen. Durante algún tiempo, los testimonios de testigos oculares se consideraban pruebas confiables para condenar a alguien por un crimen.

La psicóloga Elizabeth Loftus es una destacada experta en la confiabilidad de los recuerdos.[11] Su interés en nuestra capacidad de recordar fue despertado por un caso judicial en el que un hombre llamado Steve Titus fue acusado falsamente de violación. Loftus describió su participación el caso de Titus en una disertación de TED Talk.[12] La víctima eligió a Steve de entre una fila de hombres,

11 Lee Elizabeth F. Loftus, *Eyewitness Testimony* {Testimonio de testigos oculares} (Cambridge: Harvard University Press, 1996).

12 Lee Elizabeth F. Loftus, *How Reliable Is Your Memory?* {¿Qué tan confiable es tu memoria?} TEDGlobal 2013, https://www.ted.com/talks/elizabeth_loftus_how_reliable_is_your_memory. Lee también su libro *Eyewitness Testimony* (Cambridge: Harvard University Press, 1996).

afirmando que él era el que más se parecía a la persona que la atacó. Durante el juicio, identificó con confianza a Steve como su atacante. Sin embargo, después de una investigación más profunda, Steve fue declarado inocente. El crimen fue horrendo, pero la persona equivocada fue acusada y encarcelada debido a una memoria defectuosa.

La investigación de Loftus revela que no se debe confiar plenamente en nuestros recuerdos. Recordamos situaciones de acuerdo con nuestra propia interpretación de lo sucedido. A medida que recordamos un incidente repetidamente en nuestra mente, tendemos a replantear los detalles para que se ajusten a nuestra interpretación en lugar de recordar la realidad. Nuestros recuerdos pueden ser distorsionados y contaminados.

Por lo general, las personas permanecen en su falta de perdón porque se obsesionan con la forma en la que recuerdan el evento. Tomemos el ejemplo de Logan y su esposa discutiendo sobre el agujero en su baño durante una tormenta de nieve. Desde la perspectiva de Logan, él estaba tratando de proteger a su esposa cuando no le permitió tomar las llaves del auto. Sin embargo, desde la perspectiva de su esposa, él la estaba controlando. Vivieron el mismo evento, pero interpretaron de manera diferente lo que sucedió. Sus recuerdos de lo sucedido fueron distorsionados en base a sus interpretaciones.

No se puede confiar plenamente en los recuerdos, porque no somos dispositivos de grabación perfectos. Sin embargo, a menudo las personas se niegan a perdonar basándose en su memoria o, más precisamente, en su interpretación de una situación. Confiamos en lo que creemos que ocurrió, en cómo lo recordamos. Pero es posible que no lo recordemos con precisión, porque nuestra perspectiva puede estar tergiversada. A veces, la falta de perdón se basa en una interpretación inexacta de lo que sucedió.

TED

En la mediación, a menudo me sorprende cómo un malentendido entre dos partes puede conducir a una ofensa significativa. La ofensa daña gravemente la relación y los malentendidos se convierten en una bola de nieve a partir de allí. El recuerdo de cada parte de lo sucedido refleja la interpretación de cada uno. Debido a las ofensas percibidas, dejan de escucharse unos a otros. En su separación, sus relatos de los eventos ofensivos cambian, para justificar su desprecio mutuo. Con la guía de un mediador, pueden contar sus historias sin interrupciones y con menos tensión. Cuando eso sucede, comienzan a escucharse mutuamente y a comprender la perspectiva de la otra persona, lo cual desafía sus propios recuerdos o interpretaciones. La compasión, el amor y el perdón reemplazan la repugnancia, el odio y la falta de perdón.

¿Olvidan lo sucedido mientras que se reconcilian? No. Pero recuerdan los eventos de manera diferente.

Yo mismo experimenté esto como parte en un conflicto comercial que resultó en una demanda legal. El tribunal no logró resolver el conflicto en tres audiencias. Me había enojado y amargado mucho durante el año que duró esta disputa. Pero en solo dos días de mediación cristiana, no solo resolvimos nuestra disputa comercial, sino que también nos reconciliamos como hermanos en Cristo a través de la confesión y el perdón. Dos años más tarde, me llamó un hombre que estaba involucrado con mi antiguo adversario, para preguntarme sobre mi experiencia con él. Recordé lo que sucedió, pero la forma en que compartí mi historia con este hombre fue dramáticamente diferente de mi propia descripción antes de haber perdonado a mi oponente. Omití detalles que reviví en mi mente durante meses durante el conflicto. En cambio, le dije cómo nos perdonamos el uno al otro en Cristo.

¿POR QUÉ NO SIMPLEMENTE PERDONAR Y OLVIDAR?

Perdonar y olvidar no es posible. Tratar de hacerlo nos aleja de nuestro Salvador, la fuente del perdón. El objetivo del perdón no es el olvido. Dios no olvidó. Eligió no recordar más el pecado. Eligió no usar nuestro pecado como arma en contra nuestra. Eligió perdonar nuestro pecado.

Por el poder del Espíritu Santo, no olvidamos la ofensa, sino que recordamos que es perdonada por la sangre de nuestro Salvador Jesucristo. Confiamos en las promesas cumplidas de nuestro Dios. Dios no se acuerda de los pecados de acuerdo a lo que merecemos. Él se acuerda de los pecados de acuerdo con lo que Su Hijo ha hecho por nosotros. "Al que no cometió ningún pecado, por nosotros Dios lo hizo pecado, para que en él nosotros fuéramos hechos justicia de Dios" (2 Corintios 5:21).

No te agobies tratando de perdonar y olvidar. En lugar de eso, cambia la forma en que recuerdas. Puedes elegir recordar el pecado como imperdonable. O puedes elegir recordar el pecado como perdonado por Dios a través de Cristo.

Dios ha elegido recordar tu pecado como perdonado. Debido a Su amor por ti, Él puede ayudarte a hacer lo mismo con aquellos que han pecado contra ti.

¿CÓMO SE APLICA ESTO A MÍ?

SI ESTÁS LUCHANDO CON "PERDONAR Y OLVIDAR"

1. Escribe lo que recuerdes de la ofensa. Asegúrate de incluir las cosas que más te ofendieron.

2. Revisa lo que has escrito. Identifica las partes de lo sucedido que has repasado una y otra vez en tu mente.

3. Marca las áreas que crees que han sido afectadas por tus emociones (como el dolor, la vergüenza, la ira, la traición o los sentimientos de injusticia). ¿De qué manera pudo tergiversarse tu interpretación de estos acontecimientos debido a tus emociones?

4. Lee Salmos 103:1-13. ¿Cómo responde Dios a tu pecado de acuerdo con estos versículos?
   - Versículo 8
   - Versículo 9
   - Versículo 10
   - Versículos 11-13

5. En Salmos 103:3-5, ¿cuál es el primer beneficio que Dios te da? ¿Cómo es que este beneficio lleva hacia los otros beneficios enumerados?

6. Lee Jeremías 31:34 en voz alta, insertando tu nombre en el versículo de la siguiente manera: "Y yo perdonaré la maldad de [*tu nombre*], y no volveré a acordarme del pecado de [*tu nombre*]". ¿Por qué Dios te hace esta promesa? (Lee 1 Pedro 2:24; 2 Corintios 5:21; Romanos 8:1.)

7. ¿Murió Jesús por los pecados cometidos en tu contra? ¿Cuál es el impacto eterno para ti? ¿Qué impacto eterno tiene esto para quien te ofendió?

8. Escribe una oración agradeciendo a Dios por tu perdón en Jesús. Pídele al Espíritu Santo que te ayude a recordar de manera diferente, por causa de Jesús, lo que te está agobiando. Ora por la persona que te ha herido tan profundamente. Confiesa cualquier pensamiento pecaminoso que has tenido al recordar esta ofensa una y otra vez.

PLANTILLA DE ORACIÓN

(Lee el capítulo 3, "¿Cómo debo orar?")

INTRODUCCIÓN

REFERENCIA A LA OBRA DE DIOS

PETICIÓN

RESULTADO

CONCLUSIÓN

CAPÍTULO 15

¿Y QUÉ DE LA JUSTICIA?

Cuando la‿ofensa vil se da,
Justicia se demanda‿aquí,
Mas ¿qué castigo se dará
Que dé‿al herido paz así?

¿Somos cual dioses que dirán:
"Ojo por ojo‿así será"?
Pues si pecamos tocará
La justa pena que vendrá.

Cristo por compasión libró
Almas creyentes por amor,
Castigo‿y culpa nos quitó;
Con Su paz nos vistió‿el Señor.

TED

Mientras hablaba con un pastor en la India, le comenté sobre el perdón y la paz que éste trae. Él me dijo: "Sin justicia, no hay paz".

Le pregunté a qué se refería. Explicó que, si una víctima no está satisfecha con la justicia impuesta contra el ofensor, entonces la víctima nunca puede experimentar paz. Mientras hablábamos, me di cuenta de que estaba hablando de la justicia terrenal.

Le recordé que Jesús pagó el castigo completo por los pecados de todo el mundo (Juan 3:16), satisfaciendo el requisito de la justicia de Dios. El sufrimiento y la muerte de Jesús en la cruz proporcionan paz para aquellos que creen en Él: "Así, pues, justificados por la fe tenemos paz con Dios por medio de nuestro Señor Jesucristo..." (Romanos 5:1).

Aun así, este hombre insistía en que si no estaba satisfecho con el castigo para quien pecó contra él, no podría tener paz.

Durante mi trabajo en la India, aprendí que mucha gente allí está obsesionada con la justicia. Me preguntaba si vivir en una cultura hindú basada en un sistema de castas contribuía a esta obsesión. Dondequiera que iba, la gente se esforzaba por ser reconocida como personas de valor, especialmente las de castas bajas o los marginados. Se sentían oprimidas por las normas sociales que determinaban su valor según la casta en la que habían nacido. Sobre la base de su posición en la sociedad, a menudo eran tratadas injustamente en comparación con los miembros de las castas superiores. Llegué a la conclusión de que vivir bajo una realidad opresiva, aumentaba el anhelo de justicia.

Pero la ideología de que la paz depende de que se haga justicia no es exclusiva de la India. Las protestas por un trato justo en los Estados Unidos y en otros países también reflejan este tema. Los carteles de los manifestantes incluyen mensajes como "Sin justicia, no hay paz". Los activistas promueven la idea de que la justicia requiere eliminar los prejuicios y solo entonces puede haber paz.

En los programas de televisión, que muestran asesinatos y otros delitos impunes, los oficiales de policía afirman a menudo que el capturar y condenar a un perpetrador finalmente traerá paz a los sobrevivientes y sus familias. Pero cuando un sobreviviente del crimen habla al final del programa, rara vez indica que está en paz. Con frecuencia, los supervivientes se quejan de que no se ha hecho justicia. O si están de acuerdo en que el castigo fue adecuado, indican que la sentencia aún no proporcionó paz.

Eso es lo que he experimentado también en el trabajo de la reconciliación.

Aunque se le pueda exigir a alguien que proporcione restitución o sufra otras consecuencias por su ofensa, la persona que fue lastimada no experimenta paz solo porque el ofensor sea castigado. En muchos casos, las víctimas declaran que las consecuencias no son justas, que los delincuentes se salieron con la suya, sin pagar debidamente por sus crímenes. En otras palabras, no se hizo justicia. Por lo tanto, el ofendido carece de paz. El anhelo de justicia ha sido parte de la experiencia humana desde la caída del ser humano en el pecado. La gente en la Biblia se lamentaba cuando la justicia no cumplía con sus expectativas. Muchos de los salmos expresan la necesidad de justicia.

Job exclamó: "Sufro de violencia, y él no me escucha; le pido ayuda, y no me hace justicia" (Job 19:7).

Habacuc se quejó, diciendo: "Por eso tu ley carece de fuerza, y la justicia no se aplica con verdad. Por eso los impíos asedian a los justos, y se tuerce la justicia" (Habacuc 1:4).

En Lucas 18:1-8, Jesús enseñó acerca de la oración usando la parábola de la viuda persistente. Ésta siguió apelando al juez para que se hiciera justicia. Él rechazó sus peticiones por un tiempo, pero finalmente sucumbió a sus súplicas debido a su persistencia. Pero luego Jesús resume su enseñanza en esta parábola: "¿Acaso Dios no les hará justicia a sus elegidos, que día y noche claman a él? ¿Se tardará en responderles? Yo les digo que sin tardanza les hará justicia. Pero cuando venga el Hijo del Hombre, ¿hallará fe en la tierra?" (Lucas 18:7-8).

Jesús declara que Dios traerá justicia para Su pueblo. Pero Jesús profundiza esta realidad al poner más énfasis en la fe que en la justicia.

Debemos esperar justicia y hacer lo que podamos para lograrla. Dios nos llama a "hacer justicia, amar la misericordia, y humillarte ante tu Dios" (Miqueas 6:8). Sin embargo, a menudo no tenemos la capacidad de lograr que se haga justicia, especialmente de una manera que cumpla con nuestras expectativas. En un mundo lleno de pecado, la justicia a menudo se queda corta, y la justicia en nuestros términos rara vez nos trae la paz que buscamos.

¿CÓMO ES LA JUSTICIA?

Dios es justo y nos creó para desear la justicia.

Sin embargo, nuestra idea de justicia no siempre coincide con la de nuestro Creador. Nuestra comprensión está manchada por el pecado y limitada de acuerdo con nuestra propia perspectiva. Solo Dios puede juzgar correctamente. Sólo Él juzga los corazones de las personas. Somos incapaces de ver los corazones de los demás como lo hace Dios. Nuestro Dios omnisciente entiende todo desde una perspectiva perfecta y eterna. Vivimos en un mundo material y vemos la vida principalmente desde nuestro propio entendimiento limitado, defectuoso y terrenal. Dios conoce los detalles de cada situación. Nuestro conocimiento de los demás y de los acontecimientos que nos rodean es limitado, y a menudo llenamos los huecos con especulaciones.

Por lo tanto, lo que vemos como justo a menudo difiere del punto de vista de Dios. No es sorprendente que nuestro punto de vista también difiera de los puntos de vista de quienes nos rodean.

Un aspecto de la justicia de nuestro Creador requiere que todos sean tratados de manera equitativa y justa. Dios ve a cada persona que Él creó como digna de un trato justo, independientemente de su estatus social. Vemos este tema repetidamente en las Escrituras cuando Dios nos llama a tratar a todos con justicia, especialmente cuidando a aquellos que son vulnerables en nuestras comunidades, por ejemplo: las viudas, los huérfanos y los pobres. "El Señor te ha dado a conocer lo que es bueno, y lo que él espera de ti, y que no es otra cosa que hacer justicia, amar la misericordia, y humillarte ante tu Dios" (Miqueas 6:8).

Otro aspecto de la justicia es juzgar la culpabilidad de un malhechor acusado. Los declarados no culpables son absueltos. La justicia para los acusados falsamente requiere tratarlos como si nunca hubieran ofendido. Los culpables son castigados en función de los méritos del caso. El delincuente sufre las consecuencias de su delito. (Lee el capítulo 10, "¿El perdón nos libera de las consecuencias?", para considerar el propósito de las consecuencias).

Entonces, ¿cómo es la justicia de Dios?

Para decirlo sin rodeos, cualquiera que nace en pecado o que actúa pecaminosamente está justamente condenado a pasar la eternidad separado de Dios en el infierno.

Según la Palabra de Dios, eso significa todas las personas:

> **Todos perderemos el rumbo, como ovejas, y cada uno tomará su propio camino; pero el Señor descargará sobre él todo el peso de nuestros pecados. (Isaías 53:6)**
>
> **Como está escrito: ¡No hay ni uno solo que sea justo! No hay quien entienda; no hay quien busque a Dios. Todos se desviaron, a una se han corrompido. No hay quien haga lo bueno, ¡no hay ni siquiera uno! (Romanos 3:10-12)**

Por cuanto todos pecaron y están destituidos de la gloria de Dios. (Romanos 3:23)

¿Realmente quieres la justicia de Dios?

La respuesta es: ¡Sí! Pero, ¿por qué?

Porque Dios en Su infinita sabiduría eligió ejecutar la justicia que merecíamos sobre Su Hijo Jesús.

Él sabía que no podíamos hacer nada con respecto a nuestra condición. Sin Su intervención, todas las personas estaríamos condenadas al infierno. Jesús voluntariamente asumió nuestro pecado y condenación. El Padre apartó Su rostro de Su Hijo mientras Jesús colgaba en la cruz. Las palabras de Jesús reflejan el rechazo de Su Padre: "Dios mío, Dios mío, ¿por qué me has desamparado?" (Mateo 27:46). Debido a que Jesús tomó nuestro pecado, sufrió el rechazo que merecíamos y sufrió una muerte cruel y dolorosa.

Porque Jesús pagó el precio completo por nuestro castigo, el Padre nos dio la justicia de Su Hijo. Por lo tanto, Dios nos ve como santificados. En otras palabras, hemos sido hechos santos a los ojos de Dios, porque el precio de nuestro pecado fue pagado en su totalidad por Cristo. "Al que no cometió ningún pecado, por nosotros Dios lo hizo pecado, para que en Él nosotros fuéramos hechos justicia de Dios" (2 Corintios 5:21).

Esta clase de justicia escapa a nuestro entendimiento humano. ¿Quién de nosotros sacrificaría a su único e inocente hijo para pagar por los terribles crímenes de gente malvada? ¿Qué persona haría una locura tal? Pero nuestro Dios hizo exactamente eso.

Por causa de Su amor para con nosotros, Dios nos concedió Su misericordia y gracia. La misericordia es no recibir lo que merecemos, en este caso, el infierno. La gracia es recibir lo que no merecemos: el cielo. En Jesús, somos beneficiarios de la misericordia y la gracia de Dios. No somos condenados por nuestro pecado. Somos hechos herederos de Sus promesas celestiales y pasaremos la eternidad con Él. Si bien Su misericordia y gracia se pusieron a disposición de todos, solo aquellos que creen se benefician de este don insondable.

Porque de tal manera amó Dios al mundo, que ha dado a Su Hijo unigénito, para que todo aquel que en Él cree no se pierda, sino que tenga vida eterna. Porque Dios no envió a Su Hijo al mundo para condenar al mundo, sino para que el mundo sea salvo por Él. El que en él cree, no es condenado; pero el que no cree, ya ha sido condenado, porque no ha creído en el nombre del unigénito

Hijo de Dios. (Juan 3:16-18)

Jesús murió por todos los pecadores. Pero en la justicia de Dios, sólo los que creen en el don se benefician de él. En la justicia de Dios, el más horrible de los pecadores se beneficia al creer en Jesús. En Su justicia, la persona que se considera santa, pero no cree en Cristo, retiene su propia condenación y no es salva.

Es difícil de entender. Solo podemos recibir esta verdad por fe. Sólo aquellos que creen en el don de Dios de Jesús pueden comprender esta forma de justicia. "Los malvados no entienden nada de la justicia; los que buscan al Señor lo entienden todo" (Proverbios 28:5).

¿Y QUÉ SOBRE LA JUSTICIA TERRENAL?

Ah, ese es el gran detalle, ¿no?

Como cristianos, confiamos en la justicia de Dios para la eternidad, aun cuando supera nuestro limitado entendimiento. Aceptamos las bendiciones eternas para los creyentes y la condenación para los no creyentes basados en la fe en Cristo.

Pero, como criaturas de Dios esperamos, y a veces exigimos, justicia en la tierra. Fuimos creados con un sentido de justicia: primero, que todos deben ser tratados de manera equitativa y justa; y segundo, que aquellos que lastiman a otros deben sufrir las consecuencias de su crimen.

Dios sabía que la sociedad caería en el caos si cada uno podría ejecutar la justicia como quisiera. No podríamos sobrevivir si cada uno impusiera su propia justicia. ¿Recuerdas el primer asesinato? Caín mató a su hermano Abel por celos. Caín ejecutó "justicia" con Abel porque su hermano encontró más favor con Dios. Hemos visto cómo la justicia de los justicieros a menudo es injusta y peligrosa.

Por amor a nosotros, Dios ha designado a personas de nuestras comunidades para ser gobernantes y jueces de justicia. Por consiguiente, Él manda que nos sometamos a las autoridades que Él estableció para nuestra protección.

> **Todos debemos someternos a las autoridades, pues no hay autoridad que no venga de Dios. Las autoridades que hay han sido establecidas por Dios. Por lo tanto, aquel que se opone a la autoridad, en realidad se opone a lo establecido por Dios, y los que se oponen acarrean condenación sobre ellos mismos. (Romanos 13:1-2)**

A veces servimos en una posición de autoridad: como madre, padre, maestro, pastor o gerente. Incluso podemos servir como autoridad civil en la aplicación de la ley, como fiscal de distrito o como juez de tribunal. En nuestras posiciones de autoridad, determinamos lo que es justo y decidimos las sanciones apropiadas para el comportamiento ofensivo.

Pero, más a menudo, tenemos una autoridad limitada para determinar un castigo justo para aquellos que nos hacen daño. Es posible que tengamos poca o ninguna influencia en la decisión de la penalización. Debemos depender de aquellos que tienen la autoridad y la responsabilidad de cumplir las leyes de la justicia.

Cuando nuestro dolor es grande, es posible que no nos sintamos satisfechos con el castigo que recibe nuestro ofensor. Podemos sentir que el castigo no causa suficiente daño al ofensor en comparación con el dolor que hemos soportado. Podemos creer que no hemos recibido una restitución adecuada por la pérdida que sufrimos como resultado de la ofensa.

¿Debemos perdonar? Somos llamados a perdonar como Dios nos ha perdonado a nosotros a través de Cristo. Pero, como se analizó en el capítulo 10 (“¿El perdón nos libera de las consecuencias?”), todavía hay consecuencias terrenales que pueden aplicarse. Requerimos consecuencias apropiadas para nuestras heridas.

¡NO ES JUSTO!

TED

Un pastor amigo mío estaba aconsejando a una mujer en su oficina cuando se percató de la llegada de su próxima visita al área de recepción. Un esposo y su esposa habían solicitado consejería matrimonial y entraron a la oficina de la iglesia discutiendo a los gritos. El pastor terminó la sesión con aquella mujer y salió a saludar a la pareja, que no dejaba de pelear. Les hizo señas para que entraran en su despacho y tomaran asiento, donde continuaron discutiendo durante diez minutos.

Finalmente, el pastor se levantó de su asiento y se paró justo frente a la pareja. Ambos dejaron de discutir y se quedaron mirándolo. Haciendo la señal de la cruz, dijo: “En el nombre del Padre, del Hijo y del Espíritu Santo. Amén. Ahora pueden continuar”.

La pareja se quedó atónita por un momento, y luego el esposo dijo: “¡Eso no es justo!”

El marido tenía razón. No es justo que cuando todavía éramos pecadores, Cristo muriera por nosotros. No es justo que Dios hiciera pecado por nosotros a Aquel que no conoció pecado, para que pudiéramos llegar a ser justicia de Dios. No es justo que el Padre nos haya mostrado tanto amor para que podamos ser llamados hijos de Dios, y eso es lo que somos. ¡Gracias a Dios que esto no es justo!

Cuando el castigo por una ofensa no cumple con nuestras expectativas, nos sentimos tentados a gritar: "¡No es justo!". Criticamos la decisión. Nuestra respuesta puede ser piadosa, porque fuimos creados para desear la justicia. Nuestra respuesta puede verse afectada por nuestra naturaleza pecaminosa, deseando retribución por el dolor que estamos sufriendo. ¡Incluso puede ser una combinación de ambos!

Ya sea que se logre o no la justicia, aquello a qué o a quién adoramos se revela en nuestra respuesta. Si confiamos en Dios para nuestra paz, a pesar de las injusticias del mundo que nos rodea, responderemos de una manera que refleje nuestra fe. Si confiamos en nuestras propias demandas de justicia, y nuestra paz personal depende del resultado que esperamos, nuestra confianza se habrá alejado de Dios. Confiamos en nuestro propio juicio, en nuestras propias exigencias y en nuestra propia capacidad para hacer sufrir a los demás por esta situación injusta. En otras palabras, nos hacemos dioses. Y la paz se nos escapa.

Mientras el patrimonio de mi padre estaba en proceso de sucesión, el departamento encargado de recolectar impuestos sobre los ingresos rechazó una deducción importante en nuestra declaración de patrimonio, lo que resultó en un gran aumento de impuestos. Mientras mis abogados revisaban el rechazo de la deducción de impuestos, me mostraron la ley tributaria que claramente permitía la deducción. Era obvio que el agente gubernamental se había equivocado. Después de que las conversaciones con el agente de impuestos no produjeran resultado alguno, nuestro único recurso fue solicitar una nueva audiencia. Pasaron meses antes de que se nos concediera una nueva audiencia. Unas semanas antes de la audiencia, ese agente de impuestos dejó el departamento. Nuestra audiencia se retrasó otros seis meses mientras esperábamos su reemplazo. El nuevo agente se mostró reacio a estar de acuerdo con mis abogados, por lo que se fijó una nueva fecha de audiencia meses después. (Mi abogado explicó que era probable que los agentes recién asignados a nuestro caso no quisieran ser responsables de reducir los impuestos sobre las declaraciones que no revisaron originalmente; nuestro mejor recurso era una audiencia ante un juez fuera del departamento). Antes de la fecha de la segunda audiencia, dicho agente también abandonó su puesto. Una vez más nos retrasamos. El abandono de puestos de los agentes del departamento y las reprogramaciones de fechas de las audiencias continuaron por seis años.

No hace falta decir que yo estaba furioso. ¡Esto era muy injusto! Creí firmemente con mis abogados que el impuesto evaluado era ilegítimo y ascendía a decenas de miles de dólares. Después de cada retraso, me quedaba despierto por la noche, furioso por la injusticia de todo este proceso. En esos momentos, ¿en quién confiaba para que se hiciera justicia? ¿Y de qué dependía yo para tener paz? Mi temor, amor y confianza no estaban en Dios por sobre todas las cosas.

Finalmente, calculé lo que le costaba al departamento de impuestos seguir librando esta batalla. Cada vez que se posponía una audiencia, yo recibía facturas de los abogados por su trabajo. Proyecté lo que costaría la audiencia real. Los repetidos retrasos y la repetición de la presentación de documentos para cada nuevo agente, además de los honorarios para que nuestro patrimonio estuviese representado en la audiencia, costarían más que el aumento total de impuestos. Y no había ninguna garantía de que pudiéramos prevalecer.

Mi responsabilidad con el patrimonio era pagar todas las deudas y proporcionar el mayor acuerdo para los beneficiarios. Por lo tanto, dejé de perseguir el asunto y decidí pagar el impuesto. ¿Creía que pagar el impuesto era justo? ¡Absolutamente no! Pero al final, me sentí obligado a hacer lo que era más provechoso para los beneficiarios.

Pero, ¿qué pasó con la paz? Oré para que Dios me diera la tranquilidad por haber hecho lo que podía. Me sometí a las autoridades fiscales que creía que estaban equivocadas. Pero confiaba en que Dios bendeciría el resultado de mi trabajo. Finalmente había aprendido a confiar en Dios sin importar lo que yo quisiera. Estaba en paz. Más tarde, al reflexionar sobre la situación, me di cuenta de que Dios le había dado al patrimonio grandes oportunidades en otros asuntos, que compensaban con mayores beneficios que el injusto impuesto que pagamos. Durante mis intentos de obtener justicia, había olvidado lo bendecido que era. En mis momentos de mayor ira, dejé que mi búsqueda de la justicia terrenal eclipsara la justicia de Dios, la bendición que me convirtió en Su hijo perdonado, en heredero del cielo.

Cuando nos obsesionamos con la falta de justicia, esto puede convertirse en un ídolo. Nuestra paz se vuelve dependiente de nuestra idea personal de justicia en lugar de lo que Dios ha hecho por nosotros en Cristo. Podemos comparar nuestra justicia personal con la pecaminosidad del ofensor, una forma de justicia propia. Podemos murmurar y quejarnos contra las autoridades, incluyendo a Dios, por los resultados injustos. Chismeamos y calumniamos (lo cual es pecar en contra del Octavo Mandamiento) a cualquiera que no cumpla con nuestras expectativas. Inconscientemente nos convertimos en un dios, pensando que somos los únicos que podemos determinar el destino apropiado de los condenados y juzgar a las autoridades. En esencia nos sentimos con el derecho de insultar lo que consideramos decisiones injustas.

Pablo nos advierte:

> **Háganlo todo sin murmuraciones ni peleas, para que sean irreprensibles y sencillos, e intachables hijos de Dios en medio de una generación maligna y perversa, en medio de la cual ustedes resplandecen como luminares en el mundo, aferrados a la palabra de vida, para que en el día de Cristo yo pueda gloriarme de que no he corrido ni trabajado en vano. (Filipenses 2:14-16)**

Cuando la justicia no cumple con nuestras expectativas, ¿cómo podemos estar en paz?

¿CÓMO TRAE PAZ LA JUSTICIA?

El pecado nos separa de Dios, porque nuestro Dios santo no tolera a los seres pecadores en Su presencia. "Son las iniquidades de ustedes las que han creado una división entre ustedes y su Dios. Son sus pecados los que le han llevado a volverles la espalda para no escucharlos" (Isaías 59:2).

El pecado rompe la relación entre nosotros y nuestro Creador. Sin la esperanza del Evangelio, nos enfrentamos a la muerte eterna.

Debido a que Cristo asumió el castigo de nuestros pecados y nos dio Su justicia, nuestra relación con nuestro Padre celestial es restaurada. "Pero ahora, en Cristo Jesús, ustedes, que en otro tiempo estaban lejos, han sido acercados por la sangre de Cristo" (Efesios 2:13).

Nuestra relación restaurada como hijos de Dios nos hace herederos de Sus promesas celestiales.

> **Pero cuando se cumplió el tiempo señalado, Dios envió a su Hijo, que nació de una mujer y sujeto a la ley, para que redimiera a los que estaban sujetos a la ley, a fin de que recibiéramos la adopción de hijos. Y por cuanto ustedes son hijos, Dios envió a sus corazones el Espíritu de su Hijo, el cual clama: ¡Abba, Padre!**

Así que ya no eres esclavo, sino hijo; y si eres hijo, también eres heredero de Dios por medio de Cristo. (Gálatas 4:4-7)

Esta relación restaurada con Dios trae una paz que sobrepasa todo entendimiento.

Así, pues, justificados por la fe tenemos paz con Dios por medio de nuestro Señor Jesucristo. (Romanos 5:1)

Y que la paz de Dios, que sobrepasa todo entendimiento, guarde sus corazones y sus pensamientos en Cristo Jesús. (Filipenses 4:7)

Encontramos paz en la justificación que tenemos a través de la muerte y resurrección de Jesús, porque Su sacrificio por nosotros restaura nuestra relación con Dios. La justicia celestial a través del Evangelio trae paz. La justicia terrenal, ya sea que la aprobemos o no, no trae una paz que sobrepase el entendimiento.

Tenemos paz, no basada en si el ofensor ha sufrido suficientes consecuencias, sino porque Cristo cargó con todas las consecuencias de nuestro pecado. Experimentamos paz, ya sea que hayamos recibido la restitución apropiada o no. Recibimos paz porque Dios nos perdona, no porque un ofensor sea castigado justamente o porque hayamos recibido lo que creemos que merecemos. "Pero él será herido por nuestros pecados; ¡molido por nuestras rebeliones! Sobre él vendrá el castigo de nuestra paz, y por su llaga seremos sanados" (Isaías 53:5).

La paz que buscamos, la paz que realmente necesitamos, no se encuentra en los asuntos terrenales. Solo se encuentra en Jesucristo y en el perdón de nuestros pecados: "porque al Padre le agradó que en él habitara toda plenitud, y por medio de él reconciliar consigo todas las cosas, tanto las que están en la tierra como las que están en los cielos, haciendo la paz mediante la sangre de su cruz" (Colosenses 1:19-20).

¿CÓMO PUEDO RESPONDER A LA INJUSTICIA?

Algunas injusticias requieren que las personas respondan para lograr un cambio piadoso. Cuando nos encontramos con la oportunidad de hacer justicia, Dios nos llama a hacerlo: "¡Hombre! El Señor te ha dado a conocer lo que es bueno, y lo que él espera de ti, y que no es otra cosa que hacer justicia, amar la misericordia, y humillarte ante tu Dios" (Miqueas 6:8).

Pero todos nuestros esfuerzos por un cambio piadoso requieren pensamientos, palabras y acciones que reflejen nuestra fe en Cristo. Los fines santos no justifican los medios pecaminosos. Nuestra lucha por la justicia impacta nuestros propios corazones, así como a los que nos rodean.

> **Al contrario, honren en su corazón a Cristo, como Señor, y manténganse siempre listos para defenderse, con mansedumbre y respeto, ante aquellos que les pidan explicarles la esperanza que hay en ustedes. Tengan una buena conciencia, para que sean avergonzados aquellos que murmuran y dicen que ustedes son malhechores, y los calumnian por su buena conducta en Cristo. (1 Pedro 3:15-16)**

Por nuestra naturaleza pecaminosa, somos tentados a responder a nuestras evaluaciones de la injusticia. La ira a largo plazo puede evolucionar hacia el odio y la amargura. Podemos intentar una retribución personal, tomando la justicia en nuestras propias manos como justicieros. Podemos caer en un pozo de desesperanza y, finalmente, de depresión, porque estamos buscando la paz en los lugares equivocados. Respecto a estas tentaciones, puedes echarle un vistazo al capítulo 6, "¿Cómo puede la ira darle oportunidad al diablo?".

Pedro nos enseña cómo responder al sufrimiento injusto señalando a nuestro Salvador:

> **Ustedes los criados, muéstrense respetuosos con sus amos; no sólo con los que son buenos e indulgentes, sino también con los que son difíciles de sobrellevar. El soportar sufrimientos injustos es digno de elogio, si quien los soporta lo hace por motivos de conciencia delante de Dios. Porque, ¿qué mérito hay en soportar malos tratos por hacer algo malo? Pero cuando se sufre por hacer el bien y se aguanta el castigo, entonces sí es meritorio ante Dios. Y ustedes fueron llamados para esto. Porque también Cristo sufrió por nosotros, con lo que nos dio un ejemplo para que sigamos sus pasos. (1 Pedro 2:18-21)**

Fíjate cómo respondió Jesús a las grandes injusticias a las que se enfrentó: "Cristo no cometió ningún pecado, ni hubo engaño en su boca. Cuando lo maldecían, no respondía con maldición; cuando sufría, no amenazaba, *sino que remitía su causa al que juzga con justicia*" (vv. 22-23, énfasis añadido).

Mientras Jesús fue acusado injustamente, condenado, golpeado, avergonzado públicamente y ejecutado, Él "continuó encomendándose al que juzga con justicia". Él no cometió ninguna acción pecaminosa para detener Su trato injusto o su sufrimiento, incluso hasta sufrir la muerte. ¿Y cuál fue el resultado? Sanación, salvación y paz para ti y para mí. "Él mismo llevó en su cuerpo nuestros pecados al madero, para que nosotros, muertos ya al pecado, vivamos para la justicia. Por sus heridas fueron ustedes sanados" (v. 24).

Jesús nos da el poder para encomendarnos a Él, quien juzga con justicia. En la cruz de Jesús encontramos sanación del dolor de la ofensa original y del dolor causado por la falta de justicia. La ira a largo plazo, la retribución personal y la desesperanza nos alejan de Cristo. Jesús nos invita: "Vengan a mí todos ustedes, los agotados de tanto trabajar, que yo los haré descansar" (Mateo 11:28).

Busca consuelo y ánimo a través de la Palabra de Dios:

> **La palabra de Cristo habite ricamente en ustedes. Instrúyanse y exhórtense unos a otros con toda sabiduría; canten al Señor salmos, himnos y cánticos espirituales, con gratitud de corazón. Y todo lo que hagan, ya sea de palabra o de hecho, háganlo en el nombre del Señor Jesús, dando gracias a Dios el Padre por medio de él. (Colosenses 3:16-17)**

Clama a Dios con tu dolor. Pide sanación, paciencia, comprensión, perdón y paz en medio de tu sufrimiento. "No se preocupen por nada. Que sus peticiones sean conocidas delante de Dios en toda oración y ruego, con acción de gracias, y que la paz de Dios, que sobrepasa todo entendimiento, guarde sus corazones y sus pensamientos en Cristo Jesús" (Filipenses 4:6-7).

Recuerda que vivimos en un mundo temporal, caído y manchado por el pecado. La justicia en un mundo de pecadores a menudo no es como creemos que debería ser. Confía en Dios que Él provee Su justicia desde una perspectiva eterna.

Ora por la dirección, el consuelo, la ayuda y la sanación de Dios. Agradécele por las muchas bendiciones que has recibido, incluso mientras sufres en este mundo. En lugar de enfocarte en la falta de justicia, fija tus ojos en Jesús y en las bendiciones que tienes en Él.

> **Por lo demás, hermanos, piensen en todo lo que es verdadero, en todo lo honesto, en todo lo justo, en todo lo puro, en todo lo amable, en todo lo que es digno de alabanza; si hay en ello alguna virtud, si hay algo que admirar, piensen en ello. Lo que ustedes aprendieron y recibieron de mí; lo que de mí vieron y**

oyeron, pónganlo por obra, y el Dios de paz estará con ustedes. (Filipenses 4:8-9)

¿Debemos luchar por la justicia en nuestro mundo, especialmente cuando las personas vulnerables están siendo oprimidas o tratadas injustamente? Sí, pero debemos tener cuidado de no pecar mientras nos esforzamos por lograr la justicia piadosa. Cuando pecamos para lograr nuestras propias metas, no importa cuán piadosos pensemos que somos, hemos cruzado la raya y nos hemos puesto en el lugar de Dios. Que Dios nos conceda la sabiduría para buscar la justicia sin dejar de honrar Sus preceptos.

¿CÓMO SE APLICA ESTO A MÍ?

1. Describe la situación en la que crees que no se ha hecho justicia. Describe lo que crees que sería el cumplimiento de la justicia.

2. Identifica las emociones que estás experimentando debido a esta falta de justicia. ¿Cómo tus emociones están afectando tu fe?

3. Dios odia el pecado, incluyendo el tuyo. ¿Cómo ejecutó Dios la justicia por tu naturaleza pecaminosa y por la de tus pecados actuales?

4. Completa este espacio en blanco: Si tan solo ____________, entonces tendría paz y satisfacción de que se ha hecho justicia.
   - ¿En quién confías para que se haga justicia?
   - ¿Qué sugiere tu respuesta acerca de tu creencia en tu fuente de paz?
   - ¿Cómo puede Jesús ayudarte a encontrar la paz en tu búsqueda de justicia?

5. Considera si tienes la oportunidad de ayudar a que se haga justicia piadosa. ¿Cómo puedes mejorar la justicia mientras demuestras una actitud y un comportamiento semejantes a los de Cristo?

6. Busca a tu pastor o a un amigo espiritualmente maduro que escuche de tus heridas y te guíe a través de la Palabra de Dios para recibir Su consuelo, sanidad y paz. Invítalo a que te ayude específicamente a identificar tus propias actitudes pecaminosas para que puedas confesarlas ante Dios. Pídele a tu pastor o amigo que te reafirme en el perdón que tienes en Cristo.

7. Escribe una oración pidiendo la ayuda y sanación de Dios en la que incluyas los siguientes elementos:
   - Orar para que encuentres consuelo y ánimo en la Palabra de Dios.
   - Orar por todos los que han sido heridos por el ofensor.
   - Orar por aquellos con autoridad para determinar la justicia terrenal en cada situación.
   - Orar por quienes te han ofendido.
   - Encomendar a todos aquellos por quienes oras a la justicia, misericordia y gracia de tu Dios amoroso.
   - Agradecer a Jesús por tomar sobre sí mismo el castigo completo por tu pecado y darte Su justicia.

PLANTILLA DE ORACIÓN

(Lee el capítulo 3, "¿Cómo debo orar?")

INTRODUCCIÓN

REFERENCIA A LA OBRA DE DIOS

PETICIÓN

RESULTADO

CONCLUSIÓN

CAPÍTULO 16

¿CÓMO PROCLAMO EL PERDÓN?

Cuando me toque perdonar,
Del otro ponme‿en su lugar;
Hazme‿entender su corazón
Y‿hablar con tierna compasión.

Muéstrame‿el tronco cegador
Por el que juzgo‿al ofensor,
Para sacar su paja‿así
Y‿en humildad, honrarte‿a Ti.

Calma‿emociones sin control,
Baja‿el volumen de mi voz,
Para que‿en reconciliación
Juntos gocemos Tu perdón.

Jim estaba en la escuela secundaria cuando su padre alcohólico empapó la casa de su familia con gasolina y la quemó hasta los cimientos. A lo largo de los años, Jim vio a su padre solo una o dos veces, pero nunca tuvo la intención de que su padre fuera parte de su vida. Con el tiempo, la fe de Jim comenzó a crecer a través de la asistencia regular a la iglesia con su esposa.

Jim dijo: "Sentía un deseo creciente de que él supiera que yo lo perdonaba. Porque todo el tiempo pienso en mi mente que podría decirme a mí mismo: 'Claro que sí, lo he perdonado, y seguiré adelante'. Pero creo que luego, a medida que fui creciendo, e incluso ante la idea de que él envejecía, comencé a tener más ganas de hablar con él sobre el perdón, de decirle que lo había perdonado y quería que lo supiera".

Veintisiete años después de que su padre quemara la casa, Jim vio a su padre en una reunión familiar. Jim se había preparado para hablarle palabras de perdón a su padre. Ya había hablado con su pastor y había asistido a un taller sobre la reconciliación bíblica.

Jim me describió a su padre de esta manera: "Entonces, tienes que recordar que mi padre en ese momento tenía más de sesenta años, era un tipo grande, un poco más de dos metros de altura y pesaba unos 140 kilos. Tuvo una vida difícil de granjero y de trabajo duro toda su vida. Venía de una familia nacida en los años 30 o 40. Y sus padres tenían diez hijos en la familia. Así que no es el tipo de persona que habla de sus sentimientos. Si le preguntara, incluso ahora: '¿Cómo te sientes con eso, papá?', probablemente me miraría como si yo estuviera loco".

En la reunión familiar, Jim y su padre tuvieron buenas conversaciones sobre lo que estaba sucediendo en sus vidas. Cuando llegó el momento de que Jim se fuera, antes se acercó su padre y se sentó junto a él.

"Bueno, ya estamos saliendo", dijo Jim. "No sé si necesitas escucharlo o no, pero solo quiero que sepas que te perdono y que te amo. Eres perdonado en el nombre de Cristo".

Su padre asintió con la cabeza, extendió la mano a Jim y le dijo: "Desearía que las cosas hubieran sido diferentes".

PREPARACIÓN

Piensa en todas las cosas para las que te preparas: un evento deportivo, una presentación de negocios, un viaje, una emergencia, un embarazo, una entrevista.

El resultado del evento depende en gran medida de cómo uno se prepare. El atleta que entrena todos los días, come adecuadamente y recibe entrenamiento tiene significativamente mejores probabilidades de ganar que el atleta que no entrena, come comida chatarra y se niega a ser entrenado. El dueño de casa que tiene linternas, baterías, suministros de alimentos y una radio meteorológica enfrentará la tormenta mucho mejor que el dueño de casa que no tiene ninguna de estas cosas en su hogar.

Cuando no estamos preparados, reaccionamos ante una situación sin pensar, sin reprimir nuestras emociones y sin tener en cuenta el impacto de nuestro comportamiento. Por ejemplo: una madre con tres niños pequeños estaba parada en la fila del supermercado esperando para pagar. Ya venía cansada de lidiar con sus hijos que ponían toda clase de cosas en el carrito y peleaban por quién se iba a sentar en él y quién iba a ayudar a empujarlo. Mientras esperaba allí, con el carrito lleno de comida, sus tres niños comenzaron a pedirle unas barras de chocolate que estaban estratégicamente colocadas a la altura de la vista de cualquier niño.

Su hijo de diez años comenzó a exigirle: "Quiero una barra de chocolate".

"Hoy no", respondió pacientemente su mamá.

Con más intensidad, suplicó: "¡Pero yo quiero una! ¿Puedo tener una?".

Mostrando su frustración, la mamá le respondió con más firmeza: "¡Dije que no!".

Luego, con toda la fuerza y la pasión que puede reunir un niño de diez años, aquel dijo: "¡Cómprame una barra de chocolate ahora mismo!".

Sin pensar, sin controlar sus emociones, sin considerar el impacto de su comportamiento, la mamá reaccionó. Agarró a su hijo por el brazo y le dio una sacudida. Ella se inclinó, lo miró a la cara y gritó con toda la fuerza y la pasión que una madre agotada podía reunir: "¡Dije que no! ¡Y no vuelvas a preguntar, o vas a ver!".

La madre reaccionó con frustración en lugar de responder a su hijo con una disciplina razonable. Las reacciones se enfocan en el momento y no se piensan mucho. Están llenas de emoción y de malas conductas. Sin embargo, cuando nos tomamos el tiempo para prepararnos para ese momento, es más fácil responder en lugar de reaccionar. La preparación nos ayuda a evaluar nuestras respuestas cognitivas, emocionales y conductuales.

Antes de proclamar el perdón a alguien, necesitas prepararte a ti mismo y a la otra persona para fomentar una respuesta apropiada en lugar de una reacción indebida y potencialmente equivocada.

PREPARÁNDOTE A TI MISMO PARA PRONUNCIAR EL PERDÓN

En el Sermón de la Monte, Jesús enseñó a Sus discípulos:

> **¿Por qué miras la paja que está en el ojo de tu hermano, y no miras la viga que está en tu propio ojo? ¿Cómo dirás a tu hermano: Déjame sacar la paja de tu ojo, cuando tienes una viga en el tuyo?** (Mateo 7:3-4)

Somos expertos en confesar los pecados de otras personas e ignorar nuestros propios pecados. Cuando discutimos sobre un conflicto en particular, tendemos a describir cómo pecó la otra persona. Muy pocas personas comienzan diciendo: "Entonces, déjame decirte lo que yo hice mal". Mas bien dicen así: "Entonces, déjame decirte lo que Kyle hizo mal".

Sin embargo, Jesús nos recuerda que no somos mejores que Kyle. Solo estamos viendo una parte de lo que realmente está sucediendo, porque nuestro propio pecado se interpone en el camino. Al igual que un científico que observa un espécimen, colocamos el pecado de Kyle bajo un microscopio y agrandamos sus fracasos para que todos los vean. Desde nuestra posición de poder asumida sobre Kyle, somos como un dios que desea controlarlo. Pero el enfocarme en el pecado de Kyle me impide ver claramente a Kyle. Además, soy incapaz de verme claramente a mí mismo.

Por lo tanto, Jesús dice: "¡Hipócrita! Saca primero la viga de tu propio ojo, y entonces verás bien para sacar la paja del ojo de tu hermano" (Mateo 7:5).

Colócate a ti mismo bajo el microscopio y pídele a alguien que te ayude a identificar cómo pecaste en tal o cual situación. Cualquier cristiano que practica el autoexamen, la confesión, el arrepentimiento y el perdón puede ayudarte a identificar la viga en tu ojo. Los pastores y líderes espirituales están especialmente capacitados para ayudarte.

MARK

Todos los participantes de mi investigación fueron capaces de perdonar después de recibir ayuda de un compañero cristiano. En muchos casos, su pastor identificó gentilmente cómo estaban contribuyendo al conflicto. El pastor ayudó a su miembro a enfocarse en su propio pecado para que pudiera confesarlo y ser perdonado en lugar de agrandar el pecado del otro. Ese miembro pudo entonces acercarse a su ofensor como a un hijo perdonado de Dios.

La forma en que te acercas a quien te ha ofendido marca la diferencia. Si te acercas con una gran viga en el ojo, no verás claramente lo que realmente está sucediendo con tu ofensor ni contigo mismo. Y es probable que le hagas más daño a tu agresor y a tu relación.

Inicialmente, Dorothy se acercó a Kyle sin abordar la viga en su propio ojo. Kyle había pecado contra Dorothy. Pero Dorothy se apresuró a chismear y a hablar mal de Kyle en su trabajo y en las redes sociales. En lugar de buscar restaurarlo, Dorothy atacó a Kyle con palabras. Su reacción pecaminosa no llevó a Kyle al arrepentimiento. En cambio, su tronco de pecado golpeó el corazón de Kyle como un enorme martillo, lo que hizo que Kyle elevara sus defensas. Kyle se aisló de Dorothy, protegiéndose de sus ataques.

Jesús dice: "No den ustedes lo santo a los perros, ni echen sus perlas delante de los cerdos, no sea que las pisoteen, y se vuelvan contra ustedes y los despedacen" (Mateo 7:6). Una forma de interpretar este versículo, especialmente a la luz de las enseñanzas de Jesús sobre el pecado y el juicio de los demás en los versículos anteriores, es que las cosas santas y las perlas son los cristianos, nuestros hermanos y hermanas en la fe. Cuando golpeas a un compañero cristiano con tu tronco de pecado, lo derribas para que sea pisoteado. Y al hacerlo, es probable que también seas pisoteado.[13]

Dorothy ignoró sus propios pecados, concentrándose únicamente en la paja en el ojo de Kyle. Se acercó a un compañero cristiano, que es una perla santa, con la intención de aplastarlo. Solo lo perdonaría si se arrastraba a sus pies.

Jesús es claro cuando dice que no debemos condenar hipócritamente a los demás, haciéndonos como un dios, agrandando los pecados de los demás a través de un microscopio espiritual.

Prepararnos para perdonar a alguien implica sacar la viga de nuestro propio ojo antes de tratar de sacar la paja del ojo de quien nos ofende. Entonces puedes acercarte a tu ofensor como un hijo perdonado de Dios.

PREPARANDO AL OFENSOR PARA RECIBIR EL PERDÓN

Prepararte para hablar del perdón comienza con admitir tu propio pecado. No es fácil reconocer que hiciste algo malo. La mayoría de las personas gastan

13 Esta no es la interpretación predominante de este versículo. La mayoría de los comentaristas interpretarán las cosas santas y las perlas como el Evangelio que no debe ser arrojado delante de perros y cerdos. Sin embargo, Jeffrey Gibbs proporciona una interpretación contextual de Mateo 7:6 que refleja esta perspectiva. Lee Jeffrey A. Gibbs, *Matthew 1:1-11:1*, Concordia Commentary {Mateo 1:1-11:1, Comentario Concordia} (St. Louis: Concordia Publishing House, 2006).

mucha energía culpando a los demás y minimizando sus propios pecados. Piensa en lo difícil que ha sido para ti reconocer tus propios pecados. ¿Cuánto tiempo tardaste en confesar esa viga de pecado que tenías en tu ojo? ¿Fue difícil escuchar a alguien hablarte de tu pecado? ¿Te arrepentiste de inmediato o pasó algún tiempo antes de que pudieras arrepentirte? ¿Aceptaste los esfuerzos de los demás por restaurarte o te alejaste de ellos?

Entender tu propia experiencia con el pecado te ayudará a ser más empático con la persona que ha pecado contra ti. Tu enfoque de la situación te ayudará a preparar al ofensor para recibir el perdón.

Acércate a tu ofensor con gracia y gentileza. "No hagan nada por contienda o por vanagloria. Al contrario, háganlo con humildad y considerando cada uno a los demás como superiores a sí mismo" (Filipenses 2:3).

Dirígete a tu ofensor como a un compañero que también es pecador, pero a quien Dios ha dotado con el perdón de Jesús. Tú no eres más importante que él. Ambos son especímenes cuyos pecados pueden verse agrandados bajo el microscopio. San Pablo continúa: "No busque cada uno su propio interés, sino cada cual también el de los demás" (v. 4). Tener en cuenta los intereses de los demás nos ayuda a hacer una pausa y pensar en cómo acercarnos al ofensor para que reciba lo que ofrecemos.

En el conflicto, puede haber confusión sobre lo que sucedió y lo que se considera un pecado. Después de que haya pasado algún tiempo, escribe desde tu perspectiva lo que sucedió, tu pecado y tu percepción del pecado de la otra persona. En otras palabras, ¿cómo te afectó el comportamiento de quien te ofendió? Luego, coméntalo con un compañero cristiano para que te ayude a procesar tus pensamientos y sentimientos acerca de la situación. Esto te ayudará a prepararte para entablar una conversación con quien te agredió.

Dorothy se preparó para una conversación con Kyle. Ensayó lo que iba a decir y cómo lo iba a decir. Cuando llegó el momento, se acercó a Kyle con gracia:

> **Kyle, gracias por reunirte conmigo hoy. Quiero asegurarte que no es mi intención hacerte daño. Mi esperanza es que podamos tener una relación reconciliada. Hay algunas cosas de las que tenemos que hablar y que creo que nos llevarán en esa dirección. En primer lugar, quiero confesar que he hablado mal de ti en el trabajo y en las redes sociales. Me sentí herida por lo que me hiciste y no respondí de una manera apropiada ni piadosa. Ruego a Dios que puedas perdonarme.**

Este enfoque demuestra cómo un cristiano debe abordar las situaciones de pecado. Dorothy mostró compasión por Kyle agradeciéndole y diciéndole que no estaba allí para atacarlo. Le hizo saber lo que esperaba lograr al reunirse con él y admitió su propia pecaminosidad. Dorothy no se acercó a Kyle mirándolo hacia abajo a través de un microscopio para examinar su pecado. Se acercó a Kyle como una pecadora que también necesitaba perdón.

Es posible que el ofensor necesite ayuda para ver su pecado. Un enfoque sería muy directo. Dorothy podría decir: "Me despediste delante de todos en la oficina. Dijiste en voz alta que era una perezosa irresponsable para que todo el equipo de trabajo lo escuchara". Al adoptar este enfoque, lo más probable sería que Kyle tomara una posición defensiva y comenzara a aislarse de Dorothy.

El enfoque piadoso permite que la otra persona comparta su perspectiva de lo que sucedió.

Considera estas frases que Dorothy podría usar como alternativas para ayudar a Kyle a explorar la situación con mayor profundidad:

> Despedirme delante de todos mis compañeros de trabajo me dolió profundamente. Si pudieras retroceder en el tiempo, ¿harías algo diferente?
>
> Despedirme fue duro para nosotros dos. ¿Cuál fue la parte más difícil de esta situación para ti?

Esto proporciona espacio para que Kyle comparta su perspectiva de la situación. Kyle sentirá que Dorothy se preocupa por él y lo está escuchando.

Mientras Kyle habla, Dorothy debe responder con habilidades de escucha activa antes que reaccionando con emoción.

Una reacción emocional podría mostrar que Dorothy está tratando de defenderse o hacer acusaciones contra Kyle. Supongamos que Dorothy respondiera con algo como: "Pero Kyle, si no hubieras empezado todo esto, yo no habría chismeado contra ti". Tal reacción dificultaría una buena comunicación. Dorothy también debe considerar sus reacciones no verbales. Hacer muecas, mirar a sus pies en lugar de mirar a Kyle, podrían dar la impresión de que está desestimando lo que está diciendo.

Las reacciones emocionales rara vez se piensan detenidamente y, a menudo, dificultan la discusión de temas difíciles. Pero, con la práctica, podemos aprender buenas formas de responder, que creen un ambiente más favorable.

Las habilidades de escucha activa fomentan una conversación productiva. Aquí tienes algunas técnicas de escucha activa con algunos ejemplos de respuestas para poner en tu caja de herramientas interpersonales.

PARAFRASEA LO QUE ESCUCHAS DECIR A LA OTRA PERSONA:

"Me da la impresión de que..."

"La forma en que tú lo ves..."

"Parece que realmente te preocupa..."

ACLARA LO QUE ESCUCHAS DECIR A LA OTRA PERSONA:

"Cuéntame más sobre..."

"¿Puedes darme un ejemplo?"

"Creo que no te escuché bien. ¿Podrías decirlo con otras palabras?"

RESUME LO QUE ESCUCHAS DECIR A LA OTRA PERSONA:

"Permíteme resumir lo que te he escuchado decir..."

El arte de la escucha activa anima a Kyle a contar su historia de una manera más productiva. Con la escucha activa Dorothy probablemente aprenda cosas nuevas sobre la situación al darle a Kyle el espacio para hablar de ella desde su perspectiva. Es posible que Dorothy no esté de acuerdo con todo lo que él diga. Escuchar activamente no es un debate. Más bien, la escucha activa ayuda a crear una conversación en la que ambas partes pueden expresar su experiencia y opiniones de forma beneficiosa.

Después de que Dorothy se haya tomado el tiempo para escuchar a Kyle, habrá ganado más respeto para ofrecer su perspectiva. Sonará algo así como: "Kyle, gracias por compartir conmigo tu perspectiva de lo que sucedió. Me has ayudado a aclarar algunos malentendidos que tenía. ¿Te parece bien que comparta contigo desde mi perspectiva lo que sucedió?".

PAUTAS PARA PROCLAMAR EL PERDÓN

El perdón es un don de Dios que fue comprado por la sangre de Jesucristo (lee 1 Corintios 6:19-20, 7:23; 1 Pedro 1:18-19). Dios habla claramente de este perdón en Su Palabra y todos los que creen tienen este regalo de salvación. Dios también habla de este perdón a través de nosotros. Podemos perdonarnos unos a otros y recibir la paz y el gozo de que nuestros pecados son lavados en la sangre de Cristo.

Mientras te preparas para proclamar el perdón, las siguientes pautas te ayudarán a responder a una transgresión de una manera que agrada a Dios.

PROCLAMA EL PERDÓN COMO UN HIJO DE DIOS

Recordar tu identidad como hijo de Dios es parte de tu preparación para proclamar el perdón. Eres parte del reino de Dios. Ya tienes los dones de la vida, la salvación y el perdón de los pecados en el nombre de Jesucristo (lee Gálatas 3:26, 4:7; Juan 1:12). Como hijo de Dios, eres consciente de tu propia pecaminosidad y ya has confesado la viga del pecado en tu propio ojo y has recibido el don del perdón (lee Mateo 7:5).

Un hijo de Dios se acerca al ofensor como un pecador que ha sido perdonado en el nombre de Jesucristo. Un hijo de Dios se acerca como alguien que también ha sido perdonado y lavado por la sangre de Jesucristo. “Pero si vivimos en la luz, así como él está en la luz, tenemos comunión unos con otros, y la sangre de Jesús, su Hijo, nos limpia de todo pecado” (1 Juan 1:7).

Un hijo de Dios no proclama el perdón como alguien que es santo por su propia cuenta. No hemos hecho nada para ganar ninguna parte de nuestra propia salvación. No hay nada bueno en nosotros.

> **Pero todos se han desviado; todos a una se han corrompido. No hay nadie que haga el bien; ¡ni siquiera hay uno solo! (Salmos 14:3)**

> **Yo sé que en mí, esto es, en mi naturaleza humana, no habita el bien; porque el desear el bien está en mí, pero no el hacerlo. (Romanos 7:18)**

Los hijos de Dios proclaman el perdón que les fue dado por el Espíritu Santo.

Como personas perdonadas por Cristo, nos acercamos a nuestro ofensor con el regalo que hemos recibido: el perdón de Cristo. El perdón de Cristo no es condicional. Dios no dice: “Debes hacer esto primero para que yo te perdone”. Él simplemente declara: “Te perdono”. El perdón es un don que fue comprado por la sangre de Jesucristo para todas las personas (lee Juan 3:16).

Por lo tanto, tampoco ofrecemos el perdón condicional.

Podríamos sentirnos tentados a decir: “Te perdono, pero si lo haces de nuevo, no hay más perdón”. Podríamos querer decir: “Te perdonaré solo si prometes...”. Evita usar palabras como “si...”, “pero...”, “a menos que...”, “siempre y cuando...” o “solo si...”. Estas declaraciones condicionan el perdón y, por lo tanto, el perdón deja de ser un don.

Ve como un hijo perdonado de Dios que cree y confía plenamente en el don del perdón.

PROCLAMA EL PERDÓN CON MANSEDUMBRE

Puede ser difícil expresar el perdón con mansedumbre. A veces, en nuestro dolor, queremos ser vengativos. Pero cuando nos tomamos el tiempo para prepararnos, podemos moderar nuestras emociones y responder con mansedumbre. Pablo nos anima, diciendo: "Hermanos, si alguno es sorprendido en alguna falta, ustedes, que son espirituales, restáurenlo con espíritu de mansedumbre. Piensa en ti mismo, no sea que también tú seas tentado" (Gálatas 6:1).

Sin preparación, podríamos reaccionar con impaciencia y parecer polémicos. Pero, Pablo nos anima a recordar quiénes somos en Cristo:

> **Y el siervo del Señor no debe ser contencioso, sino amable para con todos, apto para enseñar, sufrido; que corrija con mansedumbre a los que se oponen, por si acaso Dios les concede arrepentirse para que conozcan la verdad y escapen del lazo del diablo, en el cual se hallan cautivos y sujetos a su voluntad.** (2 Timoteo 2:24-26)

Los hijos de Dios se preparan para acercarse con mansedumbre y paciencia. Anticipamos que es posible que la persona no se haya arrepentido de su pecado o incluso quiera arrepentirse. El objetivo es hablar con la dulzura el Evangelio de Jesucristo y dejar que Dios conceda el arrepentimiento.

La entrega del perdón no depende del arrepentimiento. El perdón de Dios es para todas las personas. Pero recibir el don del perdón depende del arrepentimiento y la fe. Hasta donde Jim sabía, su padre no se había arrepentido de sus pecados en el momento en que le proclamó el perdón. Pero Jim estaba preparado para perdonar a su padre con la esperanza de que Dios le concediera un arrepentimiento que lo llevaría al conocimiento de la verdad de que él es perdonado en Cristo.

La forma en que Jim se acercó a su padre fue importante. Si Jim se hubiera acercado a su padre con ira y con una actitud de confrontación, a su padre no le habría sido fácil escuchar la proclamación del perdón. Si Jim hubiera actuado como si fuera Dios, su padre no habría respetado sus palabras. Jim estaba preparado para acercarse a su padre con mansedumbre. Sabía que su padre no era un hombre emocional. No había necesidad de que Jim incomodara a su padre con un discurso florido. La proclamación del perdón fue sencilla y directa, justo la forma en que su padre podía recibirla de la mejor manera. Jim miró los intereses de su padre y consideró la mejor manera de servirle.

Cuando te prepares para perdonar a alguien, ten en cuenta su carácter y personalidad. San Pablo nos anima, diciendo: "No busque cada uno su propio interés, sino cada cual también el de los demás" (Filipenses 2:4). La forma en que Jim proclamó el perdón a su padre podría ser diferente de la forma en que proclama el perdón a su esposa, a su compañero de trabajo o a su vecino. Podría ser más demostrativo con su esposa, dándole un abrazo y un beso. Podría ser más profesional con una compañera de trabajo, hablando con él después del trabajo. Podría ser más informal con su vecino, hablando con él afuera en el patio. Nuestro acercamiento con mansedumbre puede verse diferente dependiendo de la persona con la que estemos hablando, pero lo que decimos siempre debe estar arraigado en el don del perdón en Jesucristo.

Un hijo de Dios también debe estar listo para que el don del perdón sea rechazado. No todo el mundo responderá a nuestro perdón con mansedumbre. Podemos llegar a fantasear pensando que nos dirán: "¡Eso es lo mejor que he escuchado en todo el día! Muchas gracias por perdonarme". Pero algunas personas pueden reaccionar de manera negativa, porque están enojadas, a la defensiva o resentidas. Pero, eso no cambia la forma en que hablamos del perdón.

Pedro nos insta a prepararnos y dice:

> **Al contrario, honren en su corazón a Cristo, como Señor, y manténganse siempre listos para defenderse, con mansedumbre y respeto, ante aquellos que les pidan explicarles la esperanza que hay en ustedes. Tengan una buena conciencia, para que sean avergonzados aquellos que murmuran y dicen que ustedes son malhechores, y los calumnian por su buena conducta en Cristo. (1 Pedro 3:15-16)**

Acércate con mansedumbre, teniendo en cuenta los intereses de la otra persona, confiando en que Dios la moverá a arrepentirse y a recibir tu perdón con fe.

PROCLAMAR EL PERDÓN CON ESPECIFICIDAD

¡El contexto marca la diferencia!

Kathy había estado preocupada por algo que su esposo le había dicho un par de semanas atrás. Ella estaba haciendo las tareas domésticas y le pidió ayuda. Él le dijo: "No lavo platos, no saco la basura y no lavo ropa. Ese es tu deber. Y para ser honesto, ni siquiera haces un trabajo con todo eso".

Durante dos semanas, Kathy repitió este incidente en su cabeza muchísimas veces. Creó un ciclo repetitivo que alimentó su ira. El meditar constantemente en las palabras de su esposo la llevaron a la desesperación.

Pero, entonces, Kathy decidió perdonarlo. Un día, después de la cena, Kathy le dijo: "Te perdono por lo que dijiste que me hizo enojar tanto contigo". Su esposo se quedó allí sentado, perplejo, preguntándose qué fue lo que él le había dicho.

A menudo, asumimos que los demás saben lo que han hecho. En algunos casos, pueden saberlo, pero no siempre. El padre de Jim lo sabía. El incendio de la casa de la familia fue un acontecimiento significativo. Pero, ya sea que el ofensor lo sepa o no, necesitamos identificar el pecado que estamos perdonando. Esto prepara al ofensor para el perdón.

El esposo de Kathy estaba confundido por su proclamación de perdón, porque no estaba consciente de su pecado y de cuánto dolor le había causado a su esposa. Cuando Kathy se fue del comedor, él todavía estaba confundido y simplemente desestimó todo el asunto, agradecido de que ella no iba a usar lo que él había dicho en su contra. Pero él no fue capaz de apreciar el don del perdón y no tuvo la oportunidad de arrepentirse. Aquello tampoco lo ayudaría a evitar esa misma ofensa en el futuro.

Proclamar el perdón depende del contexto. A veces, es obvio lo que se quiere decir. Pero algunas ocasiones requieren que especifiquemos lo que se está perdonando. Recuerda tener en cuenta los intereses de la otra persona.

Las personas pueden decir cosas como: "Te perdono desde lo más profundo de mi corazón" o "quiero que sepas que todo está bien entre tú y yo". Pueden decir: "Lo que hiciste la semana pasada, ya lo he olvidado" o "me lastimó lo que hiciste, pero no te preocupes por eso, todo está bien". Tal vez has escuchado a personas decir cosas como estas cuando ofrecen perdón. Sin embargo, no perdonan específicamente en el nombre de Jesús. Las frases se centran en uno mismo y en la capacidad de descartar lo que ocurrió. Carecen de contexto y especificidad destinados a brindar curación y alivio al ofensor.

El perdón no excusa el pecado. El perdón quita el pecado. Esto solo se puede hacer en el nombre de Jesucristo. Cuando proclamas el perdón, lo haces en el nombre de Jesucristo. Pedro dice: "En ningún otro hay salvación, porque no se ha dado a la humanidad ningún otro nombre bajo el cielo mediante el cual podamos alcanzar la salvación" (Hechos 4:12).

Identifica específicamente el pecado que estás perdonando y perdónalo intencionalmente en el nombre de Jesucristo.

PROCLAMA EL PERDÓN Y ESPERA EN EL SEÑOR

La proclamación del perdón de Jim fue sencilla, pero significativa. Se dirigió a su padre desde un contexto más amplio que ese momento de la reunión. Entendía la personalidad de su padre. Le proclamó el perdón como un hijo de Dios. Quería que su padre supiera que él era capaz de perdonarlo debido a su fe en Jesucristo. Jim tomó todas estas cosas en consideración cuando se preparó para perdonar a su padre.

Jim también estaba preparado para esperar en el Señor. Él dijo: "No esperaba nada, porque él es como es. Tiene setenta años. No fui con ningún tipo de ataduras como: 'Está bien, te voy a perdonar, pero desde ahora vamos a tener una mejor relación y me vas a llamar'. Esa no fue la razón por la que lo hice".

Pero Jim no necesitó esperar mucho. Los dos se enviaron correos electrónicos y su padre se quedó en la casa de Jim varias veces.

Fue un alegre reencuentro y reconciliación entre un padre y un hijo. Sin embargo, no siempre es así. Después de pronunciar el perdón, esperamos en el Señor, aun si a veces no vemos nada positivo. Esto puede ser difícil de entender y aceptar.

Incluso, Jesús mismo experimentó tales reacciones. Le ofreció el don de la salvación a un joven rico, pero éste se alejó sin aquel don (lee Marcos 10:17-31). Jesús y Esteban, ambos oraron: "Padre, perdónalos, porque no saben lo que hacen" (Lucas 23:34; Hechos 7:60). Su perdón no detuvo sus ejecuciones. Sin embargo, algunos de los que participaron de estas recibieron más tarde el don por medio de la fe. Saulo presenció la ejecución de Esteban dando su aprobación, pero más tarde se convirtió en un ferviente seguidor de Jesús llamado Pablo.

No podemos obligar a las personas a recibir el don del perdón. Lo ofrecemos y esperamos en el Señor.

Esperar en el Señor es un acto de fe. El salmista dice: "Yo estoy seguro, Señor, que he de ver tu bondad en esta tierra de los vivientes! ¡Espera en el Señor! ¡Infunde a tu corazón ánimo y aliento! ¡Sí, espera en el Señor!" (Salmos 27:13-14). Puede parecer que el Señor no está actuando, pero Su tiempo no siempre es el nuestro (lee Isaías 55:8-9; 2 Pedro 3:9).

Mientras esperamos en el Señor, oramos. Oramos para que el Espíritu Santo tenga muchas oportunidades de hablar la Palabra de Dios en las vidas de quienes necesitan el perdón. Oramos para que las buenas noticias de la salvación obren en sus corazones para que reciban el regalo gratuito del perdón. Oramos para que reciban el regalo que ha sido comprado para ellos por la sangre de Jesús. Por esto, pídele a Dios que te dé paciencia y aumente tu confianza en Él.

Entrega el don del perdón y espera que el Señor obre en sus corazones.

ENCONTRANDO LAS PALABRAS ADECUADAS

La Biblia no prescribe un proceso paso a paso para pronunciar el perdón. Dependiendo de la situación, puede haber muchas maneras de acercarse a alguien. Pero las pautas anteriores proporcionan una comprensión bíblica de cómo prepararte a ti mismo y a la otra persona para dar y recibir el don del perdón.

Jim fue preparado por su pastor y el taller de reconciliación, para recordar el don del perdón que ya era suyo en Cristo Jesús. Jim reconoció sus propias actitudes y pensamientos pecaminosos acerca de su padre. Se arrepintió y fue reconfortado al ser perdonado. Ahora, Jim necesitaba preparar a su padre para recibir el don del perdón que ya era suyo. Jim, un hijo de Dios, hizo esto acercándose con mansedumbre a su padre, específicamente perdonándolo en el nombre de Jesús, y esperando que el Señor obrara en la vida de su padre.

Después de aplicar las pautas anteriores, prepara tu proclamación. Puedes utilizar frases como:

- **"Tengo buenas noticias para ti. Eres perdonado en el nombre de Jesucristo".**
- **"Así como Dios en Cristo nos ha perdonado a ti y a mí, yo también te perdono".**
- **"Como un pecador que también necesita del perdón, te perdono en el nombre del Padre y del Hijo y del Espíritu Santo".**

Una forma poderosa de proclamar el perdón de Dios es usando las Escrituras, insertando el nombre de la persona en el versículo. Esto personaliza el versículo, consolando a la persona con la seguridad del amor de Dios de Su Palabra, algo así como:

> **[*Nombre*], [Jesús] mismo llevó en Su cuerpo nuestros pecados al madero, para que nosotros, muertos ya al pecado, vivamos para la justicia. Por Sus heridas [*nombre*], tú fuiste sanado. (1 Pedro 2:24)**

Luego, añade tu perdón personal: "Así como Dios por medio de Cristo nos ha perdonado a ti y a mí, yo también te perdono tus pecados contra mí".

Muchos versículos de las Escrituras funcionan bien para proclamar el perdón de Dios. Estos son algunos de los que puedes utilizar:

> Dichoso [*nombre*] cuyo pecado es perdonado, y cuya maldad queda absuelta. Dichoso [*nombre*] a quien el Señor ya no acusa de impiedad, y en el que no hay engaño. (Salmos 32:1-2)
>
> Tan alta como los cielos sobre la tierra, es Su misericordia con [*nombre*, que lo honra]. Tan lejos como está el oriente del occidente, alejó de [ti, tus rebeliones]. (Salmos 103:11-12)
>
> [Jesús] fue entregado por nuestros pecados, y resucitó para nuestra justificación. Así, pues [*nombre*], justificados por la fe tenemos paz con Dios por medio de nuestro Señor Jesucristo, por quien tenemos también, por la fe, acceso a esta gracia en la cual estamos firmes, y nos regocijamos en la esperanza de la gloria de Dios. (Romanos 4:25-5:2)
>
> Por tanto, no hay ninguna condenación para [*nombre*, que está unido] a Cristo Jesús.... (Romanos 8:1)
>
> [*Nombre*], al que no cometió ningún pecado, por nosotros Dios lo hizo pecado, para que en Él nosotros fuéramos hechos justicia de Dios. (2 Corintios 5:21)
>
> [*Nombre*], la sangre de Jesús, Su Hijo, [te] limpia de todo pecado. (1 Juan 1:7)

MOMENTOS EN LOS QUE NO SE DEBE PROCLAMAR EL PERDÓN

El don del perdón fue consumado por Jesucristo y Él ofrece este don a todos. Sin embargo, no todos están dispuestos a arrepentirse de sus pecados y creer en Jesús. En algunos casos, las personas abiertamente no se arrepienten y reclaman el derecho a su pecado. Supongamos que le preguntamos al ofensor: “Si pudieras retroceder en el tiempo, ¿harías algo diferente?”. Alguien que se aferra a su pecado podría responder: “No cambiaría nada. Y si me dieran la oportunidad, lo volvería a hacer”.

Mateo 18 proporciona instrucciones para restaurar a los que se han descarriado. Jesús anima a sus discípulos a tener contacto con el pecador una y otra vez con la esperanza de que haya restauración. Específicamente en los versículos 15 al 20, Él nos enseña cómo acercarnos a aquellos que han pecado contra nosotros:

> **Por tanto, si tu hermano peca contra ti, ve y repréndelo cuando él y tú estén solos. Si te hace caso, habrás ganado a tu hermano. Pero si no te hace caso, haz que te acompañen uno o dos más, para que todo lo que se diga conste en labios de dos o tres testigos. Si tampoco a ellos les hace caso, hazlo saber a la iglesia; y si tampoco a la iglesia le hace caso, ténganlo entonces por gentil y cobrador de impuestos. De cierto les digo que todo lo que aten en la tierra, será atado en el cielo; y todo lo que desaten en la tierra, será desatado en el cielo. Una vez más les digo, que si en este mundo dos de ustedes se ponen de acuerdo en lo que piden, mi Padre, que está en los cielos, se lo concederá. Porque donde dos o tres se reúnen en mi nombre, allí estoy yo, en medio de ellos. (Mateo 18:15-20)**

Jesús usa la frase: "Si él..., entonces tú has de...", cinco veces en este texto.[14] No debemos abandonar a la persona que no se ha arrepentido, sino estar en contacto constantemente con la esperanza de que no rechazará el don del perdón.

No hay garantía de que el pecador se arrepienta. Pero en la medida en que depende de nosotros, hablemos fielmente la Palabra de Dios para sus vidas con la esperanza de que suelten su pecado.

No damos el don del perdón a personas abiertamente impenitentes que reclaman el derecho a sus pecados. "Si tampoco a ellos les hace caso, hazlo saber a la iglesia; y si tampoco a la iglesia le hace caso, ténganlo entonces por gentil y cobrador de impuestos" (Mateo 18:17).

La congregación de la persona tiene la responsabilidad de velar por el bienestar espiritual de cada uno. Cuando alguien se niega a arrepentirse, actúa como si no necesitara o ni siquiera creyera en el perdón de Cristo, su bienestar eterno está en peligro. Por lo tanto, tal persona que reclama el derecho a su pecado podría ser quitada de la iglesia a través del proceso de excomunión, con la esperanza de que se arrepienta y crea en el perdón de los pecados. (Para más

---

14 Jeffrey Gibbs proporciona un excelente comentario de este texto que destaca el deseo de Dios de dar al pecador el don del perdón. Gibbs señala que Jesús pudo haberse detenido en el versículo 15 y terminar el asunto. Pero es algo mortal que una persona permanezca en pecado. Por lo tanto, se debe hacer todo lo posible para restaurar al pecador para que pueda disfrutar del don del perdón. Lee Jeffrey A. Gibbs, *Matthew 11:2-20:34*, Concordia Commentary {Mateo 11:2-20:34, Comentario Concordia} (St. Louis: Concordia Publishing House, 2010).

información, lee el capítulo 8, "¿Qué pasa si no se arrepienten?", y el capítulo 17, "¿Hay algún pecado imperdonable?").

Pero tal decisión no pone fin a nuestra responsabilidad para con el ofensor.

En la parábola de Jesús de la cizaña (lee Mateo 13:24-30), la cizaña y el trigo continúan viviendo juntos hasta la cosecha. En la segunda venida de Jesús, en el fin del mundo, Él separará a los creyentes de los no creyentes. Jesús dice que todavía debemos tratar de hablar la Palabra de Dios a sus vidas hasta el último día de la cosecha, con la esperanza de que puedan arrepentirse. Porque nuestro Dios "...quiere que todos los hombres sean salvos y lleguen a conocer la verdad" (1 Timoteo 2:4).

En algunos casos, puede ser difícil saber si una persona está reclamando su derecho a un pecado o si está luchando con el arrepentimiento. No debemos pronunciar palabras de perdón a una persona que ha reclamado abiertamente su derecho a un pecado. Esa persona necesita escuchar la Ley de Dios. Sin embargo, es apropiado hablar de perdón a alguien que está luchando con el arrepentimiento.

Pablo dice: "¿No te das cuenta de que menosprecias la benignidad, la tolerancia y la paciencia de Dios, y que ignoras que su benignidad busca llevarte al arrepentimiento?" (Romanos 2:4). Cuando le mostramos la bondad de Dios a una persona que está luchando con el pecado, le mostramos el don del perdón. La bondad de Dios puede llevarlos al arrepentimiento.

Dios es paciente con las personas, porque no quiere que nadie muera eternamente. "El Señor no se tarda para cumplir su promesa, como algunos piensan, sino que nos tiene paciencia y no quiere que ninguno se pierda, sino que todos se vuelvan a él" (2 Pedro 3:9).

¡Gracias a Dios por Su misericordia, Su gracia, Su amor y Su paciencia para con todo Su pueblo! ¡Alabado sea Dios por el perdón que tenemos en Cristo Jesús!

¿CÓMO SE APLICA ESTO A MÍ?

1. Describe una situación en la que alguien ha pecado contra ti y quieras proclamarle el perdón.

2. Antes de que te reúnas con alguien, identifica cómo pecaste en la situación. Tal vez tu pecado fue una reacción al pecado inicial de aquella persona. ¿Tuviste pensamientos pecaminosos? ¿Has chismeado? ¿Planeaste formas de tomar venganza?

3. Programa una cita con tu pastor o un amigo espiritualmente maduro. Primero, pídele su compromiso de confidencialidad. Hazle saber que estás buscando orientación mientras te preparas para reconciliarte con alguien a través de la confesión y el perdón. Luego, reflexionando sobre tus propios pecados en la relación, pídele que escuche tu confesión a Dios, para que pueda proclamarte el perdón de Dios. Refiérete a la sección arriba "Encontrando las palabras adecuadas" y anima a tu pastor o amigo a usar las Escrituras mientras te absuelve. Escuchar el perdón de Dios proclamado verbalmente te ayuda a prepararte para hacer lo mismo por la otra persona.

4. A continuación, busca la mejor manera de acercarte a la otra persona.
   - Podrías escribir tu confesión de pecado para poder compartirla con la otra persona.

- Si la otra persona parece no darse cuenta de cómo ha pecado contra ti, escribe posibles maneras en que podrías ayudarle a ver su pecado. Esfuérzate por ser empático y mostrar amor cristiano.
- Escribe cómo proclamarás el perdón de Dios. Considera usar las Escrituras, insertando el nombre de la persona, como se describe en este capítulo.
- Ensaya todo lo que planeas decir con tu pastor o amigo.

5. Anticipa cómo responderás si el ofensor no es receptivo
   - a tu confesión.
   - a ti, al identificar su pecado.
   - a ti, al proclamarle el perdón.
6. Discute tu respuesta con tu pastor o amigo.

7. Escribe una oración para que Dios te guíe, incluyendo peticiones sobre
   - un pastor o amigo que te dé consejos apropiados.
   - la capacidad de sacar la viga de tu propio ojo.
   - el valor para encontrarte con la otra persona.
   - la oportunidad de acercarte a la otra persona con mansedumbre y empatía.
   - que Dios conduzca a la persona al arrepentimiento y al perdón en Cristo.

PLANTILLA DE ORACIÓN

(Lee el capítulo 3, "¿Cómo debo orar?")

INTRODUCCIÓN

REFERENCIA A LA OBRA DE DIOS

PETICIÓN

RESULTADO

CONCLUSIÓN

CAPÍTULO 17

¿HAY ALGÚN PECADO IMPERDONABLE?

Santo Espíritu, Señor,
Por Tu gracia fiel veremos
Cara a cara al Salvador,
Con quien siempre viviremos;
Por Jesús, rogamos que
Guardes firme nuestra fe.

Pídeles a diez personas que nombren un pecado imperdonable, y es probable que cada uno te dé una respuesta diferente.

Tendemos a juzgar ciertos pecados atroces como imperdonables: asesinato, violación, abuso sexual a niños, tortura, entre otros. Algunos creen que los líderes malvados que han dirigido torturas y asesinatos masivos son culpables de pecados imperdonables.

Pero identificar cualquier pecado como imperdonable, excepto como se especifica en la Palabra de Dios, es minimizar la obra expiatoria de Cristo. Tal juicio de ese pecado, o de una persona que cometió ese pecado, sugiere que el sufrimiento y la muerte de Jesús fueron insuficientes o que Su redención no fue para todas las personas.

El sacrificio de Jesús en el Calvario pagó el castigo completo por todos los pecados. Con Sus palabras desde la cruz, Jesús declaró: "Consumado es" (Juan 19:30), lo que significa que la deuda por todos los pecados de la humanidad ha sido pagada en su totalidad.

Cristo murió por los pecados de todo el mundo, como Él mismo afirmó: "Porque de tal manera amó Dios al mundo, que ha dado a Su Hijo unigénito, para que todo aquel que en Él cree no se pierda, sino que tenga vida eterna" (Juan 3:16). "El mundo" incluye a todas las personas.

> **Pero él será herido por nuestros pecados; ¡molido por nuestras rebeliones! Sobre él vendrá el castigo de nuestra paz, y por Su llaga seremos sanados. Todos perderemos el rumbo, como ovejas, y cada uno tomará su propio camino; pero el Señor descargará sobre él todo el peso de nuestros pecados. (Isaías 53:5-6)**
>
> **Esto quiere decir que, en Cristo, Dios estaba reconciliando al mundo consigo mismo, sin tomarles en cuenta sus pecados, y que a nosotros nos encargó el mensaje de la reconciliación. (2 Corintios 5:19)**

Sin embargo, la Biblia identifica un pecado que es "imperdonable".

EL PECADO CONTRA EL ESPÍRITU SANTO

Durante el ministerio de Jesús, los fariseos lo acusaron de expulsar demonios por el poder del diablo. Al principio, Jesús desacredita la falsa noción de que Satanás expulsaría a Satanás. Pero luego, el evangelio de Mateo registra la severa advertencia de Jesús acerca de los testimonios de los fariseos incrédulos:

> Por tanto, les digo: A ustedes se les perdonará todo pecado y blasfemia, excepto la blasfemia contra el Espíritu. Cualquiera que hable mal del Hijo del Hombre, será perdonado; pero el que hable contra el Espíritu Santo no será perdonado, ni en este tiempo ni en el venidero. (Mateo 12:31-32)

El evangelio de Marcos también registra la admonición explícita de Jesús:

> De cierto les digo que a todos ustedes se les perdonará todo pecado y toda blasfemia, pero el que blasfeme contra el Espíritu Santo jamás será perdonado, sino que será culpable de un pecado eterno. (Marcos 3:28-29)

Jesús menciona este mismo pecado cuando contrasta el destino eterno de aquellos que confiesan su fe en Él con el destino de aquellos que lo niegan:

> Yo les digo que a todo aquel que me confiese delante de los hombres, también el Hijo del Hombre lo confesará delante de los ángeles de Dios. Pero al que me niegue delante de los hombres, se le negará delante de los ángeles de Dios. Toda palabra que se diga en contra del Hijo del Hombre, será perdonada; pero toda blasfemia en contra del Espíritu Santo no será perdonada. (Lucas 12:8-10)

¿QUÉ ES BLASFEMAR CONTRA EL ESPÍRITU SANTO?

En pocas palabras, blasfemar contra el Espíritu Santo es rechazar la fe en Jesús y Su obra expiatoria en la cruz.

¿De qué manera rechazar la fe en Cristo es blasfemar contra el Espíritu Santo?

La Biblia enseña que el Espíritu Santo nos lleva a la fe en Cristo. Por naturaleza, estamos espiritualmente ciegos y muertos, y somos enemigos de Dios.

> Pero la persona natural no percibe las cosas que son del Espíritu de Dios, porque para él son una locura; y tampoco las puede entender, porque tienen que discernirse espiritualmente. (1 Corintios 2:14)

> A ustedes, él les dio vida cuando aún estaban muertos en sus delitos y pecados, los cuales en otro tiempo practicaron, pues vivían de acuerdo a la corriente de este mundo y en conformidad

con el príncipe del poder del aire, que es el espíritu que ahora opera en los hijos de desobediencia. (Efesios 2:1-2)

Las intenciones de la carne llevan a la enemistad contra Dios; porque no se sujetan a la ley de Dios, ni tampoco pueden.... (Romanos 8:7)

Aunque no podemos llegar a la fe por nosotros mismos, ni por esfuerzo alguno, el Espíritu Santo nos capacita para creer.

Por tanto, quiero que sepan que nadie que hable por el Espíritu de Dios puede maldecir a Jesús; y que nadie puede llamar Señor a Jesús, si no es por el Espíritu Santo. (1 Corintios 12:3)

Jesús le respondió: "De cierto, de cierto te digo, que el que no nace de agua y del Espíritu, no puede entrar en el reino de Dios. Lo que nace de la carne, carne es; y lo que nace del Espíritu, espíritu es". (Juan 3:5-6)

Rechazar la fe en Cristo, un don del Espíritu Santo, es pecar contra el dador de ese don. Aquellos que persisten en negarse a creer en el perdón de Jesús por ellos blasfeman contra el Espíritu Santo de Dios.

Debido a que Jesús cargó con todas las consecuencias de nuestro pecado, somos perdonados. Las consecuencias de la muerte eterna (el infierno) son quitadas para los que creen. "Por tanto, no hay ninguna condenación para los que están unidos a Cristo Jesús, los que no andan conforme a la carne, sino conforme al Espíritu..." (Romanos 8:1).

Pero aquellos que persisten en rechazar el regalo, retienen sus propios pecados y las consecuencias de la separación eterna de Dios.

[Jesús dijo:] Porque de tal manera amó Dios al mundo, que ha dado a Su Hijo unigénito, para que todo aquel que en Él cree no se pierda, sino que tenga vida eterna. Porque Dios no envió a Su Hijo al mundo para condenar al mundo, sino para que el mundo sea salvo por Él. El que en él cree, no es condenado; pero el que no cree, ya ha sido condenado, porque no ha creído en el nombre del unigénito Hijo de Dios. (Juan 3:16-18)

Por lo tanto, no es ningún pecado en particular, juzgado por la gente como atroz, lo que condena, sino que es el persistir en el pecado contra el Espíritu Santo: no creer en Jesús como Salvador es lo que condena. Los que rechazan el Evangelio resisten al Espíritu Santo y permanecen condenados por su propia cuenta. "El que crea y sea bautizado, se salvará; pero el que no crea, será condenado" (Marcos 16:16).

El pecado contra el Espíritu Santo puede ser llamado el pecado imperdonable porque el rechazo de la fe en Cristo resulta en el juicio eterno. El rechazar a Cristo significa retener el propio pecado y declarar que Su perdón es innecesario, en otras palabras, es caer en la autojustificación. Aquellos que rechazan el Espíritu Santo demuestran un corazón endurecido. Se niegan a arrepentirse y, por lo tanto, rechazan el perdón a través de Cristo. El Espíritu Santo no obliga a nadie a recibir Su don de la fe. Pero aquellos que rechazan Su don, retienen sus propios pecados para su condenación eterna. "El que cree en el Hijo tiene vida eterna, pero él que se niega a creer en el Hijo no verá la vida, sino que la ira de Dios recae sobre él" (Juan 3:36).

¿CÓMO PUEDO EVITAR EL PECADO IMPERDONABLE?

En primer lugar, si te preocupa pecar contra el Espíritu Santo, consuélate. Probablemente no has cometido este pecado, o estás en el proceso de arrepentirte de este pecado. Aquellos que blasfeman contra el Espíritu Santo no se preocupan por ello. Tu sola preocupación ya demuestra tu temor a Dios y tu fe en Él. Ora para que el Espíritu Santo fortalezca tu fe y te asegure la promesa de Dios para ti. Deja que Dios te consuele con Sus promesas en las Escrituras:

> **Cree en el Señor Jesucristo, y se salvarán tú y tu familia. (Hechos 16:31)**
>
> **El Señor es misericordioso y clemente; es lento para la ira, y grande en misericordia. No nos reprende todo el tiempo, ni tampoco para siempre nos guarda rencor. No nos ha tratado como merece nuestra maldad, ni nos ha castigado como merecen nuestros pecados. Tan alta como los cielos sobre la tierra, es Su misericordia con los que le honran. Tan lejos como está el oriente del occidente, alejó de nosotros nuestras rebeliones. El Señor se compadece de los que le honran. (Salmos 103:8-13)**
>
> **En Él tenemos la redención por medio de Su sangre, el perdón de los pecados según las riquezas de Su gracia, la cual desbordó sobre nosotros en toda sabiduría y entendimiento, y nos dio a conocer el misterio de Su voluntad, según Su beneplácito, el**

> **cual se había propuesto en sí mismo, para que cuando llegara el tiempo señalado reuniera todas las cosas en Cristo, tanto las que están en los cielos, como las que están en la tierra. (Efesios 1:7-10)**

Tu salvación no se basa en tus propias obras, sino en la fe en Cristo, quien hizo todo para tu salvación: "Ciertamente la gracia de Dios los ha salvado por medio de la fe. Ésta no nació de ustedes, sino que es un don de Dios; ni es resultado de las obras, para que nadie se vanaglorie" (Efesios 2:8-9).

El perdón de Dios es tuyo si te arrepientes y crees en Jesús. "Si confesamos nuestros pecados, Él es fiel y justo para perdonar nuestros pecados y limpiarnos de toda maldad" (1 Juan 1:9).

El pecado imperdonable, blasfemar contra el Espíritu Santo, es negar lo que Jesús ha hecho por ti, rechazar el perdón de los pecados y justificarte a ti mismo delante Dios.

En cuanto a si otros han cometido este pecado, no nos toca a nosotros juzgar. Solo Dios conoce el corazón (lee Salmos 44:21). Jesús autorizó a la iglesia a negar el perdón a los que abiertamente no se arrepienten, porque actúan como si no creyeran en el perdón de los pecados (lee Mateo 16:17-19; Juan 20:23). La iglesia usa esta acción para ayudar a traer de vuelta un alma descarriada del borde de la muerte eterna. El pecador errante es restaurado cuando se arrepiente y confiesa su fe en Cristo. Encomendamos a nuestro Dios nuestro bienestar eterno y el de los demás.

Sin embargo, aquellos que inicialmente rechazan la fe en Jesús, pero luego creen antes de morir, son perdonados y entran en el cielo. El ladrón en la cruz junto a Jesús confesó su fe poco antes de su muerte y Jesús le aseguró: "De cierto te digo que hoy estarás conmigo en el paraíso" (Lucas 23:43).

¡Gracias a Dios que Él es misericordioso y bondadoso, incluso concediendo la vida eterna a aquellos que se convierten en el último minuto!

Jesús dijo: "Yo soy la resurrección y la vida; el que cree en mí, aunque esté muerto, vivirá. Y todo aquel que vive y cree en mí, no morirá eternamente" (Juan 11:25-26).

¿CÓMO SE APLICA ESTO A MÍ?

1. Según las Escrituras, ¿por qué pecados no ha muerto Jesús?

2. Según las Escrituras, ¿cuál es el único pecado que Dios declara imperdonable si la persona no se arrepiente antes de la muerte?

3. ¿De qué manera ha desafiado este capítulo tu forma de pensar sobre qué pecado es imperdonable?

4. ¿Por qué el pecado imperdonable no se aplica a ti?

5. Si continúas luchando con entender qué tipo de pecados son imperdonables, busca a tu pastor o a un amigo espiritualmente maduro para hablar sobre este capítulo (y el resto del libro).

6. Escribe una oración para que Dios te consuele en tu fe y te quite la tentación de juzgar el corazón de los demás. Agradécele por la gracia y la misericordia que te ha mostrado a ti y a los demás.

PLANTILLA DE ORACIÓN

(Lee el capítulo 3, “¿Cómo debo orar?”)

INTRODUCCIÓN

REFERENCIA A LA OBRA DE DIOS

PETICIÓN

RESULTADO

CONCLUSIÓN

CAPÍTULO 18

¿PUEDE HABER PERDÓN SIN RECONCILIACIÓN?

Los pecados nos separan
De la gente‿y del Señor,
Mas por gracia se restauran,
Relaciones con amor;
No te canses, sé paciente,
Siervo reconciliador;
Por perdón es solamente
Que ve paz el pecador.

Mas ¿qué‿hacer si ya‿es muy tarde,
Si no me‿han de recibir?
Voy a Dios, que me resguarde,
Su perdón me‿hace vivir;
Y descanso con confianza
En la paz de mi Señor,
En Él tengo mi‿esperanza,
En mi Cristo Salvador.

PERDONADOS Y RECONCILIADOS CON DIOS

Jesús contó una parábola acerca de un hijo que exigió su parte de la herencia a su padre (lee Lucas 15:11-32). Esta era una petición inusual, porque el padre tendría que renunciar aquello que tenía y usaba para mantenerse. Lo más extraño aún es que el padre aceptó y le dio a su hijo la parte completa de su herencia.

El hijo ahora se sentía libre para dejar a su familia y vivir un estilo de vida muy diferente al de su padre. Viajó a un lugar lejano y gastó libremente la herencia sin preocuparse por el futuro.

El hijo rechazó a su padre y despilfarró su herencia en una vida imprudente. Pero su estilo de vida extravagante llegó a un final repentino cuando el dinero se acabó. El hijo estaba en la indigencia y pronto perecería.

Por lo tanto, el hijo consiguió un trabajo, haciendo la cosa más cuestionable para un hombre judío: alimentar cerdos. El Antiguo Testamento prohibió al pueblo de Dios comer carne de cerdos. Eran animales inmundos para el pueblo de Dios (lee Levítico 11:7-8). El hijo estaba tan desesperado, tan empobrecido, tan cerca de la muerte, que vivía entre animales inmundos. Sin embargo, no fue suficiente para llenar su estómago y salvarlo de perecer.

A veces pensamos que podemos llevar una vida vergonzosa. Estamos muy ansiosos por dar la espalda a un Padre misericordioso para buscar la libertad y la autonomía. Pero cuando nuestros recursos se agotan, nos sentamos en la esquina de una habitación oscura, llenos de arrepentimiento y vergüenza por lo que hemos hecho.

Kevin tuvo una novia por dos años. Les gustaba ir al cine, salir a caminar, explorar bosques y cocinar juntos. Pero el deseo de Kevin de tener relaciones sexuales fue apagado por su novia. Kevin decidió entonces que quería libertad para buscar e interactuar con otras personas; por eso rompió la relación con su novia. Con la disponibilidad de internet y varias aplicaciones que se especializan en buscar parejas, no pasó mucho tiempo hasta que sus deseos íntimos se cumplieron. Además, no fue nada tímido en publicar en las redes sociales sobre su nuevo estilo de vida autónomo. También publicó chismes y difamaciones sobre su exnovia.

Todo se vino abajo cuando una de sus muchas mujeres que tuvo le robó sus tarjetas bancarias y lo arruinó financieramente. Dos semanas después, se enfermó y se enteró de que había contraído una enfermedad mortal de transmisión sexual. Estaba en la indigencia y pronto moriría. Había rechazado a una mujer fiel para perseguir sus propios deseos pecaminosos. Y allí estaba sentado en el rincón de su habitación oscura, lleno de remordimiento y vergüenza por lo que había hecho. Estaba aterrorizado de morir y convencido de que iría al infierno.

En la parábola de Jesús, el hijo que despilfarró la herencia de su padre decidió volver a su padre y pedirle perdón. "Voy a levantarme, me iré con mi padre, y le diré: 'Padre, he pecado contra el cielo y contra ti, y no soy digno ya de ser llamado tu hijo; ¡hazme como a uno de tus jornaleros!'" (Lucas 15:18-19).

¿Qué habrías hecho si tu hijo descarriado hubiera regresado a casa después de haberse convertido en una vergüenza para la familia? Podrías optar por rechazar a tu hijo, abandonarlo o negarte a hablarle. Podrías sermonearlo sobre lo que hizo mal y dejar que regrese a casa solo como sirviente o jornalero, pero no como uno de tus hijos.

Aquel padre hace algo muy inesperado. Corre hacia su hijo cuando aún estaba lejos, lo abraza y le pone ropa decente. En el dedo de su hijo se coloca un anillo, lo que indica que el padre reconoce al hombre como su hijo amado. Luego le organiza una cena de celebración y les dice a todos: "porque este hijo mío estaba muerto, y ha revivido; se había perdido, y lo hemos hallado. Y comenzaron a regocijarse" (Lucas 15:24). El padre perdonador se reconcilia con su hijo pródigo.

Esto es lo que nuestro Padre celestial hace por nosotros. Dios nos perdona y nos reconcilia consigo mismo.

> **Y todo esto proviene de Dios, quien nos reconcilió consigo mismo a través de Cristo y nos dio el ministerio de la reconciliación. Esto quiere decir que, en Cristo, Dios estaba reconciliando al mundo consigo mismo, sin tomarles en cuenta sus pecados, y que a nosotros nos encargó el mensaje de la reconciliación. (2 Corintios 5:18-19)**

Dios podría haber elegido rechazarnos, abandonarnos y negarse a hablarnos. Podría habernos condenado al infierno. Él pudo haber elegido perdonarnos, pero obligarnos a vivir como Sus sirvientes en la tierra, sin la esperanza de la vida eterna en el cielo. Pero nuestro Padre amoroso eligió perdonarnos y reconciliarse con nosotros. Él nos hizo Sus hijos amados y herederos de Sus promesas celestiales.

> **Miren cuánto nos ama el Padre, que nos ha concedido ser llamados hijos de Dios. Y lo somos. (1 Juan 3:1)**

> **Pues todos ustedes son hijos de Dios por la fe en Cristo Jesús. (Gálatas 3:26)**
>
> **Así que ya no eres esclavo, sino hijo; y si eres hijo, también eres heredero de Dios por medio de Cristo. (Gálatas 4:7)**

Kevin era un hijo pródigo que se apartó de lo que era bueno para perseguir los deseos de su carne pecaminosa. Un camino así a menudo conduce a la desesperación y la destrucción. Pero cuando hay arrepentimiento y fe, Dios se apresura a perdonarnos y reconciliarnos de nuevo en Su reino.

Kevin fue bendecido con un amigo cristiano que lo escuchó, oró con él y le recordó todo sobre el perdón de Jesucristo. Dios no abandonaría a Kevin y no lo trataría como a un ciudadano de segunda clase del cielo. Kevin fue completamente perdonado, reconciliado con su Padre por la sangre de Jesucristo.

> **En Él [Jesucristo] tenemos la redención por medio de Su sangre, el perdón de los pecados según las riquezas de Su gracia, la cual desbordó sobre nosotros en toda sabiduría y entendimiento, y nos dio a conocer el misterio de Su voluntad, según Su beneplácito, el cual se había propuesto en sí mismo, para que cuando llegara el tiempo señalado reuniera todas las cosas en Cristo, tanto las que están en los cielos, como las que están en la tierra. (Efesios 1:7-10)**

Tú, querido lector, eres un hijo de Dios, perdonado y reconciliado. Cuando Dios perdona los pecados, también nos restaura, nos reconcilia consigo mismo. Con Dios, ¡sí hay perdón y reconciliación!

¿QUÉ ES LA RECONCILIACIÓN?

La Biblia enseña claramente que debemos perdonarnos unos a otros. Jesús dice: "Y cuando oren, si tienen algo contra alguien, perdónenlo, para que también su Padre que está en los cielos les perdone a ustedes sus ofensas" (Marcos 11:25).

Mientras Jesús colgaba en la cruz oró, diciendo: "Padre, perdónalos, porque no saben lo que hacen" (Lucas 23:34). Cuando Pedro le preguntó a Jesús cuántas veces debía perdonar, Jesús respondió: "No te digo que hasta siete veces, sino hasta setenta veces siete" (Mateo 18:21-22). Jesús no quiso decir que el perdón se limite a setenta veces siete, sino que debemos perdonar tantas veces como sea necesario. Enseñó a Sus discípulos a orar: "Perdónanos nuestros pecados, porque también nosotros perdonamos a todos los que nos deben" (Lucas 11:4). Pablo le recordó a la iglesia en Éfeso que "sean bondadosos y misericordiosos, y perdónense unos a otros, así como también Dios los perdonó a ustedes en Cristo" (Efesios 4:32).

El perdón es lavar el pecado a través de la sangre de Jesucristo. Cuando Dios nos perdona, promete no usar nuestro pecado en contra nuestra. Ese pecado no nos impedirá ser Sus hijos o ser parte de Su reino. Cuando yo perdono a otra persona, lo hago como una persona que también ha sido perdonada por la obra de Cristo. Perdonarnos unos a otros es importante, porque refleja el perdón que tenemos en Jesús. La falta de perdón resulta en amargura y contradice la fe en el perdón del Salvador.

> **Procuren vivir en paz con todos, y en santidad, sin la cual nadie verá al Señor. Tengan cuidado. No vayan a perderse la gracia de Dios; no dejen brotar ninguna raíz de amargura, pues podría estorbarles y hacer que muchos se contaminen con ella. (Hebreos 12:14-15)**

La reconciliación entre nosotros y Dios ocurre cuando ningún pecado nos separa. Nuestra relación se restaura como si nunca hubiera ocurrido una ruptura en la relación. La reconciliación entre los pecadores tiene lugar cuando ya ningún pecado los separa unos de otros. Por lo general, esto requiere que ambas partes confiesen sus pecados y se perdonen mutuamente.

Eric y Steve crecieron juntos en la misma ciudad. Practicaban deportes juntos, iban a la misma escuela, asistían a la misma iglesia, pasaban tiempo en la casa uno del otro y compartían el mismo grupo de amigos. Eric llegó a ser electricista, se casó con la hija del pastor y tuvo tres hijos. Steve trabajó en el aserradero local y siguió soltero. Pero hubo un conflicto entre ellos cuando ambos comenzaron a cortejar a la hija del pastor. Steve fue consumido por la decepción cuando ella lo dejó por Eric.

Eric visitaba el aserradero con regularidad para comprar suministros para sus servicios eléctricos. Steve siempre sentía un nudo en el estómago cuando veía venir a Eric. A lo largo de los años, Eric acusó a Steve de estafarlo con suministros. Steve chismeaba sobre Eric con otros clientes. La tensión entre ellos dos era bien conocida en su ciudad de doce mil habitantes.

Para empeorar las cosas, Eric era el tesorero y Steve era el presidente de la iglesia. Y su congregación luchaba por sobrevivir económicamente.

Un domingo, la congregación celebró su asamblea anual después del servicio de adoración. Steve convocó la reunión y pidió el informe del tesorero. Eric informó que las finanzas eran malas y le preocupaba que, si la tendencia continuaba, no podrían pagar sus facturas en los próximos tres meses.

Steve miró directamente a Eric y le dijo: "Espero que tú y el Pastor no se hayan estado aprovechando de las ofrendas".

Eric saltó de su silla y se abalanzó sobre Steve, gritando: "¡Eres un perdedor! ¡No pudiste quedarte con la chica! ¡No alcanzaste ninguna educación superior aparte de la escuela secundaria! ¡Eres un perdedor!".

La reunión se terminó cuando otros feligreses se interpusieron entre los dos hombres para evitar un altercado físico.

Eric y Steve habían pecado el uno contra el otro y no habían dado un buen testimonio cristiano.

La congregación se puso en contacto con un mediador cristiano para que se reuniera con Eric y Steve, con la esperanza de que pudieran reconciliarse. El mediador comenzó reuniéndose con cada uno de ellos individualmente, para identificar los pecados que necesitaban ser confesados a la otra persona.

Con la ayuda del mediador cristiano, Eric y Steve se reunieron durante varios días. Pero fue este momento el que lo cambió todo: Eric respiró hondo y dijo: "Steve, no siempre he sido justo contigo. Me he enorgullecido demasiado de mis logros. Te he ridiculizado en público y he amenazado con hacerte daño físico. He pecado contra Dios y contra ti. Espero que puedas perdonarme".

Steve respondió: "Te perdono. Yo tampoco he sido perfecto. He luchado con mis celos de ti y de tus logros toda mi vida. No estuvo bien de mi parte acusarte de robar de la ofrenda. Quería encontrar algo que pudiera usar en tu contra para sentirme mejor. Eso no fue correcto".

Eric y Steve confesaron sus pecados el uno al otro y se perdonaron mutuamente en el nombre de Jesucristo. Se reconciliaron y su relación se restableció.

PERDONADOS, PERO NO RECONCILIADOS

Kevin se arrepintió de sus pecados y recibió el regalo del perdón de Dios. Se reconcilió con Dios. Sin embargo, su exnovia estaba profundamente herida por su comportamiento y no quería perdonarlo ni reconciliarse con Kevin. No quería tener nada que ver con él.

Kevin fue perdonado, pero no se reconcilió con su exnovia. El perdón y la reconciliación ocurren simultáneamente con Dios. Cuando tus pecados son lavados, eres perdonado y eres restaurado como un hijo de Dios en Su reino.

Pero como hijo perdonado de Dios, no siempre podemos experimentar la reconciliación con las otras personas involucradas. Una consecuencia potencial de la traición es la pérdida de confianza, lo que resulta en la ruptura de una relación.

En la situación de Kevin, su exnovia no quería perdonarlo ni reconciliarse con él. Kevin experimentó el perdón de Dios, pero la reconciliación con su exnovia no se realizó. Puede haber otros factores que impidan la reconciliación con otra persona.

Débora tuvo un conflicto con su padre que duró mucho tiempo. Todo comenzó cuando su padre desaprobó el hombre con el que ella estaba saliendo. Débora quedó embarazada y tuvo un aborto. Más tarde volvió a quedar embarazada y se casó. Tres hijos después, se divorció, tuvo problemas económicos y luchó por encontrar un empleo estable. Su padre se negó a ayudarla. A cambio, ella se negó a dejarle ver a sus nietos.

El tiempo no cura todas las heridas, pero nos dará la oportunidad de enterrar el dolor más profundamente, quitando la oportunidad de abordar ese dolor de una manera sana y apropiada. Débora enterró su dolor durante muchos años, pensando que desaparecería. Esto nunca sucedió. Más bien, la amargura a largo plazo se instaló profundamente en su ser, envenenando su vida.

Años más tarde, decidió visitar a su padre, que vivía en un hogar de ancianos. Su segundo marido, Jack, era la clase de hombre del que su padre habría estado orgulloso. Jack no tenía problemas con las drogas ni el alcohol, y mantuvo a Débora y sus hijos de una manera que su primer esposo nunca lo hizo. Con el tiempo, ella aprendió a vivir una vida fiel a Dios y deseaba reconciliarse con su padre.

Débora y Jack empacaron sus cosas en el auto y condujeron ocho horas hasta el pequeño pueblo de su padre. Ella estaba nerviosa por ver a su padre después de tantos años. Pero también estaba emocionada por presentarle a Jack y esperaba que este fuera un nuevo capítulo en su relación.

Uno de los miembros del personal los condujo por un pasillo hasta una habitación. Había un hombre sentado en una silla reclinable, durmiendo.

"Papá. Papá, soy yo, Débora".

Su padre abrió lentamente los ojos. "Débora. Me alegro de verte".

Débora le hizo un gesto a su esposo y le dijo: "Quiero presentarte a mi esposo, Jack".

"Encantado de conocerte, Jack. ¿Serás mi nuevo compañero de cuarto?".

Sin saber cómo responder, Jack miró a Débora con una mirada nerviosa.

"No, Jack no es tu compañero de cuarto. Es mi esposo y quería que lo conocieras", dijo Débora.

"Vaya. Bueno, que tengas un buen día", respondió su padre.

"Papá, quiero que sepas que me lamento por todo. No siempre fui una buena hija, pero espero que podamos volver a reconectarnos".

El anciano, reclinado en la silla, se sentó derecho con una mirada confusa. "¿Debería conocerte? ¿Van a ser mis nuevos compañeros de cuarto?".

Débora fue perdonada y reconciliada con su Padre celestial. Y ella había perdonado a su padre terrenal. Pero la demencia impidió que Débora se reconciliara con su anciano padre.

Puede ser difícil vivir en este tipo de situación: perdonado por Dios, pero no reconciliado con quienes nos rodean, especialmente nuestros seres queridos. Tal vez sea una exnovia que no quiere reconciliarse. Puede ser un padre que tiene demencia. Puede ser un ser querido que murió o un amigo que se mudó. Puede ser que has perdonado a alguien y quisieras la reconciliación, pero la otra persona se niega. Hay muchas razones por las que no siempre podrás reconciliarte con alguien.

En esos momentos, nos consolamos en el perdón y la reconciliación que tenemos con Dios a través de Jesucristo.

EN BÚSQUEDA DE LA RECONCILIACIÓN

Un hijo perdonado y reconciliado de Dios ciertamente desearía reconciliarse con los demás. Pablo nos dice: "Si es posible, y en cuanto dependa de nosotros, vivamos en paz con todos" (Romanos 12:18). Jesús mismo dijo: "Ustedes han oído que fue dicho: 'Amarás a tu prójimo, y odiarás a tu enemigo'. Pero yo les digo: Amen a sus enemigos, bendigan a los que los maldicen, hagan bien a los que los odian, y oren por quienes los persiguen, para que sean ustedes hijos de su Padre que está en los cielos, que hace salir Su sol sobre malos y buenos, y que hace llover sobre justos e injustos" (Mateo 5:43-45).

Una relación rota con tu prójimo afectará tu relación con Dios. Por eso Jesús ilustra la necesidad de la reconciliación cuando dijo:

> **Por tanto, si traes tu ofrenda al altar, y allí te acuerdas de que tu hermano tiene algo contra ti, deja allí tu ofrenda delante del altar, y ve y reconcíliate primero con tu hermano, y después de eso vuelve y presenta tu ofrenda. Ponte de acuerdo pronto con**

> **tu adversario, mientras estás con él en el camino, no sea que el adversario te entregue al juez, y el juez al alguacil, y seas echado en la cárcel. (Mateo 5:23-25)**

Si tienes una relación destrozada, es tu responsabilidad tratar de reconciliarte con esa persona. No es sabio abandonar a tu prójimo para que tú o aquel permanezca en la ira, la amargura o el pecado. Los hijos de Dios que desean participar del Sacramento del Altar deben buscar primero la reconciliación con sus hermanos y hermanas. Cualquiera que se niega a reconciliarse con su prójimo corre el riesgo de dañar su relación con Dios. Por lo tanto, tal persona no debe participar en la Cena del Señor, porque ya no da testimonio como alguien perdonado en Cristo.

Sin embargo, no es nuestra responsabilidad hacer que los demás se reconcilien con nosotros. Pablo instruyó a Timoteo de esta manera: "Y el siervo del Señor no debe ser contencioso, sino amable para con todos, apto para enseñar, sufrido; que corrija con mansedumbre a los que se oponen..." (2 Timoteo 2:24-25a). Si alguien tiene algo en contra tuya, ve a corregir el error con gentileza y a reconciliarte.

Pero no somos responsables de la obra de cambiar el corazón de una persona. Pablo dice que vamos a aquellos que están en el error, con la esperanza de que Dios les conceda el arrepentimiento: "...por si acaso Dios les concede arrepentirse para que conozcan la verdad y escapen del lazo del diablo, en el cual se hallan cautivos y sujetos a su voluntad" (2 Timoteo 2:25b-26).

Hacemos todo lo posible por vivir en paz con los demás. "Si es posible, y en cuanto dependa de nosotros, vivamos en paz con todos" (Romanos 12:18). Eres responsable de tus acciones para iniciar la reconciliación, "...si es posible, en la medida en que dependa de ti". Pero, no eres responsable de la respuesta de la otra persona. No puedes obligar a los demás a amarte, a confesarse, a perdonar o a reconciliarse contigo.

Entonces, ¿qué hace el hijo de Dios cuando la otra persona se niega a reconciliarse? Agota todas tus oportunidades de reconciliarte (lee el capítulo 8, "¿Qué pasa si no se arrepienten?"). Luego ora con confianza, encomendándote a ti mismo y a la otra persona al amoroso cuidado de Dios.

¿CÓMO SE APLICA ESTO A MÍ?

1. Identifica una situación en la que has perdonado a alguien, pero aún no se ha producido la reconciliación.

2. Describe las razones específicas por las que no se ha producido la reconciliación.

3. Si la otra persona todavía vive y se encuentra lo suficientemente bien como para reunirse contigo, identifica formas en las que podrías fomentar la reconciliación con ella.

4. Describe cómo serían las cosas si llegaras a reconciliarte con la otra persona.

5. Si la otra persona no está viva o no está lo suficientemente bien como para reunirse contigo, o si otras condiciones les impiden reunirse, describe lo que puedes hacer ahora.

6. Escribe una oración agradeciéndole a Dios por el don del perdón a través de Su Hijo Jesucristo. Si aún no has perdonado, ora para que Dios te dé la fuerza para perdonar, aunque no puedas reconciliarte. Pídele a Dios paciencia mientras esperas el día en que puedas reconciliarte con la otra persona. Pídele a Dios que continuamente te brinde oportunidades que puedan conducir a la reconciliación. Ora por la otra persona. Luego, encomiéndate a ti mismo y a la otra persona a la gracia y misericordia de Dios.

PLANTILLA DE ORACIÓN

(Lee el capítulo 3, "¿Cómo debo orar?")

INTRODUCCIÓN

REFERENCIA A LA OBRA DE DIOS

PETICIÓN

RESULTADO

CONCLUSIÓN

CONCLUSIÓN

En la introducción, planteamos estas preguntas:

> **¿Quién es la persona imperdonable en tu vida? ¿Es alguien que te lastimó o alguien a quien amas? ¿Te consideras a ti mismo imperdonable?**
>
> **¿Cuál es el pecado imperdonable? ¿Cuál fue la ofensa que ha sido más dolorosa para ti?**
>
> **¿Qué ofensa parece estar más lejos de toda esperanza de ser perdonada?**

Al revisar estas preguntas, esperamos que hayas encontrado respuestas como las que a continuación aparecen en resumen:

¿Quién es el imperdonable? Cristo murió por todas las personas. Eso incluye a la persona que te ha lastimado a ti o a alguien que amas. Y te incluye a ti también. ¡Ambos son perdonados!

¿Cuál es el pecado imperdonable? Cristo murió por todos los pecados. El único pecado imperdonable es el rechazo del don del perdón de Dios al no creer en lo que Su Hijo Jesucristo ha hecho por los pecadores.

¿Qué ofensa parece estar más lejos de toda esperanza de ser perdonada? Con Dios, todas las cosas son posibles. Incluso el milagro de perdonar como Dios te ha perdonado.

Nuestra oración por ti es que, con la ayuda de Dios, puedas perdonar lo imperdonable, tal como Dios en Cristo lo ha hecho por ti.

¿Sigues luchando? No te preocupes. El perdón de Dios es instantáneo y constante. Pero con las personas, el perdón a menudo lleva tiempo. Es un viaje de fe. Pero como hijo de Dios, no caminas solo en este viaje. Tu Salvador, el que murió y resucitó por ti, promete estar contigo siempre.

> **Mientras vivas, nadie podrá hacerte frente, porque yo estaré contigo como antes estuve con Moisés. No te dejaré, ni te desampararé. (Josué 1:5)**
>
> **Y yo estaré con ustedes todos los días, hasta el fin del mundo. Amén. (Mateo 28:20)**

En tu lucha por perdonar, Él está allí contigo para perdonarte una y otra vez, para fortalecer tu fe, para permitirte hacer lo que nunca podrías hacer por ti mismo: Perdonar como Dios te perdonó.

En tu camino por la vida, mantén tus ojos fijos en Jesús:

> **Por lo tanto, también nosotros, que tenemos tan grande nube de testigos a nuestro alrededor, liberémonos de todo peso y del pecado que nos asedia, y corramos con paciencia la carrera que tenemos por delante. Fijemos la mirada en Jesús, el autor y consumador de la fe, quien por el gozo que le esperaba sufrió la cruz y menospreció el oprobio, y se sentó a la derecha del trono de Dios. Por lo tanto, consideren a aquel que sufrió tanta contradicción de parte de los pecadores, para que no se cansen ni se desanimen. (Hebreos 12:1-3)**

Repasa los capítulos de este libro durante tu viaje. Elige el capítulo que describe lo que más te desafía. Utiliza las preguntas para aplicar los principios de ese capítulo a tu situación. Pero a medida que lo leas, concéntrate en las Sagradas Escrituras a las que cada capítulo hace referencia. El Espíritu Santo obrará a través de la Palabra de Dios para cambiar tu corazón y capacitarte para hacer la voluntad de Dios. Pídele a tu pastor u otro amigo espiritualmente maduro que te acompañe en este viaje. Para obtener más información, consulta la lista de recursos al final de este libro.

> **Que nuestro Señor Jesucristo mismo, y nuestro Dios y Padre, que nos amó y nos dio consuelo eterno y buena esperanza por gracia, les infunda ánimo en el corazón y los confirme en toda buena palabra y obra. (2 Tesalonicenses 2:16-17)**

Tus hermanos en Cristo,
Ted Kober y Mark Rockenbach

RECURSOS

{En inglés y español}

Ambassadors of Reconciliation. *Forgiven to Forgive: Six Weeks of Daily Devotions*. Billings, MT: Ambassadors of Reconciliation, 2010.

____. *A Reason for Hope: Six Weeks of Daily Devotions*. Billings, MT: Ambassadors of Reconciliation, 2019.

Bonhoeffer, Dietrich. *Life Together*. Traducido al inglés por John W. Doberstein. New York: Harper and Row Publishers, Inc., 1954. {También disponible en español}

Cloud, Henry, y Townsend, John. *Boundaries: When to Say Yes, How to Say No to Take Control of Your Life*. Grand Rapids: Zondervan, 2017. {También disponible en español}

Gibbs, Jeffrey A. *Matthew 1:1-11:1*, Concordia Commentary. St. Louis: Concordia Publishing House, 2006.

____. *Matthew 11:2-20:34*, Concordia Commentary. St. Louis: Concordia Publishing House, 2010.

Kober, Ted. *Built on the Rock: The Healthy Congregation*. St. Louis: Concordia Publishing House, 2017.

____. *Confession and Forgiveness: Professing Faith as Ambassadors of Reconciliation*. St. Louis: Concordia Publishing House, 2002. {También disponible en español}

____. *Conflict Resolution vs. Reconciliation*. Billings, MT: Ambassadors of Reconciliation, 2017.

____. *Go and Be Reconciled: What Does This Mean?* Billings, MT: Ambassadors of Reconciliation, 2016. {También disponible en español}

____. *Reconciling Under the Cross: Resolving Conflict and Restoring Relationships Using the Bible*. Billings, MT: Ambassadors of Reconciliation, 2023.

Koehler, Walter J. *Counseling and Confession: The Role of Confession and Absolution in Pastoral Counseling*. St. Louis: Concordia Seminary Press, 2011. {También disponible en español}

Lockwood, Michael A. *The Unholy Trinity: Martin Luther against the Idol of Me, Myself, and I*. St. Louis: Concordia Publishing House, 2016.

Marrs, Rick W. *Making Christian Counseling More Christ Centered*. Bloomington, IN: WestBow Press, 2019. (También disponible en español).

Mangalwadi, Vishal, Vijay Martis, M. B. Desai, Babu K. Verhese, y Radha Samuel. *Burnt Alive: The Staines and the God They Loved; Missionaries Murdered in Manoharpur*. Mumbai, India: GLS Publishing, 1999.

Senkbeil, Harold L. *Dying to Live: The Foundation, Focus, and Shape of the Christian Life*, second ed. St. Louis: Concordia Publishing House, 2024.

Tripp, Paul David. *Instruments in the Redeemer's Hands: People in Need of Change Helping People in Need of Change*. Phillipsburg, NJ: Presbyterian and Reformed Publishing, 2002.

Veith, Gene Edward, Jr. *The Spirituality of the Cross*, third ed. St. Louis: Concordia Publishing House, 2021.

Welch, Edward T. *Addictions: A Banquet in the Grave; Finding Hope in the Power of the Gospel*. Phillipsburg, NJ: Presbyterian and Reformed Publishing, 2001.

MELODÍAS DE HIMNOS SUGERIDAS

{Estas melodías sugeridas para las estrofas al comienzo de cada capítulo son tomadas del *Lutheran Service Book* (*LSB*; Concordia Publishing House, 2006) y del *Himnario Luterano* (*HL*; Lutheran Heritage Foundation, 2022).

Ante la opción de cantar las estrofas usando las melodías que aparecen debajo, puedes meditar en las estrofas traducidas al español como una expresión poética del tema de cada capítulo.}

CAPÍTULO 1

ERHALT UNS, HERR (*LSB* 655) | {*HL* 548}

CAPÍTULO 2

{AUS DER TIEFE (*HL* 635)}

CAPÍTULO 3

{O DASS ICH TAUSEND (KOENIG) (*LSB* 811 | *HL* 806)}

CAPÍTULO 4

{O DASS ICH TAUSEND (*HL* 809)}

CAPÍTULO 5

{WER NUR DEN LIEBEN GOTT (*LSB* 750 | *HL* 929)}

CAPÍTULO 6

DER AM KREUZ (*LSB* 421) | {*HL* 571}

CAPÍTULO 7

{WINDHAM (*LSB* 429 | *HL* 455)}

CAPÍTULO 8

DER MANGE SKAL KOMME (*LSB* 510) | {*HL* 557}

CAPÍTULO 9

{MALDWYN (*HL* 873)}

CAPÍTULO 10

IN GOTTES NAMEN FAHREN WIR (*LSB* 581) | {*HL* 852}

CAPÍTULO 11

AUS TIEFER NOT (*LSB* 607) | {*HL* 628}

CAPÍTULO 12

{ANGEL'S STORY (*LSB* 527 | *HL* 903)}

CAPÍTULO 13

{SCHMÜCHKE DICH (*LSB* 636 | *HL* 724)}

CAPÍTULO 14

{WINDHAM (*LSB* 429 | *HL* 455)}

CAPÍTULO 15

WINDHAM (*LSB* 429) | {*HL* 455}

CAPÍTULO 16

ST. CRISPIN (*LSB* 563) | {*HL* 741}

CAPÍTULO 17

{GROSSER GOTT (*LSB* 940 | *HL* 861)}

CAPÍTULO 18

{O MEIN JESU, ICH MUSS STERBEN (*LSB* 451 | *HL* 475)}